8.50
Min

GOLDMANN
Lesen erleben

Buch

Reisen bereichert. Reisen mit Kindern erst recht. Die Motivation ist klar: Mal raus. Tapetenwechsel. Die Welt sehen. Man ist ja nicht eingerostet, nur weil man Kinder hat. Ganz im Gegenteil. Denen will man doch die Welt zeigen. Dabei wird die sichere Bank gegen Anarchie eingetauscht. Ab Reiseantritt herrscht »Freiflug«. Mit »Parents To Go« will Christian Busemann jedem Weltenbummler und Baggersee-Plantscher mit Anhang einen veritablen Reiseführer für alle Formen und Sorten von Ferien, Urlauben, Auszeiten, Ausflügen oder sonstigen Auslandsaufenthalten vorlegen. Wie die Väterkurse ist auch dieses Reisebuch mit eigenen Erfahrungen und zahllosen Tipps angereichert – sowohl was die Vorbereitung als auch die Umsetzung angeht. Der Autor verrät, wie man in Deutschland herrlichen Bauernhof-Urlaub mit dem eigenen Spross verbringen kann, wie man längere Bus- oder Zugfahrten in allen Ländern der Erde für den Nachwuchs kurzweilig gestaltet oder was es bei einer Langzeitreise/Kurzauszeit mit Kindern zu beachten gilt.

Autor

Christian Busemann produziert seit Jahren Unterhaltungsfernsehen. Zusätzlich und mit großer Hingabe verdingt er sich regelmäßig als Autor für diverse Moderatoren oder als Redakteur für unterschiedliche Zeitschriften. Im Goldmann Verlag sind bereits zwei »Papa To Go«-Bücher erschienen. Christian Busemann lebt mit seiner Frau und seinen drei Kindern in Hamburg. Ein Einblick ins Tohuwabohu unter: www.papatogo.de.

Von Christian Busemann außerdem im Programm

Papa To Go – Schnellkurs für werdende Väter
(auch als eBook erhältlich)

Papa To Go – Intensivkurs für Väter
(auch als eBook erhältlich)

Christian Busemann

Parents To Go

Das Reisebuch für Eltern

GOLDMANN

Dieses Buch ist auch als E-Book erhältlich.

MIX
Papier aus verantwortungsvollen Quellen
FSC® C014496

FSC
www.fsc.org

Verlagsgruppe Random House FSC® N001967
Das für dieses Buch verwendete FSC®-zertifizierte Papier *Classic 95*
liefert Stora Enso, Finnland.

1. Auflage
Originalausgabe Januar 2015
Wilhelm Goldmann Verlag, München,
in der Verlagsgruppe Random House GmbH
© 2015 Wilhelm Goldmann Verlag, München,
in der Verlagsgruppe Random House GmbH
Umschlaggestaltung: Uno Werbeagentur, München
Umschlagmotiv: CSA Images; FinePic®, München
Redaktion: Vera Serafin
Satz: Buch-Werkstatt GmbH, Bad Aibling
Druck und Bindung: GGP Media GmbH, Pößneck
CB · Herstellung: IH
Printed in Germany
ISBN 978-3-442-17511-6
www.goldmann-verlag.de

Besuchen Sie den Goldmann Verlag im Netz

Inhalt

Vorwort

Früher reisten wir nur in Begleitung eines einzelnen schlichten Koffers in die große weite Welt. Er beherbergte nicht nur unser gesamtes Beach-, Party- und Sightseeing-Outfit, sondern gewährte auch dem noblen Necessaire samt Sonnenmilch, Rasierschaum, Duschgel und dergleichen großzügig Asyl. Und als wäre all das nicht schon genug, fanden auch noch unzählige Extras wie tonnenweise Bücher, Yogamatte, Fernglas, Schnorchelausrüstung und was man eben sonst noch so braucht, Platz. Und, ja, zugegeben, wir mussten auch schon mal unser gesamtes Gewicht einsetzen, um den Koffer zuzukriegen. Aber die maximal zulässigen 20 Kilo, die rissen wir nie.

Heute ist das alles anders. Denn heute finden wir uns dort wieder, wo wir früher niemals hinwollten: beim Vorabend-Check-in! Und das nicht nur mit einem Koffer …

Herzlich willkommen zu *Parents To Go,* dem *Reisebuch für Eltern.* Ihr habt beim Boarding mehr als zwei Tickets in der Hand? Dann ist dies euer Buch! Ob kurz oder lang, pauschal oder individuell, nur im Kopf, um die Ecke oder um die Welt – wie auch immer ihr euren Aufenthalt gestalten wollt, im Folgenden werdet ihr intensiv und umfangreich auf euer neues Zeitalter des Reisens vorbereitet. Hier erwartet euch das notwendige Wissens-Upgrade für die nächste Dimension: das Reisen mit Kind und Kegel.

Denn: Mit Kindern auf Tour zu gehen, ist intensiv, einzigartig und immer anders. Eiffelturm angucken kann jeder, aber auf der obersten Plattform eine vollgeschissene Windel wechseln nicht. Und an diesen Anblick erinnert man sich ein Leben lang. Also an den auf Paris, natürlich.

Ich habe im Vorfeld zu unseren Reisen immer wieder nach einem praktischen Leitfaden gesucht. Nach einem, der die gesamte Bandbreite der Familienreise mit Baby oder Schulkind abdeckt, vom Kurztrip bis zur Langzeitreise. Von der Inspiration und Idee dazu über wichtige Tipps und Links bis hin zur Vorbereitung und Umsetzung. Eben alles Wissenswerte dazu, vereint in einem Buch. Leider absolute Fehlanzeige! Zwar gibt es zahlreiche spannende Eltern-Reiseberichte mit Infocharakter, aber eben nicht *den* knackigen, kompakten »Universal«-Reise-Rundumschlag.

Voilà, jetzt ist er da: *Parents To Go!*

Ich serviere euch backfrische Vorschläge für mögliche Reiseziele nebst persönlichen Erfahrungsberichten, präsentiere unterschiedliche Arten zu reisen für jeden Geschmack und gebe euch eine detaillierte Packliste für alle möglichen Touren an die Hand. Auch die Gesundheit kommt nicht zu kurz, etwa in Beantwortung der Frage, was eine wohl sortierte Reiseapotheke ausmacht. Darüber hinaus erwarten euch zahlreiche Tipps und Infos, wie ihr gemeinsam mit euren Kindern jeglichen Alters eine entspannte Zeit in der Ferne verbringen könnt und dabei die duften Typen bleibt, die ihr seid. Egal, ob beim Kühe melken auf dem Bauernhof oder beim Hochgebirgstrekking im Himalaja.

Reisen mit Kindern wirft Fragen auf wie: Wie können jene Wanderausflüge, Autofahrten oder Langstreckenflüge, die zumindest auf den zweiten Blick wenig reizvolle Abwechslung verheißen, dennoch kreativ, intelligent oder einfach nur so, dass jeder dabei auf seine Kosten kommt, genutzt, oder besser, zeitlich überbrückt werden? Wie reist es sich eigentlich mit einem Menschen, der gerade mal ein paar Monate jung ist, am besten, und was ist bei der Wahl des Urlaubslandes zu beachten? Außerdem: Tragetuch oder Buggy? Aufblasbarer Delfin oder Luftmatratze? Intime Paarzeit oder aktives Teamplay?

Parents To Go steht euch als Freund mit Ratschlägen zur Seite und liefert die passenden Antworten.

Wie bereits in meinen *Papa-To-Go*-Büchern reichere ich viele der Informationen mit eigenen Erfahrungen und kleinen Anekdoten an und umgekehrt: Erfahrungen unterfüttere ich mit recherchierten Fakten. Aus dieser Mischung erwächst hier und da mitunter sicherlich eine subjektive Färbung, nennen wir es »gelebtes Wissen«.

Ihr könnt das Werk chronologisch lesen oder euch gezielt die Rosinen rauspicken, nach denen ihr sucht. Mir ist aufgefallen, dass *Parents To Go* seine größte Energie entfaltet und die Lust aufs Reisen ins Unermessliche steigert, wenn man es von vorne bis hinten durchliest. Dennoch gilt: Nehmt das, worauf ihr Lust habt, den Rest lasst einfach liegen!

Das Reisen im 21. Jahrhundert wird einem sowohl in der Planung als auch in der Umsetzung durch das Internet ungemein erleichtert. Ihr müsst nirgendwo mehr orientierungslos umherirren, sogar aus der abgelegensten Wildnis heraus könnt ihr euch einen First-Class-Flug nach Hause buchen. Ihr habt immer euer scharf kalkuliertes Tagesbudget im Auge und könnt im nächsten Ort spontan in einer Privatwohnung absteigen, nachdem ihr bei einer fremden Familie mit zwei Kindern im gleichen Alter wie eure gegessen habt – warum nicht? Die besten Links und Apps zu diesem Thema habe ich für euch zusammengestellt. Sie sollen eure Reise qualitativ »pimpen«.

2012 haben wir »Busemänner« schließlich das Wagnis einer XXL-Tour unternommen. Zusammen mit meiner Frau und unseren Töchtern, zu jener Zeit ein und vier Jahre alt, bin ich drei Monate lang durch Argentinien gereist. Hui, Abenteuerreise! Spektakuläre Natur, einzigartige Kultur, liebenswerte Menschen und dazu jede Menge Tango, Mate und Dulce de leche. Doch die Zeit war nicht nur locker, flockig und Malbec-getränkt, sie bedeutete auch eine physische und psychische Herausforderung für uns, zwang uns gnadenlos und unablässig aus unserer Komfortzone, machte uns aber um viele Erfahrungen und Glücksmomente reicher. Für diejenigen unter euch, die sich ebenso mit dem Gedanken befassen, mal das Stückchen länger zu verreisen, bevor der oder die Kleine eingeschult wird, präsentiere ich nützliche Infos zur Vorbereitung und Umsetzung einer solchen Kurzauszeit sowie Erlebnisse und Erkenntnisse, die gerade dieses Reiseunternehmen in sich birgt.

Kleine Bemerkung am Rande: Es ist wirklich interessant, dass es, wenn die Kinder kleiner sind, keine wesentlichen Unterschiede zwischen der Packliste für einen Wochenendausflug nach St. Peter-Ording und der für eine Mammuttour nach Buenos Aires gibt. Dazu aber später!

10

Parents To Go ist mehr als eine Wuchtbrumme an Informationen und eine Gebrauchsanweisung für alle reisewilligen Eltern. Es ist vielmehr zugleich ein Postulat: Kinder haben heißt NICHT Passentzug oder Verurteilung zu 15 Jahren Clubtanz! Es heißt lediglich anders und vorausschauender reisen. Mehr nicht. Und so wünsche ich mir, dass ihr eventuell mal das Gewohnte sein lasst und euch auf zu neuen Ufern wagt. Vielleicht mag euch dieses Buch ja dazu verleiten, dann hätte es schon ganz viel erreicht.

Parents To Go ist, wie es sich für ein Reisebuch gehört, in großen Teilen unterwegs entstanden. In Argentinien, auf Elba, in Rom, in Stockholm, auf Teneriffa, während der Zugfahrt zwischen Hamburg und Berlin und zuletzt in einem umgebauten Schweinestall in Sierksdorf. Bis auf die Einsiedelei an der Ostsee, wo ich die Arbeit am Buch abgeschlossen habe, waren meine Frau Kristy und unsere beiden Töchter Romy und Hanna meine ständige zauberhafte Reisegesellschaft, meine Gefährten. Die Kleinen haben uns in der Ferne bunte Türen geöffnet, schräge Begegnungen geschenkt und die Tage niemals so verbringen lassen, wie wir sie zuvor geplant hatten. Danke, ihr Süßen, ihr seid die wahren Reiseleiter!

Viel Spaß beim Lesen und Reisen
Christian Busemann

Reisen mit Kind und Kegel – Warum? Wohin? Wie?

Dialog mit dem Reisegott

Mensch:

»Lieber Reisegott, wir wollen weg. Alle zusammen. Genug im Dauerregen gehockt, Blätter gefegt, Schneemänner gebaut, verkrustete Schlammbrocken aus dem Unterfell des Hundes gebürstet, horrende Strom- und Heizkosten bezahlt, die vornehme Blässe des Nachbarn ertragen, Grippeviren-Flatrates genossen und zu viel Zeit vor der Glotze verbracht – uns reicht's! Wir wollen dorthin, wo es warm ist. Wo Schleck-Eis an jeder Straßenecke lauert, wildfremde Menschen unsere Kinder knutschen und ihnen Lollys zustecken oder junge Männer halbnackt auf MTX-Crossmaschinen durch die Hitze brettern. Die Sonne scheint, die Liegen sind belegt, am Büfett herrscht Gerangel um das Chemie-Rührei mit Sandalenmännern in beigen Kurzarmhemden, aber, lieber Reisegott, wir sind meteorologisch so runtergewirtschaftet, dass wir selbst das gerne in Kauf nehmen, Hauptsache weg! Kommen wir ins Geschäft?«

Reisegott:

»Nun, lieber Antragsteller, du kennst ja unseren Petrus – wenn der ein Blümchen ordentlich gießen will, dann kennt er kein

Halten und mischt eine Schweinekombi zusammen, die selbst ein drittklassiges Amateur-LSD-Labor nicht zu brauen wagen würde. Ich sehe, ihr habt genug gelitten – ihr sollt ziehen!«

Mensch:
»Du bist so gütig, hab Dank! Und beste Grüße auch an den bärtigen Himmelspförtner mit Wetter-Tourette. Wir sind dann mal im Reisebüro …«

Reisegott:
»Moment mal, mein Freund! Bevor du mit deinen Zöglingen davonbraust, will ich dir noch etwas Wichtiges anvertrauen. Weißt du, ich mache diesen Job hier oben nun schon verdammt lange. Nix 35-Stunden-Woche bei vollem Lohnausgleich oder Home-Office. Stattdessen 24/7 immer dieselben Möchtegern-Marco-Polos, die meinen, mal eben mit Kindern in den Urlaub fahren zu können, ohne auch nur ein Sekündchen vorher darüber nachzudenken. Das geht gar nicht. Lass es mich so sagen: Wo Sonnenschein herrscht, brauchst du auch Schatten. Oder wenigstens eine gute Sonnencreme.

Mensch:
»Alles klar, danke! Wir kaufen eh immer 50er-Creme für die Kleinen.«

Reisegott
»Ich war noch nicht fertig, hab acht! DU, Mensch, hast eine Aufgabe, eine Mission. Ich möchte, dass du die ewig währenden,

ehernen Regeln des Reisens vernimmst und jede einzelne fest-
hältst. Für dich, deine Kinder und die gesamte Menschheit!«

Mensch:
»Das heißt, ich bin jetzt sowas wie ›Travel-Moses‹?«

Reisegott:
»Yep, so ist es. Die wichtigsten Prinzipien will ich dir heute mit
auf den Weg geben. Mag sich die Menschheit dran halten oder
nicht – sie sind bewährt, praktisch anwendbar und erleichtern
das Leben auf Reisen wahrhaftig!

Mensch guckt irritiert, regungslos.

Reisegott:
Also, jetzt nimm dein Drecks-Smartphone und schalte die
Memo-Aufnahme ein und danach poste den Schrott bei Face-
book, verstanden?«

Mensch:
»A-a-alles klar! Dann schieß mal los!«

Reisegott:
»Na schön, Regel Nummer eins: ›**One for you, one for me**‹, das
alte Lied von Geben und Nehmen – im Urlaub euer täglich
Brot. Ihr möchtet bestimmte Sehenswürdigkeiten besuchen,
tut das. Aber dann plant irgendwann im Laufe des Tages ein
schönes, kleines Happening für eure Kinder ein, auf das sie

sich freuen können. Gebt den Strand, nehmt die Kathedrale! Gebt den Zoo, nehmt das Museum of Modern Art. Entlasst sie auf den Spielplatz, dann entlassen sie euch im Gegenzug in eure Shoppinghotspots. Immer ein Event für die Kids einplanen, und schon lebt es sich viel leichter.

Regel Nummer zwei: Vergesst bitte jegliche **Ernährungszwänge** – ihr habt Urlaub! Esst und habt Spaß. Und wenn die Kleinen mal ein Stück Pizza oder eine Portion Eis mehr verputzen, dann los! Deswegen müssen sie später weder bei ›Biggest Loser – Kids‹ abspecken noch in irgendeiner Lehmhütte bei den strengsten Eltern der Welt darben.

Ebenfalls wichtig Regel Nummer drei: Lasst von **absehbar stressigen Vorhaben** ab. Die Laune ist im Keller, wenn die Kids schreien oder nörgeln, allen zu heiß ist, der Weg sich als viel zu weit herausstellt oder Mama und Papa sich in all dem Stress hemmungslos zoffen – wem nützt das bei Tempo 140 auf einer unbefestigten Straße? Schaltet also lieber einen Gang runter, atmet tief durch und buddelt euch entspannt am Strand entlang.

Vergesst nie Regel Nummer vier: **Urlaub habt nicht nur ihr Eltern,** sondern auch eure Kinder. Es gilt wie schon beim Thema Essen: Ausnahmen dürfen für diese befristete Zeit durchaus die Norm werden – länger Wachbleiben, nach der Kinderdisco doch noch ein kleiner Geschäftebummel, Hörbücher lauschen zum Einschlafen, eine weitere Runde Ponyreiten oder mal eine zweite Folge von der Lieblingssendung gucken. Springt über euren Spießerschatten und zeigt euch großzügig wie der ADAC bei der Pannenstatistik.

ABER, und hier kommt Regel Nummer fünf ins Spiel: Eure Kinder sind nicht immer der Boss! Wenn ihr mehr Zeit für euch braucht, boykottiert die Kinderdisco. Ihr solltet euch täglich mindestens **drei gemeinsame Wachstunden** am Abend für Gespräche bei Rotwein, wilden, brutalen Gänseblümchen-Sex, intensive Buchdiskussionen oder Spannereien in die gegenüberliegenden Fenster bewahren.

Und: **Lasst euch mehr treiben,** wenn ihr merkt, dass euer Tagesprogramm aus allen Nähten platzt. Plant nur jeden zweiten oder dritten Tag ein oder zwei Events ein – die übrige Zeit gestaltet nach Lust und Laune. Ein gemeinsamer Urlaub ist für die ganze Familie nämlich ein tolles Erlebnis und schweißt euch fest zusammen. Druck ist hier das falsche Rezept!

Außerdem ganz wichtig, Regel Nummer sechs: Zieht nie ohne **Taschenmesser** los, um Obst zu filetieren oder das Sandwich in nette, kleine Häppchen zu schneiden – warum lachst du denn?«

Mensch:

»Also, äh … ich dachte nur gerade, das passt jetzt irgendwie nicht in die Aufzählung – aber nein, ehrlich, Super-Tipp! Ist notiert!«

Reisegott

»Wird leider auch gerne vergessen. Pass auf, zwei hab ich noch.

Nummer sieben: Nein, es macht nichts, wenn euer Kind **nicht mit einem anderen Kind im Urlaub spielen** will! Verabschiedet euch von dem Wunsch, dass es sich, kaum angekommen, mit dem Kleinen von der Nachbarliege verbrüdert. Das klappt nämlich erst dann, wenn ihr es nicht mehr unbedingt herbeiführen wollt!

Und zu guter Letzt: Seid euch dessen bewusst, dass sich eure **Stimmung** auf die eurer Kinder überträgt. Gerade Babys und Kleinkinder lesen immer ganz intensiv in den Gesichtern ihrer Eltern, um so deren Gesamtgefühlslage zu ermitteln.

So, das war's! Tragt es in die Welt hinaus, habt eine schöne Zeit und vergesst mir ja die Heimreise nicht.«

Mensch:

»Ich danke dir, Reisegott! Da sind wirklich wahnsinnig tolle Ansätze und Impulse dabei.«

Reisegott:

»Es reicht. Gute Reise!«

Mensch:

»Oh ja, schon so spät. Du hast Recht! Ich werde das Reiseregelwerk sofort posten und nehm's dann gedanklich mit unters Kopfkissen. Unters Reisekopfkissen, versteht sich. Tschüss!«

 Parents To Go gefällt das!

Warum ihr reisen müsst

Man kann es so sehen: Das Reisen mit Kindern bis zum Vorschulalter ist die Vorstufe zum Sadomasochismus. Mit Billardkugel im Maul, aber ohne Ideologie im Kopf.

Sie entsteht aus einer Not-Wendigkeit heraus. Wie sonst soll der Tapetenwechsel her? Und so entscheiden sich ausgewachsene, vernünftige Menschen freiwillig, vielleicht in Rotweinlaune und bei fummeliger Atmosphäre, vor dem Laptop für die Verlegung des in sich funktionierenden Systems Zuhause an einen anhand von Google-Bildern oder HolidayCheck für gut befundenen Ort irgendwo im warmen Teil der Welt. Ihre Vorstellung: Das Reiseziel bietet in Sachen Entertainment mindestens dieselbe Qualität wie die Homebase. Und sind dann auch noch Tiere mit am Start, Strand, Meer oder Pool, Abenteuerspielplätze und hyperaktive Animateure, ist das ganze Projekt praktisch ein Selbstläufer, und der Urlaub kann beginnen.

Wenn die Reisehungrigen dann aber nach Abendessen und Kinderdisco das ältere Kind nicht vor 23 Uhr zum Schlafen bewegen können und das kleinere Kind schon gegen 5 Uhr morgens wieder kerzengerade die Spiele eröffnen will, kann so ein »Urlaub« dummerweise schnell ans Eingemachte gehen und das im Menschen schlummernde Böse erwecken.

Es ist aber auch folgende Perspektive erlaubt: Blicke ich wie jetzt gerade beim Verfassen dieser Zeilen in meiner Schreibkombüse in Hamburg auf die Fotos an der Wand, dann sehe ich da meine beiden Töchter im Urlaub in St. Peter-Ording, in

Argentinien, auf Mallorca und Elba. Komplett unterschiedliche Urlaube, aber ein gemeinsamer Nenner: die strahlenden Gesichter der Kinder. Randvolles Glück, pure Zufriedenheit, volles Vertrauen – das Lachen der kleinen, dank wasserfester Sonnenmilch glänzenden Menschen drückt aus: Hier fühlen sich zwei so richtig gut aufgehoben, so sicher, geborgen und vollständig. Ein Augenblick wahrer Freude, festgehalten für die Ewigkeit. Ob sie sich später noch genau an diesen einen Moment erinnern werden, das weiß ich nicht. Aber ich erinnere mich daran. Ich kann zu jedem Foto die Geschichte drumherum erzählen und meine Gefühle von damals erneut aufrufen. Natürlich war nicht alles Gold. Wenn ich mich in die jeweilige Situation zurückversetze, erinnere ich mich zum Beispiel, in welch unausgeschlafenem und ausgelutschten Zustand der Schnappschuss auf Mallorca entstanden ist, oder wie viele Strapazen wir schon gemeistert hatten, als ich in El Calafate in Patagonien die Kamera zückte.

Aber ganz im Ernst: Das ist es alles wert! Diese Innigkeit als Familie erleben zu dürfen, diese intensiven Momente, sich seinen Kindern voll und ganz widmen zu können, und gemeinsam fremde Kulturen und Länder kennenzulernen und zu erkunden, jeder mit seinem individuellen Erleben, mit seinen Wörtern oder Lauten kommentierend, das hat eine so unbändige Kraft, eine solche Begeisterung, der sich keiner entziehen kann. Die Fotos an der Wand zeugen davon. Und ich hoffe, ihr habt jetzt so richtig Lust bekommen, sofort euren Familienurlaub zu buchen. Doch haltet inne, wir steigern die Vorfreude noch!

Gut, offenkundig ist das Reisen mit Kindern mit einem gewissen Kraftaufwand verbunden. Dieser Umstand ist nicht von der Hand zu weisen und wird nolens volens im Verlauf des Buches immer wieder mit real erlebten Beispielen belegt. Aber wie ihr ja nun auch schon mitbekommen durftet, macht die wunderbare Wucht an Abenteuer und Erlebnissen alle Mühe wieder wett. Hier kommen nämlich all die guten Gründe, warum ihr einfach auf Reisen gehen MÜSST! Für eine kurze, längere oder gaaaanz lange Zeit.

Spielplätze – das Eintrittstor zu fremden Kulturen

Das Reisen, mit Kindern links und rechts an der Hand, schmeckt nach Freiheit. Wir können für einen festen Zeitraum ganz bewusst loslassen und andere, fremde Mentalitäten kennen- und lieben lernen, regelrecht darin eintauchen. Vielleicht um die Erforschung der Clubszene ärmer, dafür aber um die Erfahrung einiger Spielplatzbesuche, spontaner Crashkurse in fremdländischen Umgangsformen und einen pädagogischen Kulturaustausch auf Elternebene reicher. Das ist schon eine ganze Menge.

Auf den Spielplätzen dieser Welt zeigt sich nämlich schonungslos der wahre Charakter eures Reiselandes. Hier bekommt ihr einen unverfälschten Einblick in die Seele des Volkes. Ihr werdet Zeuge dessen, wie Kinder untereinander und mit ihren Eltern agieren und wie wiederum Eltern im Umgang mit ihresgleichen ticken. Ihr werdet ausführlich spannenden Themengebieten auf den Grund gehen können, wie zum Beispiel dem, welche Rolle Glaube, Liebe und Elternvertretung in jener Gesellschaft spielen, oder jenem, warum das einheimische Kind eurem Kind soeben elegant von der Schaukel »geholfen« hat. Nein, kein Quatsch. Das ist irre spannend. Und eine Kontaktbörse zugleich. Hier werden zarte Bande zu den Einwohnern geknüpft, und ehe man es sich versieht, ist man vielleicht bei einer Kindergeburtstagsparty auf einer Veranda in Melbourne oder auf einem Familiengrillfest außerhalb Córdobas gelandet. Alles nur, weil ihr mit anderen Eltern ins Gespräch gekommen seid oder zunächst die Kinder miteinander gespielt haben. Kurz gesagt: Wer will und offen ist, dem bieten sich hier die besten Voraussetzungen, ein Land und seine Menschen auf der ganz privaten Insiderebene zu erkunden. Und ihr werdet selbst feststellen, mit den ersten Kontakten wird man immer offener und kommunikativer und diese wunderbare Eigenschaft überträgt sich auch auf die Kinder. Haben wir unsere große Tochter Romy lange Zeit doch eher als ein zurückhaltendes, ja fast scheues Kind wahrgenommen, haben sie unsere vielen Reisen, insbesondere unsere Kurzauszeit in Argentinien, regelrecht geöffnet. Aus dem »Blümchen« wurde eine richtige »Topfpflanze«, aus dem Mäuschen ein Partytiger, aus der Einbahnstraße eine Ausfallstraße. Plötzlich hagelte es von ihrer Seite aus Fragen am laufenden Band, unbekümmert sprach sie fremde Kinder an oder textete unsere Gastgeber ungefragt in Grund und Boden. Kaum vorstellbar, dass sich Romy lange Zeit hinter mir versteckt hatte, wenn wir Freunde auf der Straße trafen. Deswegen bin ich auch felsenfest davon überzeugt: Reisen fördert die Entwicklung der Persönlichkeit von Kindern und Erwachsenen gleichermaßen.

Reisen heißt sich selbst und andere entdecken

Lösen wir uns von bekannten Strukturen, die uns im normalen Alltag Halt und Verlässlichkeit bieten, tritt bei allen Fami-
lienmitgliedern erfahrungsgemäß eine vorübergehende Un-
sicherheit ein. Diese wird vornehmlich bei uns Erwachsenen,
die die Last der Verantwortung für den geplanten Auslandsaufenthalt tragen, spürbar, dank unelegant krampfigem Mie-
nenspiel gar sichtbar. Doch »Abteilung Nachwuchs« zeigt sich
eher aufgekratzt und manifestiert die Vorfreude mit strahlendem Gesicht, Hüpfen und Kreischen. Kinder sind genügsame
Zauberwesen, die sich überall wohlfühlen und glücklich sind,
vorausgesetzt, wir sind auch da.

Zwangsläufig rückt die Familie mit der räumlichen Veränderung sofort physisch näher zusammen. Jedoch nicht unbedingt mental, vor allem, wenn es zuvor im Beruf turbulent
zuging, meine Frau auf den letzten Drücker arbeitsintensive
Projekte abschließen musste und die Kinder persönlich vor-
zubereitende Schul- oder Kindergarten-Events auf dem Plan
hatten, kurz, jeder eigentlich schwer vertieft in seinem Kosmos
vor sich hin bastelte. Und dann, mit einem Mal, sind alle E-
Mails, Meetings und Abgabetermine ausgesetzt, genauso wie
solche für Reiten, Turnen oder Playmobil spielen. Der gelern-
te, tägliche Ablauf – futsch! Er ist plötzlich ein anderer und
jedes Familienmitglied muss sich an dem fremden Ort erst
einmal orientieren, seinen eigenen Rhythmus und seine neue
Position finden. Das gelingt selten auf Anhieb, aber genau darin liegt ein weiteres, sehr wertvolles Geschenk des Reisens: in
der Auseinandersetzung. Sich mit seinen Lieben intensiv aus-

zutauschen, sie mal fern und frei von allem Alltagsgeschehen zu betrachten und zu erleben – das ist a) super spannend und b) unendlich bereichernd. Dabei kreieren wir nämlich nicht nur im Geist ein neues Bild von unserem Partner und unseren Kindern, sondern müssen auch damit umgehen und uns selbst neu definieren. Das Rudel im Relaunch: Das große Kennenlernen beginnt und überrascht damit, welche tief verborgenen Charaktereigenschaften in den einzelnen Mini-Backpacker-Aspiranten und in einem selbst noch so schlummern, erlebt man gemeinsam ein Abenteuer in der Fremde und gluckt permanent zwischen Schlafsack und Senator Lounge zusammen. Infolgedessen ist es wahrlich nur konsequent, sich als Familie, fußballerisch ausgedrückt, noch kompakter aufgestellt wiederzufinden als noch vor Abflug.

Die aufeinander angewiesene Reisegemeinschaft ist ein sehr schlagkräftiger, sich gegenseitig stützender und ständig selbst bereinigender Haufen. Da geht es um Anpassungsfähigkeit, aufkeimende und ausgelebte Ängste, einzeln und im Kollektiv, aber auch Mut und Zusammenhalt, Egotrips und versuchte Ausbrüche aus der Gemeinschaft, wie bei uns beispielsweise durch »Prinzessinnengehabe« oder »Wanderboykott«. Was ist wichtig, was unwichtig, für mich und die anderen? Banale Diskussionen über die Tagesgestaltung hier, Geduldsproben dort, Zipperleinchen bei dem einen, miese Laune bei dem anderen, und dabei im Kern stets die Suche nach Aussprache und Kompromiss – die fröhliche Schicksalsgemeinschaft *on the road* ist ein ständig aktiv rumorendes Biotop ohne Ruhezeiten, das ob des internen Dauerdialogs nichts so schnell erschüttern kann. Und während wir also fremde Länder bereisen, um sie zu entdecken, entdecken wir von Tag zu Tag immer wieder eine weitere neue Facette unserer Familie und ihrer Mitglieder.

Reisen macht schlau!

Reisen macht schlau! Das ist ein amtlicher Fakt. Auf Reisen wird ständig improvisiert, die übliche Routine unterbrochen. Ständig erwarten euch und die Kinder vollkommen neue Eindrücke: Land, Gerüche, Menschen, Speisen, das Wasser, der Strand. Wenn ihr tatsächlich ein Urlaubsziel erwischt, das sich arg von eurer gewohnten Umgebung unterscheidet, dann lernt ihr alle unendlich viel dazu. Und selbst frisch geschlüpfte Babys, die immer so unschuldig verpeilt wirken, als würden sie nichts sehen, hören, riechen, also null raffen in ihrer ganz eigenen, noch so unfertigen Welt, registrieren jede Menge – allein über die Nahrungsaufnahme! Aus Mamas Brust oder durch den servierten Brei. Es ist die veränderte Speisekarte, die die Minigourmets positiv irritiert. Die eigene und familiäre Mobilität genießend, sehnen sich die kleinen Globetrotter ohnehin nach ständigem Input und sammeln so fleißig Erfahrungen und Eindrücke wie ihr eure Meilen auf der Miles & More-Karte. Der ambulante Zustand, mit Mama und Papa »woanders als zu Hause zu sein«, wirkt auf Babys oder ältere Knirpse nicht als Bedrohung. Ganz im Gegenteil, er erzeugt Freude. Das schenkt Vertrauen und führt zu Flexibilität und Unkompliziertheit bei späteren Reisen, aber auch im Alltag beim Reagieren auf veränderte Situationen. Romy und Hanna sind mittlerweile sehr erfahrene Reisebegleiter. Zu Hause haben sie getrennte Zimmer, aber auf Reisen schlafen sie in einem Bett, im Zustellbett, in unserem Bett oder einfach auf der Tasche auf dem Kofferwagen, im Auto, sitzend oder liegend. Sind sie hungrig, geben sie sich schon mal überbrückungsweise mit trockenem Brot zufrieden und alarmieren nicht das Jugendamt, werden nicht umgehend Nudeln serviert. Mir scheint es so, als sei es ihnen einfach das Wichtigste, dass wir alle zusammen sind und uns im Fall einer Hungerattacke gemeinsam auf die Suche nach »Beute« begeben. Wird dann auch noch demokratisch entschieden, herrscht allenthalben so eine eklig beste Grinsebacken-Laune, wie zuletzt gesehen bei der mittlerweile aus dem Verkehr gezogenen »Rama«-Familie.

Wie aus wissenschaftlichen Untersuchungen hervorgeht, brennen sich fremde Reize und Impulse selbst bei Kindern ins Oberstübchen, die zwar keine Babys mehr sind, aber den Urlaub ob ihres Alters trotzdem schnell wieder vergessen haben. Sie ordnen die zahllosen Eindrücke einfach in unterschiedliche Fächer in ihrem Gehirn ein und können diese dann nicht nur wieder aufrufen, sondern auch klar differenzieren. Ein Schulkind lernt übrigens ähnlich. Tag für Tag nehmen daher die speichernden Regalböden im Kopf zu. Auf Reisen wird also erwiesenermaßen die Strukturfähigkeit des Kindergehirns verbessert. Dies aber natürlich nur, wenn ihr eurem Kind die Welt zeigt und es auf das eine oder andere Phänomen aufmerksam macht. Sind einige der Impressionen zudem mit starken Emotionen verbunden, prägen sie sich noch besser ein. Kurz: Gefühlsamplitude mit Ausschlag nach oben oder unten – und die Nummer bleibt im Kopf hängen! Romy erinnert sich heute noch schmerzlich daran, wie sie auf La Palma ihr Kuscheltier verloren hat oder wie sie zum ersten Mal stundenlang mit einem Kind spielte, das nicht ihre Sprache sprach. Oder wie sie mit vier Jahren verbotenerweise allein auf einem ausgewachsenen Hengst ritt. Kristy und ich erinnern uns wiederum zu gut daran, wie wir uns bei 47 Grad °C Gewächshausklima, die Kinder auf dem Arm und auf den Schultern hockend, zu den Wasserfällen von Iguazú schleppten, um einen ausgiebigen Blick auf das Naturspektakel werfen zu können.

Jede Menge Anstrengungen sorgen für blubbernde Hormonsprudel aus Adrenalin und Endorphin, und einer Zwangsräumung der persönlichen Komfortzone steht nichts mehr im Weg. Dank der überbordenden begleitenden Emotionen brennen sich die Erinnerungen doppelt so stark ins Gehirn – und je größer die Abweichung vom Gewohnten, desto intensiver fallen Lernzuwachs und Erfahrungen aus. Für alle.

Reisen heißt Verrücktes tun

Reisen bedeutet auch, Dinge zu tun, die man normalerweise im Alltag und zu Hause nicht veranstalten würde, wie zum Beispiel nackt eine vegane Wurst braten, Tango tanzen auf einem öffentlichen Platz oder mit einem Kamel in die Wüste reiten und bei Beduinen im Zelt mit den Händen aus der Schüssel zu Abend essen. Es gibt so irre viele Möglichkeiten. Wie wäre es denn mal mit Delfinen zu schwimmen, über Ruinen zu springen, in Höhlen zu klettern (von der Riesending-Höhle ist abzusehen!), ungefährliche Schlangen aufzuscheuchen, nach Dinosaurierknochen zu graben, eine Nachtwanderung über die Insel zu wagen, ein Floß zu bauen, Pampashasen in freier Natur zu füttern, den Strand mit kraterähnlichen Baggerkuhlen zu durchlöchern, stundenlang zu baden, zu viel Eis, Crêpes und Gummibären zu essen, in einem Theaterstück mitzuspielen, ein Comic auf dem Bauch eines dicken Mannes zu zeichnen, einen Schatz zu finden, einen Regenwurm als Haustier zu adoptieren, Gemüse anzubauen, nach Gold zu schürfen, Salz zu ernten oder Schokolade selbst zu machen – eben seltene Dinge zu tun, die man sonst nicht tut? *Andere* Dinge. Dinge, die Abwechslung im Leben bedeuten und, wie ich finde, total kostbares Erinnerungsgut darstellen. Reisen ermöglicht es euch, jede Menge davon anzuhäufen. Wann wollt ihr endlich anfangen zu sammeln?

Reisen heißt sich auf zu Hause freuen

Und auch das ist Reisen: Rückkehr! Die Reise nach Hause bedeutet die Aussicht auf die gewohnte Umgebung und die feste Struktur des Alltags. Und nach einigen Tagen, Wochen oder Monaten wieder die eigenen vier Wände zu betreten, ist wie das ritualisierte Brechen des Goldfoliensiegels eines Nutella-Glases: Ich weiß, was kommt, aber es ist trotzdem immer wieder aufs Neue geil! Wieder zu Hause sein, ist die Heimkehr in das so Vertraute, in dem man sich sicher und geborgen fühlt. Wochenlange Abstinenz ist wohl die heilsamste und effektivste Art, sein Obdach neu schätzen zu lernen, erst recht mit den vielen gesammelten Eindrücken von der Reise im Kopf, die Vergleiche mit anderen Orten ermöglichen.

Kehren wir nach zwei Monaten, drei Wochen oder auch nur nach zwei Tagen zurück, freuen sich unsere Töchter diebisch auf ihr neuerliches Date mit ihrem Spielzeug und verschwinden dann für Stunden in ihrem Zimmer. Altes Spielzeug ist plötzlich so reizvoll wie neues.

Und meine Frau und ich freuen uns darauf, wieder mehr Zeit alleine verbringen zu können. Nach intensiver Familienzeit ist jeder von uns glücklich, gleitet das Leben in die alten Bahnen zurück. Romy geht wieder in die Schule und Hanna in den Kindergarten. Na ja, jedenfalls so lange, bis es wieder Zeit ist, erneut einen Trip zu unternehmen, und das ist bei uns in der Regel recht absehbar.

Reisen relativiert vieles und rückt die Welt wieder zurecht. Für mich jedenfalls. Ich bemerke dann bei mir so eine aufgeklarte und ungetrübte Wahrnehmung meiner Umwelt. Der dauerhafte Druck des Alltags ist abgestreift, der Schleier vor den Augen hat sich verflüchtigt. Ich erkenne von selbst wieder schöne Details im Leben, kann sie definieren und erfreue mich an besonderen Momenten. Wer seine Frontscheibe ordentlich gewaschen hat, dem fallen allerdings auch eigene Versäumnisse und die der anderen plötzlich wieder viel stärker auf. Gute Sache, klar, kann aber nerven. Auch klar.

Urlaub regeneriert meine Achtsamkeit, und diese versuche ich mir stets so lange wie möglich zu erhalten. Ich schwöre mir jedes Mal hoch und heilig, mich nicht sofort wieder in die Mühle der Dauererreichbarkeit zu begeben, es langsam angehen zu lassen, und für eine gewisse Weile – ich werde immer besser, ehrlich! – gelingt mir das auch tatsächlich. Doch für gewöhnlich braucht es am Ende nur ein, zwei Auslöser, und schon zerren mich die bösen Geister der Gegenwart schneller als gedacht in die alte Tretmühle zurück. Da wir die Haken, die der Alltag namens Hase schlägt, natürlich mittlerweile gut kennen, ist es uns daher umso wichtiger, so oft wie möglich mit den Kindern zu verschwinden, uns phasenweise auszuklinken. Das tut uns als Familie – und als Einzelnen – gut.

Dabei spielt es überhaupt keine Rolle, ob es der Ausflug in den Harz für zwei Tage ist oder der mehrwöchige Trip durch Kanada. Der Tapetenwechsel, die Veränderung des Tagesablaufs, die Intensität der Familienzeit und die Flut an außergewöhnlichen Erlebnissen pusten allen die Birne frei, ordnen und sortieren die Basis und inspirieren zu frischen Taten. Nach Reisen sind wir eher bereit, neue Kapitel zu schreiben.

Special Reisebegleiter: ganz normale Ängste

»Ich heiße nicht Hanna, ich heiße Muschel-Sternschnuppe, der Vobel«, klärt mich meine kleine Tochter auf, grinst und guckt aus ihrem Fenster. »B« und »G« sind derzeit auf dem Vertauschmarkt schwer angesagt oder werden einfach ganz knallhart und rigoros aus den Wörtern gekickt. Wie sie auf den restlichen Namen kommt, keine Ahnung! Aus dem Radio dröhnt irgendein Top-20-Rotation-Hit, die Sonne schickt ihre ersten Strahlen, und wir düsen mit dem Auto durch den Frühnebel in Richtung Kindergarten. Ich drehe mich zu ihr um und sehe die-

---

sen kleinen Menschen mit seinem puppenhaften Profil und den lachenden Augen, dessen gesamte Gestalt man mit einem einzigen Blick erfassen kann. Ihre geflochtenen Zöpfchen ruhen links und rechts auf ihren Schultern, im Arm hält sie ihren Stoffhund und schaut vergnügt auf die vorbeirauschende Landschaft. In diesem Augenblick ist alles gut, alles richtig, fühlt sich das Leben so friedvoll und warm an. Pures Glück und tiefe Liebe durchströmen mich. Diesen Moment kann uns keiner nehmen. Aber zerstören: Als mich plötzlich das typische bösartige Radiograuen der Morning-Show mit dem Besten von überhört bis totgehört brutal in die Realität zurückzerrt, zucke ich zusammen und finde mich wieder vollends im Alltag meines kleinen einfachen Lebens in Hamburg. Und mit mir die Angst, die mich manchmal kurz vor unseren Familienreisen heimsucht. Es können noch so unkomplizierte Trips sein, wie nach Mallorca, Schottland oder Borkum, doch oftmals, vor allem nach dem Erlebnis eines intensiven Gefühls der Liebe und Harmonie, übermannt mich reflexartig die pure, nackte Angst. Angst davor, meine Kinder nicht immer schützen zu können. Angst davor, dies könnte der letzte Moment miteinander sein. Angst davor, gerade eine Veränderung zu provozieren, die doch gar nicht sein müsste. Bringen wir unsere Kinder nicht wieder zum x-ten Mal ego-getrieben in Gefahr, nur weil Kristy und ich diese Reise unternehmen wollen?

Klingt paranoid, aber es sind ehrliche, eindringliche und unvermeidbare Gedanken. Und sie sind super wichtig. Denn sie bleiben nicht ohne Folgen. Gerade wegen diesen Ängsten fühlen wir uns veranlasst, anstehende Unternehmungen so exakt und so vorausschauend wie möglich zu planen und vorzubereiten. Wenngleich dieses gut gemeinte Planungskonstrukt unausweichlich auf reales Leben prallt, Theorie auf Praxis. Und damit stoßen wir auf einen der größten Reiseanreize überhaupt: Wir wollen sehen, ob die Idee aufgeht, wenn echtes Leben hineinströmt. Das Ergebnis ist mit Ansage **immer** ungewiss. Nur eines ist sicher: Ein spannendes Abenteuer beginnt!

Wo soll's denn hingehen?

Wenn ihr über dem nächsten idealen Reiseziel für euren Familienurlaub brütet, dann könnt ihr euch im Reisebüro beraten lassen oder auf eigene Faust im Internet recherchieren. Oder aber gerne eine der folgenden Möglichkeiten wählen:

- Weltkarte kaufen, aufhängen und mit Dartpfeil aus größerer Entfernung, mit verbundenen Augen oder rücklings werfen – na, wo landet er?
- Eure Top-5-Super-Länder auf Zettel schreiben und den Nachwuchs ziehen lassen.

- Den Atlas einfach irgendwo aufschlagen.
- In den Camper einsteigen und einfach den Fahrbefehlen der Kinder folgen oder stumpf »Dort, wo es warm ist« anpeilen.
- Euren Goldfisch, Zwerghasen oder Hund unverwandt anstarren und auf eine Eingebung warten.
- Das Heimatland des Torschützen des letzten gemeinsam gesehenen Bundesliga-Spiels welcher Sportart auch immer ansteuern.
- Den Spielort der aktuellen Serie, die ihr abends zusammen guckt, des Romans, den einer von euch gerade liest, oder des letzten Films, der euch gut gefallen hat, bereisen.
- Den Umriss des potenziellen Reiseziels an Hundekot auf dem Weg ablesen.
- Für die Heimat der Sprache entscheiden, in der euch der pöbelnde Gerüstbauer aufmischte, nachdem er euch die Vorfahrt genommen, erhaben den Mittelfinger entgegengestreckt und seine insgesamt 17 Zähne gebleckt hatte.
- Die Heimat eures Lieblingsessens, eurer Lieblingsdesigngegenstände, eurer Lieblingssehenswürdigkeiten, eures Lieblingsautos oder eures Lieblingsduschgels bereisen.

Natürlich gibt es noch viele weitere kreative Wege, um am Ende mit Sack und Pack irgendwo auf der Welt zu landen. Der bereits erwähnte Pferdefuß: Mit Kindern reisen heißt anders reisen. Deshalb ist zumindest eine leise Berücksichtigung der folgenden Kriterien bei euren Überlegungen zur Wahl des nächsten Reiseziels sicher nicht verkehrt:

Wie viel Zeit nehmen wir uns oder haben wir zur Verfügung?

Die verfügbare Zeit entscheidet meistens auch über die Reiseform: Wer drei Tage hat, denkt eher über einen Städtetrip oder einen Ausflug auf den Bauernhof nach als über einen Strandurlaub auf Gran Canaria. Und wer zwei Wochen verreisen will, wird diese Zeit wahrscheinlich nicht ausschließlich in einer Stadt verbringen wollen.

Wer reist mit?

Reist ihr mit einem oder sechs Kindern? Mit einem Baby oder Drillingen und einem Irischen Wolfshund? Oder reist nur einer von euch mit den Kindern und vielleicht gar noch den Kindern von Freunden? Wie viele Häupter zählt die Reisegruppe, wie alt sind die kleinen Globetrotter, was kann ihnen zugemutet werden und was nicht?

Wie reisen wir?

Auto, Flugzeug oder Zug sind Standard. Wer mit einem Camper reist, gibt schon mit der Wahl des Fahrzeugs die Urlaubstemperatur vor. Nicht weniger abenteuerfreudig zeigen sich Fahrradfahrer oder Wanderer, die das spontane Unterkommen in Gasthöfen oder auf Zeltplätzen bevorzugen.

Wo pennen wir?

Gediegene Übernachtung mit Full-Service, wie sie Hotels, Pensionen und Gästehäuser anbieten oder auch veritable Zwischenlösungen wie Apartment-Hotels mit eigener Küche für individuelle Kochexzesse aber plus Zimmerreinigung und Frühstück stellen bequeme Alternativen zur totalen Selbstversorgung dar: Urlaub heißt ja auch mal nicht kochen und aufräumen zu müssen. Das kann dem familiären Auslandsaufenthalt besonderen Glanz verleihen, ihn aber auch arg belasten, gibt es beispielsweise keine Möglichkeit, losgelöst vom starren System fester Essenszeiten Nahrung für die Kleinen zuzubereiten.

Auf der anderen Seite könnt ihr auch auf gemachte Betten und eben jene zeitlichen Fußfesseln verzichten und eine Ferienwohnung, ein Haus oder ein Apartment anmieten. Hier seid ihr völlig autark und könnt auch mal spontan »euer eigenes Ding« drehen.

Was darf der Spaß kosten?

Das liebe Geld bleibt ein schmutziges Zünglein an der Waage der Entscheidung. Wie viel darf der Trip kosten? Ist es besser, die Reise pauschal zu buchen und somit alles in einem Paket abzuschließen, oder doch kostengünstiger, sich jeden einzelnen Baustein selbst anzumieten? Und liegt unsere Reise, weil wir ein Schulkind haben, in den Ferien und somit in der A-Saison, der teuersten Reisezeit?

Inspiration für Reisen

Tolle Blogs mit weiteren Informationen, die sich auch hervorragend als Inspirationsquelle eignen:

www.reisedepeschen.de
www.travelbook.de
www.bridgesandballoons.com
www.off-the-path.com
www.matadornetwork.com
www.planetbackpack.de
www.meehr-erleben.de

Besonders zu empfehlen: www.nepomuksreisen.de. Inka Schmeling hat schon mit dem Buch *Abenteuer Elternzeit* ein tolles und notwendiges Buch über ihre Familienreise nach Syrien verfasst und dabei alle wichtigen Infos von vor bis nach der Reise zusammengestellt. Auf dieser Internetseite bietet sie ein Forum für alle reisenden Eltern, die sich über unterschiedliche Reisethemen austauschen wollen.

Welch wunderbares El Dorado euch als Reiseziel auch vorschweben mag: Ihr seid lediglich Randerscheinungen, die Wasserträger, die fleischgewordene Sänfte samt Proviantlager mit »Siri«-Funktion. Mit Geburt eurer unberechenbaren Mini-Globetrotter könnt ihr eure Karriere als bewährte Travel Guides an den Nagel hängen. Vor allem Babys eilt ihr Ruf voraus, als kleine, zarte und zerbrechliche Wesen selbst kurze und ver-

meintlich schmerzlose Reisen wegen der plötzlichen Verän-
derungen des gewohnten Alltags zum Horrortrip ausarten zu
lassen. Ein paar Schauereindrücke unserer vergangenen Reisen möchte ich euch an dieser Stelle keinesfalls vorenthalten:

- In Kopenhagen hat »Baby Romy« tagsüber im Kinderwagen
  geknackt und uns störungsfrei alles besichtigen lassen, worauf wir Lust hatten. Die verließ uns jedoch jäh zur Nacht,
  als der Schreihals in Windeln diese wiederum zum Tag gemacht hat. Für uns die unerwartete Extrarunde ... dummerweise ohne Ohropax.
- Auf Mallorca ist »Baby Hanna« mönchsgleich jeden Morgen
  um 4.30 Uhr aufgewacht. Ganz gleich, mit welchem zeitlichen Vorlauf wir abends den Sinkflug einläuteten, wir fühlten uns jeden Morgen wie frisch aus dem Bällebad eines neu
  eröffneten Indoorspielparks gezogen: eingedellt, durchgeprü-
  gelt und latent am Rande des Wahnsinns. Bei unserer Rückkehr waren wir noch blasser als bei Antritt unserer Reise ...

Ich erspare uns weitere Gruselgeschichten, denn die »Messa-
ge« ist, glaube ich, angekommen: Wir müssen uns bei Reisen
mit den kleinen Wonneproppen im Vorhinein echt einen Kopf
machen, was wir ihnen und uns zumuten wollen. Die folgenden Infos solltet ihr bei euren Planungen für eine Tour mit
einem ganz frischen Menschenexemplar auf jeden Fall mit-
einbeziehen:

Unabhängig ob mit Baby, Kleinkind oder ganz alleine, von
der Reisezielliste solltet ihr definitiv alle Länder streichen, für

die eine **Reisewarnung** vom Auswärtigen Amt der Bundesrepublik Deutschland vorliegt. Mehr dazu erfahrt ihr hier: www. auswaertiges-amt.de.

Eine App mit Reisewarnungen, wichtigen Infos zu unterschiedlichen Ländern, Botschaftsadressen und dergleichen könnt ihr dort ebenfalls runterladen (*siehe auch* die 20 Must-Have-Apps für den Urlaub ab Seite 271).

In den Flieger kann euer Baby bereits im Alter von sieben Tagen steigen. Wer es nicht extrem eilig hat, lässt noch zweidreiviertel Monate verstreichen und hat mit drei Monaten einen schon relativ robusten Reisepartner am Zipfel.

Es gibt viele ferne Länder, für die wir eine beachtliche Ladung an **Impfungen** über uns ergehen lassen müssen. Eine Runde Malariaprophylaxe ist schon für Erwachsene nicht gerade der Jackpot, und kaum jemand kann voraussehen, wie die wohl bei einem drei Monate alten Säugling wirkt. Klar sind mittlerweile viele Impfungen, die wir Großen für derartige Ausflüge verabreicht bekommen und die uns schon mal kurzerhand aus dem Alltag fegen, auch für Winzlinge erhältlich. Das ist aber für den kleinen Organismus ein echtes Brett und in den ersten zwei Lebensjahren nicht ratsam. Fragt also den Kinderarzt und die Spezialisten vom Tropeninstitut a.k.a. Robert-Koch-Institut und werft einen Blick auf Seiten wie www.gesundes-reisen.de, www.crm.de (Centrum für Reisemedizin) oder www.bnitm.de (Bernhard-Nocht-Institut für Tropenmedizin).

Experten empfehlen außerdem: Je länger ihr an einem Ort bleibt, desto entspannter gestaltet es sich für alle Beteiligten.

Eine sorgsam ausgedehnte **Verweildauer** ermöglicht den kleinen Runzelrüben, sich mit der neuen Routine anzufreunden. Geht mit dem Landeswechsel außerdem eine deutlich spürbare Klimaveränderung einher, sind mindestens zwei Wochen Aufenthalt geboten, gerne auch mehr.

Während die Zeitspanne an einem Fleck mit Baby nicht großzügig genug bemessen sein darf, ist das Fachpersonal bezüglich der Höhenlage eures auserkorenen Reiseziels ziemlich streng. Also schminkt euch das »Dach der Welt« getrost ab, da die Empfehlung lautet, Babys nicht über die 1500-Meter-Schwelle und größere Kinder wegen der Gefahr der Höhenkrankheit nicht über 2500 Meter zu hieven. Frönt ihr dennoch dem Alpenglühen, räumt den emsigen Baby- und Kleinkind-Freeclimbern eine amtlich empfohlene Akklimatisierungszeit ein, die in der Regel eure eigene weit unterläuft.

Wir schnüren das Korsett noch ein wenig enger: Weder große Hitze noch arktische Kälte sind eine klimatische Wohltat für den neuen Erdenbürger. Mittelwerte wie **Temperaturen** um 20 Grad empfinden unsere Sprösslinge daher, ebenso wie wir, als recht angenehm. Baby- und Kinderhaut sind bekanntlich arg sonnenempfindlich, also bitte kräftig mit 50er-Sonnenschutz eincremen, aber das nur mal kurz am Rande.

Wer im Sommerurlaub nicht verhungern, verdursten oder sich nur zu Fuß fortbewegen möchte, beugt sich wohl oder übel den internationalen Air-Conditioning-Bedingungen: Haben wir draußen »Sahara«, machen wir drinnen »Arktis«. Auf Reisen lässt sich das perfide Wechselspiel von Hitzestau in der Sonne direkt zu »Eisschrank« Supermarkt, Restaurant,

Auto oder Hotel und umgekehrt oft kaum vermeiden. Bei meinen einmeterhohen Gefährten und mir sorgt das mit Garantie für eine ausgewachsene Mandelentzündung, bei Kristy für eine nachhaltige Erkältung. Wir versuchen zwar über Jacke an und aus, Mützchen auf und ab sowie Tüchlein hier und da unsere Kinder vor Gefrierbrand, Frostbeulen, blauen Lippen und eletricboogie-ähnlichem Zittern zu bewahren, aber nach spätestens drei Tagen hat immer einer einen Schnupfen. Pech gehabt! Die Urlaubsfreude bleibt dennoch locker aufgetaut. Derlei Infekte gehören für uns zum Trip ins Paradies wie die Flut an Massageangeboten zum Strand von Teneriffa.

Die Frage nach der **Hygiene** und **medizinischen Versorgung** im Zielland kann neben dem Verdacht, es könnte sich beim Urlaubsort um ein Krisen- oder Kriegsgebiet handeln, ein weiteres, entscheidendes Totschlagargument zutage treten lassen. Denn herrscht ein arger Mangel an Sauberkeit – ich habe sofort die Vorstellung, wie unser Baby ein zusammengeknülltes, nicht identifizierbares Glitzerpapier, das ambitionierte winzige Krabbeltiere gerade davontragen möchten, ergreift und zum bereits geöffneten Mund führt –, ist die Gefahr böser Infektionskrankheiten ständig präsent. Mal eben den kleinen Kollegen für den schnellen Boxenstopp mit »Reifenwechsel« irgendwo hinzulegen ist dann nicht. Machen wir daher kurzen Prozess: Bei einer schwer bedenklich bis katastrophalen medizinischen Versorgung am gewünschten Zielort ist vom Besuch mit Babybegleitung wirklich abzuraten. Aber was in Allerherrgottsnamen solltet ihr auch an einem derartig unwirtlichen Platz auf der Welt mit einem wenige Tage alten Menschen tun wollen?

Wer durch ein Land reist, muss zwangsläufig längere **Strecken** zurücklegen, wie auch immer. Das ist mit älteren Kindern kein Ding, Kleinkinder oder Babys sehen das auch mal anders. Es sei denn, sie pennen unterwegs und bleiben dafür die Nacht über auf – siehe unseren Kopenhagen-Skandal. Wir haben, und teilweise müssen wir das heute immer noch tun, die Kinder bei längeren Fahrten »bespielt«, um nicht vollends das mühsam durchgesetzte heimatliche Wach- und Ruhekonzept aufgeben zu müssen. Das heißt, einer von uns (Schnick-Schnack-Schnuck) hat sich nach hinten gesetzt, etwa 80 Bücher vorgelesen oder so lange mit dem Baby gespielt, bis ihm von der Unendlichkeit der Monologe und der mangelnden Reaktion darauf schlecht wurde. Mit diesem Konzept ist es uns meistens gelungen, den Schlaf ein wenig hinauszuzögern. Hat aber auch nicht immer funktioniert.

Haben sich die aufgeführten Hinweise bis hier hin leider wie eine unbeabsichtigte, herzhafte Kopfwaschung angefühlt, will ich kurz abmildernd klarstellen: Sie sind natürlich keine zwingenden Ausschlusskriterien. Wo kommen wir denn da hin! Vielmehr geht es mir darum, dass ihr euch mit diesen Fakten und Tatsachen bei der Planung eures Trips verantwortungsvoll auseinandersetzt. Dann fühlen sich alle gleich besser. Und weil es so viel Spaß macht, gibt es jetzt noch einen mit auf den Weg: Bastelt ihr an einer anspruchsvolle Reiseroute, lohnt sich in jedem Fall vor Antritt der Reise ein Gespräch mit dem Kinderarzt.

Empfohlene Reiseziele mit Baby

Neben Deutschland (ausgenommen jener Regionen mit bösen Hirnhautzecken – beziehungsweise dorthin bitte nur mit entsprechender Impfung) bieten sich auch folgende Klassiker im Umland an: Österreich, Schweiz, Spanien, Italien, Beneluxstaaten, Frankreich, Dänemark, England, Schweden, Polen oder Portugal. Diese Länder zeichnen sich durch eine humane Anreisedauer, geringe Zeitverschiebung, medizinische Versorgung auf europäischem Niveau und ein im Allgemeinen gut verträgliches Klima aus.

Ängste hier, Warnungen da. Wann ist eine Reise zu ego-getrieben? Was dürfen wir als Eltern riskieren? Und darf der Begriff »Risiko« in einem Satz mit »Kind« überhaupt fallen? Als wir mit der gerade mal 14 Monate jungen Hanna nach Südamerika reisten, fielen die Reaktionen folgendermaßen aus:

- »Huch! Was? Und das mit so kleinen Kindern? Seid ihr verrückt??« Oder: »Wartet doch noch. Das würde ich echt nicht machen! Wenn da was passiert … ihr werdet euch euer Leben lang Vorwürfe machen.« (Mehrheit)
- »Ihr seid ja krass drauf! Geil! Bin voll neidisch. Ich komme mit.« Oder: »Richtig! Wenn nicht jetzt, wann sonst?« (Minderheit)

Bei derartigen Reaktionen lohnt sich natürlich immer der strenge Blick auf deren Absender. Ist er selbst schon einmal mit Baby oder Kleinkind gereist? Zeichnet er sich durch fundierte Ahnung oder lediglich durch übertriebene Ängstlichkeit (oder Begeisterung) aus?

An dieser Stelle müssen wir einmal festhalten:

Ob ihr auf Goa eine ruhige Kugel schieben wollt (hier gibt es übrigens einen deutschen Kindergarten, solltet ihr die Aussteigerhochburg in die engere Auswahl nehmen: www.vrindhavankindergarten.de), auf Spiekeroog nackt auf Schimmeln reiten oder in Zentralkanada die Wildwasser-Rafting-Strecke eures Leben hinunterpaddeln möchtet – hey, unzählige Eltern auf diesem Planeten wagten schon Reisen mit Baby im Bauch, am Bauch, mit kleinen, mittleren und großen Kindern, per Auto, zu Fuß, mit Fahrrad, mit Pferd, Esel und Hund, in den Tropen, durch die Wüste, durch die Arktis, am Rande der Steppe, auf allen Meeren und vieles mehr. Und nur den wenigsten ist wirklich ernsthaft etwas passiert. Deshalb tun es ja auch nach wie vor immer wieder überall viele, viele andere Eltern. Es ist selbstverständlich, dass ihr euer Kind niemals bewusst einer Gefahr aussetzt, sondern es immer wie ein rohes Ei behandelt! Von daher regiert meiner Meinung nach nur eine einzig wirkliche Motivation, um an der Copacabana zu liegen, durch Havanna zu cruisen oder in Mexiko der Rache Montezumas nachzuspüren:

Wollt IHR nach XY oder nicht???

Fertig. Alles andere kommt danach.

Und wer behauptet, der Campingurlaub in Italien sei ungefährlicher als eine Reise nach Südamerika, dem sage ich: Eine

Kopfplatzwunde hat sich meine kleine Hanna auf dem 70. Geburtstag meiner Mutter in Bad Zwischenahn zugezogen und eben nicht bei 47 Grad Celsius und giftigen Tieren in Brasilien. Alles relativ, richtig. Beispiele finden sich für beide Lager und alles dazwischen.

Das hier ist ein Reisebuch für Eltern. Ich bin der Letzte, der euch von einem Megatrip abhält, solange ihr euch mit wachem Verstand, klarem Geist und elterlicher Verantwortung auf den Weg macht! Und das werdet ihr, das weiß ich!

Sind eure Kinder bereits älter, dann werden auch sie über euer Reiseziel mitbestimmen. Jeder äußert, was er sich wünscht und vorstellt, und mit den genannten Parametern steigt ihr in die Suche ein. So ist am Ende niemand enttäuscht, weil er bei der Zielbestimmung nicht berücksichtigt wurde, und ihr könnt bereits das demokratische Auswahlverfahren mit viel Freude begehen, surft ihr gemeinsam durch Reiseblogs oder blättert in Reiseführern und -berichten.

Wie wär's denn mal mit …?

Ich will aus meinem Herzen keine Mördergrube machen: Dieses Kapitel war zunächst nicht geplant. Hä? In einem Reisebuch keine Tipps für Reiseziele, geht denn das? Ja und irgendwie auch nein. Aber was ist ein gut gemeinter »Must-See«-Vorschlag auf geduldigem Papier wert, wenn er doch so häufig allzu schnell an Aktualität verliert und somit kein Mensch weiß, ob die fulminanten Gastgeber ihre ach so exklusive und romantische Ferienwohnung mit Tennisplatz, Privatstrand und Außenbaderlebnis noch betreiben, oder ob daraus längst ein für die Region wichtiger, rege frequentierter Edelpuff hervorgegangen ist oder sie einem Einkaufszentrum weichen musste? Außerdem: Es gibt im Netz unzählige Seiten und auf dem Zeitschriftenmarkt so viele hervorragende Hochglanzmagazine, die bildgewaltig und in spannenden Reportagen angepriesene Reiseziele für Familien vorstellen und auch gleich getestet haben.

Also habe ich mich dagegen entschieden, euch hier Reisetipps mit konkreten Vorschlägen für Unterkünfte, Restaurants oder solche à la »Und wenn ihr bei Pepe im Supermarkt unter Palmen eingekauft habt, dann müsst ihr nur die Straßenseite wechseln und könnt bei und mit José die herrlichste Bananenpizza Puerto Ricos schlemmen« zu unterbreiten.

Nun mag dieses Standardwerk der Elternreiseliteratur Derartiges vielleicht nicht leisten können, sicherlich aber die eigens mit Erscheinen des vorliegenden Buches geborene Internetseite www.parentstogo.de. Hier könnt ihr euch mit anderen Eltern über die bunte Welt der Reiseziele, Tipps, was man noch auf Reisen mit Kindern beachten sollte oder wo derzeit superaktuelle Angebote vorliegen, austauschen.

Was kann euch aber nun hier erwarten?

Auf den Punkt: Inspiration! Komplett subjektiv eingefärbt, versteht sich. Denn viele der vorgeschlagenen Zielorte und Länder wurden von uns selbst besucht und nach bestem Wissen und Gewissen auf Kindertauglichkeit geprüft. Andere darunter sind ein sehnlichster Wunsch von uns und rangieren im oberen Drittel der noch ausstehenden persönlichen Must-See-Top-10, andere wiederum sind aus meinen Recherchen im Anschluss an begeisterte Berichte von Freunden hervorgegangen.

Wie bereits angesprochen: Die Wahl des Reiseziels hängt von vielen Faktoren ab, am allermeisten aber von der persönlichen Interessenlage. Ich finde, für eine Reise muss man brennen, Lust auf das sinnliche Erleben eines Landes, einer anderen Kultur mitbringen, regelrecht nervös vor Vorfreude sein, es muss kribbeln.

Im Folgenden präsentiert sich euch nun eine keinen Anspruch auf Vollständigkeit erhebende Top-Must-See-Never-Seen-Before-Places-Before-You-Die-Liste. Schenkt euch ein Glas Rotwein ein oder setzt eine Kanne Kamille-Hibiskusblütentee auf und stöbert, schnuppert, wühlt. Ich hoffe, ihr habt nach der Lektüre so richtig Bock auf Reisen. Und Abfahrt!

Argentinien

Natürlich mein Reisetipp Nummer 1. 2012 haben wir uns in eine dreimonatige Kurzauszeit nach Argentinien verabschiedet. Die Hürde der langen Flüge nahmen beide Kinder souverän. Nicht, dass es leicht gewesen ist, das will ich hier gar nicht behaupten. Aber es kam uns schon gut zupass, dass wir einen Nachtflug von London aus nach Buenos Aires gebucht hatten.

Die argentinische Metropole begrüßte uns am frühen Morgen mit strahlendem Sonnenschein. Wir bezogen im Stadtteil Palermo unsere für eine Familie perfekt geeignete Wohnung: handliche zwei Schlafzimmer plus Wohnzimmer, Küche und Balkon, Spielplatz im Hof, der Supermarkt nur 50 Meter entfernt, Bäcker, Friseur, Obstladen, Bar, Café, Apotheke, alles direkt um die Ecke, Bingo! Wir fühlten uns pudelwohl.

Schnell lernten wir sämtliche Familien des Hauses auf dem »parque infantil« kennen. Ob die Argentinier wirklich so hilfsbereit und sozial sind, wie es ihr Ruf bezeugt? Ja, das sind sie. Wir wurden von Eltern, die wir gerade mal zehn Minuten kannten, zum Essen eingeladen. Betraten wir einen Bus – und in Buenos Aires fährt man sehr viel Bus –, sprangen selbst die süßen alten Omis auf, um demjenigen, der Hanna auf dem Arm trug, ihren Platz anzubieten. Zückte ich den Stadtplan, um mich zu orientieren, stand immer schon ein freundlicher Argentinier neben mir und fragte, ob er mir helfen könne. Und selbst auf dem Spielplatz bewiesen schon die argentinischen Kinder im Umgang miteinander so viel Herzlichkeit, Großzügigkeit und Respekt, dass unsere »Ich bin dran mit Rutschen«-Kinder teilweise wie deutsche Bulldozer auf Gänseblümchenwiesen wirken mussten.

Alles, was die Stadt zu bieten hat, haben wir uns angeschaut. Klingt vollmundig, aber das ist ja der Vorteil, wenn man für fünf Wochen an einem Ort bleibt und sich von dort aus einfach mal treiben lassen kann. Zum Beispiel durch La Boca. Erst haben wir die bunten Hafenarbeiterhäuschen besichtigt, dann stolperten wir den Caminito, die 100 Meter lange Fußgängerzone hoch, aßen zu Mittag, unterhielten uns mit dem lustigen, Kette rauchenden Maradona-Double, mit dem wir uns zu seinem Ärger am Ende nicht haben fotografieren lassen, und flanierten so lange durch den Stadtteil, bis wir in einem Park auf einem Volksfest mit Flohmarkt landeten, wo wir schließlich mit allen dort Anwesenden zu argentinischer Folklore getanzt haben. Feierlicher Abschluss des Tages war ein lauwarmer, perfekt abgefeuerter Taubenschiss in meinen Nacken, als wir gerade im Begriff waren, in den Bus zu steigen.

Kinder sind in Argentinien überall schwer willkommen. Wo immer man hinkommt, gibt es Hochstühle, und wo keine sind, da schert sich auch keiner drum – das Kind kommt auf den Schoß, alles gut. Ständig werden Süßigkeiten zugesteckt, Wangen getätschelt oder kleine Späße gemacht.

Buenos Aires ist eine Stadt mit vielen unterschiedlichen Gesichtern. Ein bisschen Paris, New York, Berlin, eine Prise mondän und hip plus ein Schuss »Slum« – voilà, das ist Buenos Aires! Siebziger-Jahre-Bausünde trifft auf bunte Kolonialstilarchitektur, hipper Coffee-Store auf gemütliches Wiener Kaffeehaus, spanische Kneipe auf Tangolokal, Innovation auf Tradition.

Buenos Aires ist bunt. So bunt wie die Häuser von La Boca oder das Treiben auf den ständig stattfindenden Märkten.

Es ist melancholisch und verführerisch, so wie der Tango auf einem der öffentlichen Plätze von San Telmo, und dann wieder schäbig und rau, knattert man mit einem Bus durch teilweise abgeranzte Gegenden mit verfallenen Häusern und Obdachlosen, die auf ihren Matratzen mitten auf dem Gehweg liegen. Jedes Viertel birgt eine ganz eigene Welt mit eigenem Völkchen, eigenem Stil, eigenem Tempo. Außerdem ist Buenos Aires mit seinen zahlreichen Parks auch eine sehr grüne Stadt. Ihr könnt überall mal kurz rasten, einen Mini-Jahrmarkt besuchen oder euch auf einem Spielplatz die Zeit vertreiben. Es gibt viele sehenswerte Museen, wie das für Naturwissenschaft mit einer eigenen Dinosaurier-Ausgrabungsstelle für Kinder oder das Museumsschiff in Puerto Madero. Und selbst der Besuch eines Friedhofs, des Cementerio de la Recoleta, auf dem die Gräber von Evita Perón und der gesamten argentinischen Elite liegen, begeistert die Kinder, denn so viel Kunst und Pracht gibt es auf Friedhöfen selten zu besichtigen.

Auch kulinarisch ist Buenos Aires ein Traum. Hier gibt es das beste Eis der Welt, das beste Rindfleisch der Welt und den besten Rotwein der Welt, den Malbec. Überall trinken Menschen Mate und grillen sich ihren halben Bullen. Außerdem mögen es die Argentinier gerne süß. Kuchenteilchen, Schokoriegel und die gefüllten Alfajores, keksähnliche Sandwiches, bekommt man hier an jeder Ecke. Und ganz gleich um welche Süßspeise es sich handelt, der Porteño, wie die Einwohner von Buenos Aires genannt werden, bevorzugt sie in Kombination mit Dulce de Leche, sämigem Milchkaramell.

Aus der Stadt heraus war unser erster Anlaufpunkt El Calafate in Patagonien, wo das Naturspektakel des Perito Moreno lockt. Ein zig Kilometer langer und etwa 60 Meter hoher Gletscher kalbt hier in den eiskalten, stahlblauen, riesigen Lago Argentino, die größte Süßwasseransammlung des Landes. Dieser Anblick ist einfach nur magisch. Der Perito Moreno ist das Highlight der Gegend, aber auch die vielen anderen Gletscher in den Nationalparks faszinieren. Eisberge in allen erdenklichen Größen ziehen an einem vorbei und natürlich haben wir dicke Eisbrocken aus dem Wasser gefischt, zerkleinert und das Zeug mit den Kindern weggelutscht.

Unsere nächste Station war Bariloche. Wer hier rastet, denkt nicht an Südamerika, sondern an Österreich, an das Allgäu oder die Eidgenossen. Saftig grüne Wiesen, hohe Tannen und eine Schweizer Kolonie mit Apfelstrudel und selbst gemachter Schokolade locken.

Anschließend folgte der Sprung ins Subtropische – Iguazú! Die Wasserfälle dort, genannt Cataratas del Iguazú, stellen nicht nur ein Naturspektakel dar, sie sind auch UNESCO-Weltkulturerbe. Schaut euch bitte unbedingt im Internet Bilder davon an. Gigantisch. XXL. Und man versteht sein eigenes Wort nicht mehr, so laut ist es dort.

Übrigens: Die Wasserfälle kann man sich sowohl von der argentinischen als auch von der brasilianischen Seite aus anschauen. Die argentinische Seite lässt sich gut mit einem Buggy begehen, mit ihren vielen Treppen und schmalen Stiegen empfiehlt sich bei der brasilianischen hingegen, ein Tragetuch oder eine Kraxe zu verwenden. Ach, und fürs Protokoll: Ich halte die brasilianische Seite der Wasserfälle für fotogener. Die argentinische Seite ist dafür sympathischer, erlebnisreicher und von den Zugängen her moderner. Also, ihr kommt nicht drum herum, ihr müsst von beiden Seiten aus draufschauen!

Schließlich ging es zum letzten Mal Richtung Buenos Aires, diesmal auf eine etwa 50 Kilometer entfernte Estancia, eine Farm in der Pampa. Hier war ausschließlich Kinderprogramm angesagt. Mitten in der Weite der Natur hatten wir unseren eigenen, zu einer kleinen Wohneinheit umgebauten Stall. Wir schliefen in Doppelstockbetten, frühstückten mit der argentinischen Großfamilie oder ritten mit den Gauchos über die Felder.

Keine Reise ist wiederholbar, denn es ist ja die Einzigartigkeit des Moments, die besticht. Argentinien bleibt für immer unser. Eine tiefe, wunderschöne Erinnerung, eines der größten Abenteuer, das wir erleben durften. Als Paar. Als Familie. Ich kann es nur empfehlen.

Hamburg

Die kernige Hansestadt hat viele Gesichter und in jedes darf man sich ad hoc blitzverlieben: das lässig ungezwungene Ottensen mit den kleinen Cafés und den hippen Modegeschäften, das edle Blankenese mit dem mediterran anmutenden Treppenviertel, den prachtvollen Villen und dem goldgelben Elbstrand oder das pulsierende St. Pauli mit …, na ihr wisst schon, und dem einzigartigen Fußballverein. Hamburg bedeutet viel Wasser, das habt ihr auf dem Zettel, und so könnt ihr stundenlang dort am Elbstrand hocken, Burgen bauen, baden gehen und dabei erstaunt den euch passierenden Riesenkähnen und Luxuskreuzfahrtschiffen hinterherschauen. Wollt ihr selber rauf »aufs Meer«, dann könnt ihr auf einer Barkasse anheuern und den Hafen von der Wasserseite aus begutachten und durch die Speicherstadt schippern, wo die alten Gewürz-, Tee- und Kaffeespeicher sowie ein ganz neuer Stadtteil auf euch warten, die Hafencity mit der über Hamburg thronenden Elbphilharmonie. Nach der Bootstour lohnt sich der Abstecher zur größten Modelleisenbahn der Welt – das Miniatur Wunderland. Hier gibt es keine zwei Meinungen: einsame

Spitze! Ebenfalls am Wasser: »König der Löwen« – das zauberhafte Musical mit den innovativen Kostümen ist ein Dauerbrenner und bricht einen Besucherrekord nach dem nächsten. Gibt ja viele Musicalverrückte – für all diejenigen unter euch: Dies hier ist ein anerkanntes Brett! Romy war als Sechsjährige auch schon dort und schwer begeistert. Nach den gespielten und singenden Tieren mag das natürliche Bedürfnis aufkeimen, echte Lebewesen sehen zu wollen, und prompt findet ihr euch im legendären Zoo Hagenbeck wieder: Elefanten, Löwen und das Eismeer mit Seelöwen und Konsorten, dazu ein amtlicher Rock'n'Roll-Spielplatz mit Superrutschen für jedes Alter. Schlechtwetteralternative ist das Hagenbeck'sche »Troparium«. Tja, und wenn die Zeit in der Hansestadt dann noch reicht, »beamt« ihr euch ins Planetarium im Stadtpark und schaut in die Sterne. Da ist auch übrigens wieder Wasser, diesmal mit der Möglichkeit Tretboot zu fahren – Kurs: Alster.

Mehr unter: www.hamburg-tourism.de.

Und wenn ihr noch mehr bzw. etwas konkreter wissen möchtet, dann schreibt mir einfach an: christian.busemann@ gmail.com – ich wohne ja hier :)

Berlin

Berlin ist ein Spaziergang durch die Geschichte und den Moment zugleich. Denn was heute noch ein Schuhgeschäft ist, ist morgen vielleicht schon ein Club und übermorgen das Atelier eines Street-Art-Künstlers. Das mag für euch sicherlich reizvoller klingen, als für eure Erben ersten Grades, aber wir wissen ja vom Reisegott: Geben und Nehmen! Die Hauptstadt

spendet viele Attraktionen, wie das endlos erscheinende Na-
turkundemuseum mit dem weltweit größten Dinosaurierske-
lett. Noch größer, noch höher ist da nur einer: der Fernseh-
turm am Alexanderplatz, der im Gegensatz zu dem Exemplar
in Hamburg betretbar ist und einem in 203 und 207 Metern
Höhe eine prächtige 1-A-Panorama-Perspektive auf die Welt-
metropole schenkt. Zurück auf dem Boden der Tatsachen würde kein Mensch glauben, hier auf interessante Wasserbewoh-
ner zu treffen, aber »SeaLife« mit dem »AquaDom« macht's
möglich und zeigt die heimischen und im Dom – ein Was-
serzylinder – auch tropische Fische. Nichts im Vergleich zum
Hamburger »Troparium«, aber der gute Wille zählt. Wenn ihr
euch dann vom Mainstream verabschieden wollt, wagt einen
Hüpfer ins »Labyrinth Kindermuseum« (www.labyrinth-kin-
dermuseum.de). Motto hier: Lernen durch Selbermachen.
Deswegen setzen die Initiatoren auf interaktive Erlebnis-Aus-
stellungen, die ständig wechseln. Der Zoologische Garten Ber-
lins ist zwar ein Knaller, ich finde den Tierpark Friedrichs-
felde allerdings atmosphärisch schöner und flächentechnisch
großzügiger. Nashorn, Flamingo, Affen etc., und weit und
breit kein medial aufgeheizter »Knut« – das klingt doch charmant, oder?! Keinesfalls darf ich euch das LEGOLAND Discovery Centre verschweigen – anerkannte Pilgerstätte eines
jeden Lego-Fans, ganz gleich welchen Alters. Wie werden die
Steine produziert, wie reitet es sich auf einem Drachen in 4D
und wer möchte sich vielleicht ein bisschen mit den Legostei-
nen austoben? Ihr werdet begeistert sein. Trübt indes schlech-
tes Wetter euren Hauptstadt-Besuch, dann warten 4000 Quad-

ratmeter Indoor-Spielplatz mit Seilbahn, Gokarts und Booten zum professionellen Durchdrehen für Kinder auf euch. Das infantile Spielparadies hört auf den Namen »Jacks Fun World«. Vielleicht eine ideale Alternative und wunderbare Abwechslung, nachdem ihr euch den Reichstag angeschaut habt.

Und wer auf internationale und deutsche Prominenz steht: Ob Hollywoodstar oder Politiker, in Berlin-Mitte begegnet einem immer irgendein bunter Hund.

Mehr zu Berlin sowie eine Übersicht zu kinderfreundlichen Hotels findet ihr hier:

www.visitberlin.de/de/erleben/berlin-fuer-familien.

Urlaub im Leuchtturm

Viel näher ans Wasser geht es nicht. Mein Bruder startet in der Regel zweimal im Jahr mit seinen Jungs und ein paar Freunden einen Segeltörn. Zuletzt waren sie in Kroatien, genauer gesagt in Istrien. So viele schöne alte Leuchttürme hätte er selten gesehen, schwärmte er später am Telefon. Als sie erfuhren, dass man in einigen davon auch nächtigen kann, wollten sie spontan zugreifen, doch nichts zu machen, alles ausgebucht! Inspiration bietet folgende Seite:

www.adriagate.com/Kroatien-de/Leuchtturme-Kroatien.

Und falls ihr keine Lust auf Kroatien habt, dann ab zu den Norwegern: www.visitnorway.com/de/ubernachtung/leuchtturm-urlaub/.

Aber auch Deutschland hat in Sachen Urlaub im Leuchtturm so einiges zu bieten: www.leuchttuerme.net/index.php?nav=1000076&lang=1.

Und dieser holländische Veranstalter hat nicht nur einen Leuchtturm, nein, auch gleich den Hafenkran und das dazu passende Rettungsboot zu vermieten: www.vuurtoren-harlingen.nl.

Insel Poel

Sylt, Rügen, Norderney oder Fehmarn, alles schon gehört. Aber Poel? Wo soll das denn sein? Und wie spricht man das aus? Pöl, richtig. Dieses schöne Fleckchen Erde liegt zwischen Rügen und Fehmarn und punktet durch einen geringeren Touri-Auflauf als die anderen Inseln und Strandbäder. Das Wasser am Strand ist schön flach, ideal also für die Kids. Und jede Menge Programm wird auch geboten: von den klassischen Strandaktivitäten über diverse Wassersportarten bis hin zum Wandern, Radfahren und Reiten – alles in angenehmer persönlicher Atmosphäre und nicht so kommerzialisiert. Einen Indoorspielplatz gibt es auch, und wer es ohne Zoo nicht aushält: In Wismar, also gleich in der Nähe, gibt es einen solchen. Ihr könnt campen, eine Ferienwohnung mieten oder im Hotel pennen. Alles da, alles fein, jetzt müsst ihr nur noch hin. Viel Spaß! Mehr Infos gibt's hier: www.insel-poel.de.

Mecklenburgische Seenplatte

Ich bin ja, Hand aufs Herz, ein bisschen in Ostdeutschland verliebt. Unsere Trips nach Brandenburg, Thüringen, Sachsen oder Mecklenburg-Vorpommern waren stets von sehr viel Natur, wenig Menschen, innerer Einkehr und echtem Loslassen geprägt. Wer mal was anderes will, macht Urlaub in

Meck-Pomm. Auf dem Wasser. Ob ihr nun einen Bootsführerschein habt oder nicht – auf der Mecklenburgischen Seenplatte braucht ihr eh keinen. Ihr mietet euch ein Hausboot, erhaltet beim Verleiher vor Ort eine Einweisung und dann heißt es Leinen los, schwimmen, Schwäne beobachten, angeln, oder einfach mal anlegen und die Natur erkunden. Beinahe alle Seen sind miteinander verbunden. Mehr hierzu: www.mecklenburgische-seenplatte.de.

Habt ihr ein noch immobiles Baby an Bord, lässt sich die Tour gut starten. Sind eure Kinder aber schon hurtige Selbstläufer, dabei jedoch komplette Nichtschwimmer, würde ich so eine Bootstour lieber verschieben bzw. beim Verleiher nachfragen, ob das Boot auch kindersicher ist.

Erscheinen euch indes Mecklenburg-Vorpommern und die olle Müritz eher als läppische Touren für Leichtmatrosen, wie wäre es dann mit einem ebenfalls ohne Bootsführerschein zu steuernden Hausboot anderswo in Europa, z. B. in Frankreich, Belgien oder Schottland: www.leboat.de.

Neben dieser abgefahrenen Art, den Urlaub zu gestalten, könnt ihr an der Seenplatte Bootshäuser als Unterkunft buchen. Manchmal ist ein Gartengrundstück dabei, manchmal zusätzlich auch ein Motorboot zu vermieten – ebenfalls führerscheinfrei! Informiert euch aber auf jeden Fall, wie kindersicher Haus und Terrasse sind. Mehr Infos findet ihr auf www.boothaeuser.de.

Das Strandhäuschen am Meer

Wo sind die Kinder? Die sind schon am Strand!
An der holländischen Küste stehen richtig viele schnuckelige Häuschen, von modern bis klassisch, in Klein, in Weiß, aus Metall, Holz oder Glas. Allen gemeinsam ist neben der Lage, auf wenig Raum durch gekonntes Innendesign ein kleines Wunder darzustellen. Mitunter gelingt das. Sehr sogar. Schaut sie euch doch mal an. Hier die Seite eines holländischen Anbieters, bei dem ihr aus einer Vielzahl dieser Strandhäuschen wählen könnt: www.vvvzeeland.nl/de/übernachten/strandhauschen-zum-ubernachten.

Stockholm

In Stockholm gab es im Hotel einen Teddybären für Romy als Geschenk. Keinen kleinen, sondern einen richtig großen, und kein Billigteil, sondern gut verarbeitet – der Concierge ließ sich nicht lumpen. So erzeugt die Erinnerung an den fünftägigen Ausflug in die schwedische Metropole bei Romy stets ein freudiges Leuchten in ihren blauen Augen. Gut, sie musste ihn auch nicht bezahlen. Stockholm hat preislich jede Menge auf dem Kasten, bietet dafür aber auch ordentlich was. Lustig empfinde ich im Rückblick die Erkenntnis, dass mir beim Gedanken an Stockholm sofort die dort gebotenen Attraktionen für die Kinder einfallen. Das geht mir tatsächlich nur mit Stockholm so.

Ich schwöre, die Angebote für die Kinder dort haben einen tieferen Abdruck in meiner Erinnerung hinterlassen als alle anderen Sehenswürdigkeiten, wie z. B. die Gamla stan, die sagenhaft erhaltene Altstadt, das königliche Schloss oder das Museum für Fotografie. Wahrscheinlich liegt es daran, dass die Kinderhotspots gleichermaßen für Erwachsene wie für Kinder ein Erlebnis darstellen. Unvergessen der Anblick des überfüllten Kinderwagenparkplatzes vor dem Kindermuseum »Junibacken«, einem riesigen Märchenland mit vielen Spielmöglichkeiten, Minitheater, kleiner Rundfahrt durch die Astrid-Lindgren-Geschichten und der Möglichkeit Pippi, Emil und Karlsson vom Dach zu treffen. Romy wand sich unter Heulkrämpfen, als wir versuchten, sie daraus wieder wegzubewegen … Dann das Vasamuseum: Ein Kriegsschiff, die schwedische Galeone Vasa, ist vor 300 Jahren im Hafen von Stockholm gesunken. Sie konnte geborgen werden und steht heute in einem eigens dafür erschaffenen Museum – ein Anblick, der die Fantasie befeuert und unweigerlich auf Captain Jack Sparrow warten lässt. Oder »Skansen«, das älteste Freilichtmuseum der Welt, wo ihr zusehen könnt, wie einst Glas geblasen wurde, erleben dürft, wie Menschen in Schweden vor 150 Jahren noch lebten oder original Backwaren kaufen könnt, die nach altem Rezept gebacken werden. Und denkt bitte nicht, all diese Attraktionen sind immer meilenweit voneinander entfernt – nö! Perfekt mit einer kleinen Bootstour oder Busfahrt zu verbinden. Ich glaube, wir müssen da bald mal wieder hin. Mehr Infos hier:

www.visitstockholm.com/de/Erleben/Tips/Abenteuer-fur-Kinder/.

Edinburgh

Der Besuch Edinburghs war unser erstes Spontantrip-Erlebnis mit Kind. Spontan, weil wir diesen Aufenthalt weder durch irgendeine Unterkunftsbuchung im Vorfeld vorbereitet hatten, noch aufwändiges Gepäck oder unzählige Anschaffungen für jeden Fall des Falles während der Reise bei uns trugen. Also: Mut zur Lücke! Alles, was wir hatten, waren Flugtickets, ein Rucksack, ein Buggy und ein Stofftier – das war's. Und mit dieser, für Familien grundsätzlich eher ungewöhnlichen Leichtigkeit, Flexibilität plus der Vorstellung, vor Ort würde alles gut werden, düsten wir los. Schottland begrüßte uns im Herbst mit Wärme und eitel Sonnenschein, mittags hatten wir nach diversen B&B-Absagen Riesenglück und kamen in einem im Herzen Edinburghs gelegenen Hotel unter, da dort Gäste spontan abgesprungen waren. Und so logierten wir mit Blick auf das majestätisch auf einer leichten Erhöhung thronende Edinburgh-Castle, eine der bedeutendsten Sehenswürdigkeiten Schottlands. Wer das Schloss besucht, sollte unbedingt einen Blick in die winzige, auf das 12. Jahrhundert datierte Kapelle werfen. Im Hauptgebäude (18. und 19. Jahrhundert) erwarten euch dann das National War Museum, die Kronjuwelen und der »Stone Of Destiny«, auf dem alle schottischen Könige ins Amt erhoben wurden. Danach müsst ihr euch unbedingt eine Portion Scones gönnen, ob dort oben am Schloss oder in Edinburgh-City. Scones sind eine Art warmes, britisches Teegebäck, etwas kleiner als Muffins, die mit Konfitüre und Clotted Cream (eine Art dicker, streichfähiger Rahm) gegessen werden. Himmlisch. Wer die Dinger mal in Deutschland essen möchte:

In Hamburg gibt es in der Blankeneser Teestube »Lühmanns« umwerfend köstliche Scones nach Originalrezept!

Was es noch zu sehen gibt: Die National Gallery, das schottische Parlament oder Rosslyn Chapel (bekannt aus dem Thriller »Sakrileg«), The Royal Mile (manch einer nannte sie schon die schönste Straße der Welt), »The Elephant House«, wo J. K. Rowling ihren ersten Harry Potter schrieb, »Holyroodhouse«, der offizielle Sitz der britischen Königin in Schottland, den die Familie immer im Sommer bezieht, oder der Markt – alles super spannende Ausflugsmöglichkeiten für Familien. Für Elternentspannung und raketenstarke Kinderfreude sorgen Ausflüge in den zentral gelegenen Park mit Spielplatz, in den Zoo, ins National Museum of Scotland (von Technikspaß über ausgestopfte Tiere bis Gruselmumien ist alles dabei), ins Museum Of Childhood, das Spielzeug aus aller Welt präsentiert und aus dem wir Romy nie raus bekamen, oder ins »Deep Sea World« – Haie, Robben und viele andere tierische Wasserfreunde tummeln sich hier.

In vielen Museen in Schottland ist der Eintritt übrigens umsonst und überhaupt zahlen Kinder meistens nur die Hälfte.

Wie man sein Kind für Museumsbesuche begeistert

Wir schaffen es in jedem Urlaub, die Dinge zu sehen, die wir wirklich sehen wollen. Natürlich reißen wir nicht mehr so einen Riemen an Sehenswürdigkeiten, Must-See-

---

Places und Gastro- und Ausgeh-Geheimtipps ab wie früher, als wir noch zu zweit reisten, aber die Orte, Kunstoder Bauwerke, die uns am Herzen liegen, die holen wir uns schon!

Plant am Frühstückstisch immer den Tag und legt fest, wer wann am Drücker ist. Zuerst das Museum, danach ist Kinderzeit am Strand. Erst der Zoo, danach die Galerie. Dass der Galeriebesuch deshalb aber trotzdem nicht zwangsläufig bei den Zwergen wie eine Bombe einschlägt, versteht sich von selbst. Vernehmt ihr also aus einem Umkreis von einem Meter ständiges nörgeliges Gemurmel, wird es Zeit, eure Kinder in den Spaß miteinzubeziehen. Schaut, ob es nicht auch eine Kinderausstellung in dem Museum oder der Galerie gibt. Wenn nicht, dann macht es doch wie wir. Wir erzählen unseren Kindern vor dem Bild stehend eine Geschichte, wieso der Maler sich für dieses Motiv entschieden hat. Weiß es keiner von uns, überlegen und spinnen wir gemeinsam über die Motivation des Künstlers. Oder wir geben den Kindern Suchaufgaben, wie »Welche Tiere findet ihr in den Bildern?« oder »Was wurde drinnen, was draußen gemalt?« So arbeiten wir immer mit dem, was uns in Museen und Galerien spontan an Meisterwerken begegnet. Ganz im Ernst, ein solcher Besuch kann so für jeden ein Gewinn sein. Und kreativ spinnen geht immer. Probiert es doch mal aus!

Wir fanden Edinburgh großartig und wären gerne noch länger geblieben. Witzige Schotten, ein atmosphärisch wunderschöner und warmer Ort mit einer architektonischen Nostalgie, die einen in ein früheres Zeitalter versetzt, und dazu diese sehr überschaubare Größe. Ideal für den ersten Städtetrip mit Kind. Mehr Infos findet ihr hier: www.visitscotland.com/de-de/sehen-erleben/staedtereise/edinburgh-lothians/.

> **Hinweis:** Nur in den wenigsten Museen und Schlössern ist die Mitnahme eines Buggys erlaubt. Von daher schon mal schön an die Hantelbank, Papa, denn ihr müsst Tragetuch oder Kraxe mitnehmen!

Kopenhagen

Unsere erste Städtereise mit Kind fand 2007 statt und ist uns daher noch gut in Erinnerung: Romy, nicht mal ein halbes Jahr alt, sorgte für kurze Nächte und für wirklich unentspannte Abendessen in Restaurants. Im Hotel gab es Frühstück aus einem Pappkarton aufs Zimmer, und nach zwei wirklich saukalten Tagen kaufte ich mir eine dickgefütterte Schafswolljacke, die ich nur einen Tag lang trug, bis mir, in Hamburg zurückgekehrt, auffiel, dass außer mir kein Mensch ein solches Ding trägt. Ihr habt ja Recht, das alles klingt so gar nicht gut, hat aber mit der Stadt selbst überhaupt nichts zu tun. Doch ich finde diesen Aspekt, den wir alle nur zu gut kennen, trotzdem erwähnenswert. Wie enorm unsere Erinnerungen an bestimmte Erlebnisse wie einen Urlaub, einen Ausflug oder Städtetrip durch Banalitäten geprägt werden! Das Auf und Ab des Wetters, die vor Ort vorhandenen Möglichkeiten zur Freizeitgestaltung, schräge persönliche Grenzerfahrungen oder offensichtlich arg emotionsgeladene Eindrücke, all diese Aspekte hinterlassen unter Umständen ihren Fingerabdruck auf unserer Langzeit-Urlaubs-Festplatte im Hirn – erstaunlich, oder?

Wir haben Kopenhagen auf unsere Art trotzdem genossen. Eng umschlungen und mit Kinderwagen vorm Bug haben wir die wohl berühmtesten Attraktionen, welche alle gut zu Fuß zu erreichen waren, abgeklappert: den Vergnügungspark Tivoli, die Hippie-Enklave und Freistadt Christiania und natürlich die bronzene Meerjungfrau, die kleiner war, als wir uns das vorgestellt hatten. Das Häuschen der Königsfamilie, Schloss Amalienborg, haben wir ebenso besucht wie die Geschäfte auf der nicht enden wollenden »Strøget«, die Shoppingmeile der Stadt, und »Nyhavn«, den alten, sehr urigen Handelshafen Kopenhagens. Hier lebte (im Laufe der Zeit in drei Häusern) und arbeitete einst Hans Christian Andersen. Für Kinder ist Kopenhagen ein skandinavischer Unterhaltungsknaller wie Stockholm: Parks mit Planschbecken, Hafenschwimmbäder, Vergnügungsparks (neben Tivoli auch Bakken, der älteste Freizeitpark der Welt), Zoo, diverse Nationalmuseen mit eigens für Kinder angelegten Ausstellungen, das Aquarium und Experimentarium oder das Guinness World Of Records Museum – »hej«, für Kinder ist Kopenhagen ein absolut paradiesischer Ort. Viel Grün, viel Wasser, schöne Häuser, freundliche und zurückhaltende Bewohner, klares und schnörkelloses Design, Filterkaffee, frühe Abendessen. Und Pölser, die dänische Antwort auf den Hot Dog. Nichts wie hin!

Mehr dazu hier:

www.visitcopenhagen.de/de/kopenhagen/sightseeing/top-30-attraktionen.

Und diesen Blog dazu mag ich auch sehr gerne:

www.amalielovesdenmark.com/2014/03/stadtereise-kopenhagen-mit-kindern.html.

Sizilien

Solltet ihr euch wie wir einst für eine Reise in das Land, wo die Zitronen blühn, entscheiden, empfehle ich euch eine Reise an mehrere unterschiedliche Orte, denn etwa ausschließlich das reine Palermo könnte, mal angenommen, ihr verweilt dort für etwa eine Woche, zur erstmaligen Wahrnehmung von plötzlich auftretenden Persönlichkeitsstörungen bei eurem jeweiligen Partner führen. Nicht selten sitzt ein Erst-Palermo-Reisender plötzlich kaltschweißig und unheimlich bleichgesichtig mitten in der Nacht aufrecht im Bett und stiert den ahnungslosen, selig schlummernden Partner blutrünstig, mordlustig und zugleich ratlos an. Wenn es zu derlei primitiven menschlichen Reaktionen auf diese Stadt kommt, what the fuck machen wir dann hier in Palermo? Lasst es mich so sagen: Rausch! Palermo kneift, es kracht, es lärmt, es plärrt, es drückt, es schiebt, es rennt, es schluckt, es fremdelt, es will nicht, aber: Es berauscht!

Wir bezogen kein Hotel, sondern eine Wohnung im achten Stock eines Hochhauses Marke Plattenbau, die wir über eine

Ferienwohnungsvermittlung im Internet gebucht hatten. Nun verstanden wir, warum es unter den Fotos keine Außenansicht gab. Kristy brach beim Betreten der Wohnung in Tränen aus, ich fand es einfach nur großartig. Nichts geschönt, nichts geschminkt. Die Wohnung war groß, sauber und von der Einrichtung her völlig ausreichend. Romy flitzte umher und war so begeistert von unserem Domizil, dass sie gar nicht mehr zu neuen Horizonten aufbrechen wollte, und so legte sich der erste Schock und wandelte sich zaghaft in, ja, Liebe und Zuneigung um.

Und dann ging es los. Aktion 1: Raus auf die Straße. Schmaler Bürgersteig. Schnelle Autos. Rücksicht war gestern, Vorsicht haben die anderen walten zu lassen. Die Architektur, an der wir uns entlanghangeln, ist dafür atemberaubend und abwechslungsreich, von Prachtbauten der Normannen bis hin zu mondänen Boutiquen und einem beinah orientalisch anmutenden Altstadtgassengewimmel, wie man es nur aus Historienfilmen kennt.

Aktion 2: Kutschfahrt. Meine erste Kutschfahrt mit fast vierzig. Das Pferd heißt irgendwas mit Maria und Filippa, Romy jauchzt vor Freude, und wir klappern innerhalb einer Stunde sämtliche vielfarbigen Marmor-Außenansichten ab, die Palermo auf der Visitenkarte stehen hat: Kirche, Palast, Kirche, Palast, Kirche, Palast.

Normannenpalast (Palazzo dei Normanni / Palazzo Reale) plus Cappella Palatina, die Kirche San Giovanni degli Eremiti und die Kathedrale und viele mehr. Diese Kulisse ist wirklich packend. Trotz lauter Nacht schliefen wir wie die Löwen, frühstückten am nächsten Tag italienisch reduziert mit Kaffee und süßen Hörnchen und stürzten in den nächsten Palermo-Rausch: Kathedrale, Palast, Kathedrale, Palast.

Herrlicher Kontrapunkt war diesmal der bunte Markt von Vucciria, Palermos ältester Markt mit ordentlich Remmidemmi in engen Gassen, die sich bis zum Hafen schlängeln. Ob Seeigel, Auberginen, Fisch, Fleisch, Früchte, Plastikspielzeug oder Gebäck – hier gibt's alles für ganz Palermo. Und eben genau dort kamen wir mit einem alten Sizilianer ins Gespräch, der uns mir nichts dir nichts einlud, seinen Pferdestall zu besichtigen. Dieser lag aber nicht außerhalb des Marktgewühls und -gedrängels, sondern unmittelbar angrenzend in einer kleinen Seitengasse und unterschied sich äußerlich durch nichts von einem der Wohnhäuser, wenn man von dem schweren Holztor einmal absieht. Überall hingen Auszeichnungen und Fotos, die Boxen waren akkurat gereinigt, das Fell der Pferde glänzte, und wir fühlten uns wie in eine andere Welt versetzt.

Nach zwei vollen Tagen in Palermo hatte uns dieser Moloch wirklich gefangen genommen, wir wollten gar nicht mehr weg. Doch unser engmaschiger Zeitplan sah für uns den Besuch weiterer von Menschenhand geschaffenen Meisterwerke vor, und so verließen wir am dritten Tag die Stadt in Richtung Monreale, zur Kathedrale Santa Maria la Nuova, einem hiermit bei euch eingehendem Zwangsbesichtigungsbescheid. Was hier erbaut wurde, ist an Pracht und Liebe zum gediegenen Verzieren mit Gold schwerlich zu übertreffen.

Mehr Infos hierzu unter:
www.italia.it/de/italien-entdecken/sizilien/palermo.html.

> **Hinweis:** Achtet auf den Weg und haltet Kinder und Kinderwagen fest – Sizilien fährt wie eine gesengte Sau!

Generell finde ich: Sizilien macht es Eltern nicht leicht. So widerborstig sich Palermo nämlich beim ersten Anlauf zeigt, so nussig hart wirkt die Insel insgesamt, wenn ihr im Vorfeld prüft, was mit Kindern so geht. Grob gesagt: in puncto organisierter Unterhaltung nicht viel! Genauer: Für den Spaß muss man selbst sorgen, außer, ihr bucht ein Hotel mit deutschsprachiger Kinderanimation. Das gibt es natürlich auch, kam für uns allerdings nicht infrage. Reduziert man Sizilien aber auf seine Zutaten, bietet es doch eine ganze Menge: ein kinderliebes Völkchen, leckeres Essen, massenhaft Kultur und traumhafte Natur.

Strände gibt es auf Sizilien zuhauf, aber nicht alle sind tipptopp. Schönen Burgenbausand, wenn man ihn anfeuchtet, und geeigneten Feinsand für »Sandkuchenverzierung« findet ihr in Fontane Bianche und Marina di Noto. Außerdem gibt es topkindertaugliche Buddel- und Rumliegestrände bei San Marco und Fondachello. Implantiert eurem Kind dort aber lieber bei Ankunft einen Chip, sonst findet ihr es im Getümmel nicht wieder. Wir sind meistens einfach drauflos gefahren und haben uns wahllos und spontan an irgendeinen Strand geknallt.

Neben der Fülle an Stränden bietet Sizilien: herrlich rabiate Autofahrer, an der einen oder anderen Autobahnausfahrt beeindruckend viel Müll auf den Seitenstreifen – und überall phänomenale Tempelanlagen. Wir haben allein drei dieser archäologischen Parks besucht und waren restlos begeistert. Romy liebte es, auf den Ruinenresten herumzuklettern und mit mir ungiftige Schlangen, die aus dem einen oder andern Loch dort kreuchten, aufzuspüren.

Außerdem interessant: eine Wanderung auf den Ätna, eine Gondelfahrt von Mazzaro nach Taormina (u. a. griechisches Amphitheater), ein Besuch des archäologischen Parks von Syrakus oder Selinunt, Salzbecken gucken zwischen Marsala und Trapani, Besuch des Puppentheaters in Palermo. Wer Lust auf Burgen und Schlösser hat, kann hier zwischen Hunderten solcher Prachtexemplare wählen.

Zur Übernachtung: Wir haben nach der Ankunft auf Sizilien die erste Nacht im Hotel gepennt und dann Tags drauf eine Ferienwohnung auf einem Bauernhof bezogen. TRAUMHAFT! Schaut mal hier: www.agriturismo.it/de/bauernhof/sizilien.

Fazit: Mit keinerlei Erwartungen hingefahren und völlig verzaubert von der Insel zurückgekehrt. Kulinarisch und kulturell hochwertig, Strandfaktor für uns absolut befriedigend und die Vielfalt an Möglichkeiten, etwas zu unternehmen, wirklich breit. Müsst ihr hin. Wenn nicht dieses Jahr, dann nächstes.

London

Ja, ja, ich mache es jetzt kurz und schmerzlos. Ihr wart schon in London? Auch mit Anhang? Gut, dann springt bitte gleich weiter zum nächsten Tipp oder nehmt noch mal einen Erinnerungshappen auf, und vielleicht wird es ja für euch in naher Zukunft einen erneuten Trip auf die Insel geben. Also los. Tower, Buckingham Palace, Big Ben, House of Parliament etc. haken wir ab, sie sind aber, hier kurz angemerkt, mit Kindern durchaus gut zu wuppen. Als ich mit Romy zuletzt meinen Schwager Camie in London besuchte, ließen wir sie nach der Anreise erst mal auf dem Diana Memorial Playground, Kensington Gardens, rennen, hüpfen, klettern, spielen, schreien. Nach Flug und Autofahrt angesagt: Bewegung! Am nächsten Tag entführte uns Camie dann auf einen Berg. Richtig gelesen. Den Primrose Hill im Primrose Hill Park. Von dort aus kann man bei gutem Wetter einen prächtigen Blick auf die Skyline der Stadt erhaschen, wir hockten jedoch im Nebel. Und so reichte das Wetter nur für ein Foto von uns allen vor einem Mülleimer, bevor wir den nächsten Programmpunkt erreichten: den Zoo mit seinen Gorillas. Gerade waren Junge geboren, die mit ihrer Mutter direkt hinter der Fensterscheibe hockten. Kam sehr gut an. Das nostalgische Karussell mit auf und ab trabenden Pferden und der Spielplatz taten ihr Übriges dazu. Als Kulturfreunde der ersten Stunde war unser Ziel der Besuch einer modernen-poppigen Ballettaufführung im Sadler's Wells Theatre – der Abend war mit einem getanzten Hans-Christian-Andersen-Märchen *The Most Incredible Thing* überaus gelungen. Einen Tag später auf dem Programm: Windsor Castle, dort, wo die Queen zu Hause ist. Wände voller Waffen, Ritterrüstungen und Gemälde, Schränke voller Porzellan und Vasen sowie einer Flut an Gastgeschenken, die sich die Königshäuser im Laufe von Jahrhunderten gegenseitig

69

darbrachten. Eindrücke bis zum Umfallen. Anschließend rief Camden Market zum Shoppen und Muffins essen.

Was hat London sonst noch zu bieten?

- Die Emirates Airline, eine Seilbahn von den Royal Victoria Docks auf die O2-World-Halbinsel
- The Tower Bridge Exhibition: Dampfmaschinen sorgen dafür, dass die Brückenteile sich heben – hier können eure Kids nicht nur zusehen, sondern auch im Kleinen selbst loslegen.
- Das Natural History Museum plus Darwin Centre und das Science Museum – alles einzigartige Museen mit interaktiven Ausstellungen und wirklich herausragenden Exponaten – macht allen in der Familie Spaß!
- London Aquarium, das größte Sea Life Center Europas – Haialarm!
- King's Cross: Der Bahnhof zum gleichnamigen Ohrwurm der Pet Shop Boys hält zumindest für ein gutes Foto eine Überraschung für euch parat. Am Ende von Gleis 8 gibt es das Schild »Platform 9 3/4«. Richtig, von hier aus gondeln in jedem Harry-Potter-Film Harry & Konsorten mit dem gleichnamigen Express gen Hogwarts.
- Stadtrundfahrt: Sightseeing mit Hop-on/off-Möglichkeit. Ich finde, für Neulinge in der Stadt, vor allem für solche mit Kind ein stets lohnenswertes Unterfangen.
- Somerset House: ein Kulturzentrum mit Wasserfontänen im Innenhof. Eltern chillen und Kinder machen sich laut schreiend und kreischend vor Freude gegenseitig nass. Unbedingt Badesachen und Wechselklamotten einpacken!

- Coram's Field: Eine Farm mitten in der Stadt beim British Museum mit allerlei Tieren. Auch toll: Battersea Park Children's Zoo, ein liebevoll gestalteter Zoo gerade für kleine Kinder. Außerdem sind dort genügend Platz und Möglichkeiten für ein Picknick gegeben.
- Kunst. Damien Hirst lässt grüßen in der Tate Modern! Außerdem könnt ihr dort auch an den Strand des Südufers der Themse gehen. Muscheln suchen geht da allemal.
- Pollock's Spielzeugmuseum: Wenn Kinder sich wie Wahnsinnige benehmen und nie mehr nach Hause wollen, dann könnte Herr Pollock seinen Anteil dazu beigetragen haben. Auch Hamleys, ein gigantisches Spielzeugkaufhaus, bietet die Grinsekindergarantie!
- Aussicht auf Promi-Kids winkt hier: Holland Park. Und denkt dran, die zumeist völlig vermummten, komplett eingewickelten und sonnenbebrillten Eltern, das sind die Stars. Vielleicht. Ihr könnt ja mal fragen.

Mehr Infos zu London mit Kindern gibt es hier: www.visitlondon.com/things-to-do/activities/family-activities.

Wien

Wusstet ihr, dass Sissi tätowiert war? Vermutlich ließ sie sich den seemannstypischen Anker direkt um die Ecke von Schloss Schönbrunn stechen, in Wien! Die österreichische Metropole ist eine Top-Adresse für Reisende mit Kind und lädt zum Kurztrip übers Wochenende ein. Burgtheater, Naschmarkt oder Rathaus, vieles lässt sich praktisch mit der Ring-Straßenbahn, der Vienna-Ring-Tram, ansteuern, während der Fahrt gibt es per LCD-Bildschirm und über Kopfhörer viel Wissenswertes zu sehen und zu hören. Museen, Theater, Kaffeehäuser oder Galerien – nicht nur ihr Eltern findet hier eine außerordentliche kulturelle Auswahl, auch für den Nachwuchs gibt es das Zoom Kindermuseum oder eine Vorstellung im ältesten Puppentheater Wiens. Nach so viel Kultur lockt der Prater mit seinen bunten Fahrgeschäften, kommt, Kirmes ist immer eine Wucht, oder? Fehlen noch Tiere. Der Fiaker lädt zur Kutschfahrt oder der Zoo zum Staunen ein. Und zum Schluss, kurz vor der Abreise, lässt sich Papa noch den Anker stechen. Wie einst die Sissi. Aber erst nach der Tour durch Schloss Schönbrunn.

Mehr zu Wien für Familien findet ihr hier: www.wien.info/de/wien-fuer/familien.

Ibiza und Formentera

Die Begeisterung der Deutschen (vieler Engländer und weniger Spanier) für Mallorca ist berechtigt und nach wie vor ungebrochen. Der kurze Flug, das Klima, die Sonne, die Strände und die hartnäckig verbliebenen Restspanier – wirklich schön. So schön, dass man den anderen Balearen-Inseln wie den Pityusen (Ibiza, Formentera plus diverse Felshaufen im Wasser rundherum) schon fast keine Aufmerksamkeit mehr schenkt, man hat ja sein Kleinod der sommerlichen Entspannung gefunden. Verlassen wir also ausnahmsweise mal den ausgelutschten Trampelpfad der Wiederholungstat, dürften Ibiza & Friends für euch recht spannend werden. Sie sind auch schön warm, und es gibt Sonne und Strand. Sicherlich ebenfalls touristisch mehr als erschlossen, gefühlt aber von weniger Deutschen als auf Malle, und irgendwie mit diesem ganzen Chill-Out-Musik-Gedöns auch etwas moderner. Hier, wo sich P. Diddy und James Blunt zwar gute Nacht sagen, jene aber zum Tag machen und durchfeiern, gibt es den Strand Ses Salines. Wunderschön! Flaches Wasser, ideal für die Buddelkinder und die gechillten Eltern, die sich auf bequemen Liegen Kaltgetränke in den Dünen servieren lassen. Die Insel hält Sport, Abenteuer und entspannte Inseleinwohner parat, die sich über buntes, lautes Kindergewimmel freuen. Es gibt Wasserparks für Speed-Dauerrutsch-Action mit Papa, eine geheimnisvolle Höhlenexpedition in der Cova San Marca, die Möglichkeit, Reiten zu lernen, Reitausflüge und sogar Tauchkurse für Groß und Klein. Coole Spielplätze gibt es in Eivissa, und wer Kart fahren will, auch hier scheut der Pityuse nicht vor Tempo zurück. Genug Alternativen zum Strand? Ach, ihr wollt nur Strand. Und Wandern. Dann Formentera. Ich habe nur ein lauffreudiges Kind, das andere lässt sich lieber kutschieren, demzufolge würde ich nicht direkt auf einen Wanderurlaub verfallen. Aber auf Formentera lassen sich in netten, kleinen, wirklich homöopathischen Dosen doch ganz spannende Wanderungen, ob zum Wachturm oder ans Ufer zur Tierbeobachtung, unternehmen.

Mehr zu Ibiza unter: www.ibiza.travel/de/.

Barcelona

Super Klima, jede Menge Kultur und dann auch noch der Strand direkt vor der Nase – wieso überlegt ihr noch, in Cuxhaven Urlaub zu machen, wenn das Gute derart schnell zu erreichen ist und so viel für alle bietet? Abgesehen von Barcelonas Pracht, lockt die Metropole zudem mit sattem Kindervergnügungsangebot: das Aquarium mit Haien und Kraken, der Zoo, den El Rei de la Màgia, ein mehr als hundert Jahre altes Ausrüstungsgeschäft für Magier plus Zaubermuseum, ein Zauberwald (Bosc de les Fades) oder der Remmidemmi-Vergnügungspark Tibidabo mit Blick auf die ganze Stadt. Vor den Toren Barcelonas, in Tarragona, wartet zudem Port Aventura, der größte spanische Freizeitpark, auf euch. Wer sich für Schiffe und Seefahrt und deren gesamte Historie interessiert, heuert im Museu Marítim an. Hier könnt ihr, erfrischend dargeboten, allerhand zu diesen Themen erfahren und außerdem sogar eine Galeere besichtigen! Und weil ihr schon räumlich und thematisch direkt am Wasser seid, drängt sich eine kleine Bötchentour durch den Hafen doch regelrecht auf, oder?

Spannend für Kinder sind außerdem das Wissenschaftsmuseum CosmoCaixa, wo sie spielerisch Fragen wie »Wie entsteht eigentlich das Wetter?« beantwortet bekommen, und das Schokoladenmuseum Museu de la Xocolata mit Probierstube. Und wer wissen will, was Picasso in seinen ganz jungen Jahren so aufs Papier gebracht hat, der kann mit seinen Minikünstlern ins Museu Picasso einfallen, wo die Frühzeit-Ergüsse des Malers ausgestellt sind.

Am Nachmittag empfiehlt sich ein Besuch des von Antoni Gaudí angelegten, wirklich einmaligen Kunstparks Parc Güell für ein kleines Picknick. Hier tummeln sich viele Künstler, dazu die wellenförmige Bank, der riesige Brunnen, die mit bunten Mosaiksteinen verzierten Mauern und ein herrlicher Ausblick auf die Stadt – das macht das perfekte Barcelona-Feeling aus. Tja, und entweder direkt im Anschluss oder etwas später müsst ihr noch mal über die 1,3 Kilometer lange Ramblas wandern, die bekannteste Flaniermeile der Stadt. Ich hoffe, ihr habt einen Buggy oder eine Kraxe dabei?

Mehr dazu unter: www.bcn.cat/en/.

Einfach mal woanders schlafen!

Taj Lake Palace, Udaipur

1001 Nacht und ihr lümmelt mittendrin. Ein schwimmender Palast aus weißem Marmor, James Bond war auch schon da. In »Octopussy«. Das Taj Lake Palace in Udaipur (Indien) ist so etwas von einzigartig, dass ihr, steht eine Indienreise an, unbedingt ein paar hundert Euro zur Seite packen müsst, nur um das majestätische Gefühl zu erleben, in einem echten orientalischen Märchenschloss genächtigt zu haben. Schaut euch diese Pracht an: www.tajhotels.com/Luxury/Grand-Palaces-And-Iconic-Hotels/Taj-Lake-Palace-Udaipur/Overview.html.

»Modelpfutzens Gipfelwipfel«

Sprießt irgendwo ein bisschen mehr Natur – zack, entsteht ein Baumhaus! Vor allem Familien lieben das erste in einem Abenteuerfreizeitpark in Sachsen gelegene Baumhaushotel Deutschlands. Es befindet sich in Zentendorf (Görlitz) auf der Kulturinsel Einsiedel in Neißeaue und hält insgesamt neun Baumhäuser für bis zu sechs Personen bereit. Die Häuser tragen ausschließlich Fantasienamen wie »Bodelmutzens Geisterhaus«, »Thor Alfsons Astpalast« oder »Modelpfutzens Gipfelwipfel«. Außerdem werden laufend tolle Veranstaltungen für Kinder angeboten.

Mehr dazu: www.kulturinsel.com/baumhaushotel/weitere-abenteuernaechte/baumhaushotel.html.

Mehr Wert auf Design wurde bei der Errichtung von Nordschwedens Baumhäusern gelegt. Sie heißen »Ufo«, »Bird's Nest« oder »Cubus«, und der Witz daran ist, sie sehen auch tatsächlich so aus. Schick. Futuristisch. Abgefahren. Mehr dazu unter: www.treehotel.se.

Auch in Ostfrankreich warten Baumhütten auf euch sowie kuschelige Wasserkabinen – grandios: www.cabanesdesgrandslacs.com.

Heiliger Schlaf

In der Kirche einschlafen – gut, das *kann* mal passieren, in dieser aber *muss* es passieren. Sonst wird es ja kein Urlaub. »The Old Church Of Urquhart« ist ein Bed & Breakfast in Schottland und tatsächlich handelt es sich dabei um eine alte Kirche mit sechs Gästezimmern. Amen und gute Nacht. Mehr Infos dazu hier: www.oldchurch.eu.

Eiskalter Schlaf

Von Dezember bis Ende März jeden Jahres könnt ihr im Iglu übernachten! Zum Beispiel im höchst gelegenen Igluhotel des Allgäus, der IgluLodge. Vielleich nicht unbedingt mit einem Neugeborenen, aber cool, wenn die Kinder etwas älter sind: www.iglu-lodge.de.

Zu Besuch beim Weihnachtsmann

Oder ihr nächtigt beim Weihnachtsmann, in Lappland. Bei ihm kann man zwischen Iglus, Glas-Iglus, Blockhütten, Goldgräber-Hütten und vielem mehr wählen oder eben direkt in der Butze des gefragtesten Bartträgers der Welt schlafen. Tagsüber macht ihr eine Fahrt mit dem Huskyschlitten oder nehmt an einer Rentiersafari teil, abends geht es auf einen heißen Kakao an die Eisbar. Guckt mal hier: www.kakslauttanen.fi/de/.

Höhlenschlaf

Gelegentlich vergleicht man den einen oder anderen Zeitgenossen schmunzelnd wegen seines Aussehens oder Verhaltens mit einem Höhlenmenschen. Dabei ist man gut beraten, doch mal sporadisch in die Haut eines solchen zu schlüpfen: Urlaub in der Höhle! Luxuriös und französisch elegant geht es hier zu: www.Leshautesroches.com.

35 Höhlenzimmer findet ihr auch hier: www.gamirasu.com Früher wohnten christliche Mönche an diesem historischen Ort, heute entspannen Touristen mit ihren Familien im Gamirasu Cave Hotel in der Türkei.

Superedel will auch Süditalien, Matera, mit Deluxe-Höhlenbehausungen reizen: www.lacasadilucio.it.

Zugschlaf

Zuerst eine Draisinenfahrt oder eine Runde mit den Schienenfahrrädern und danach in einem echten Bahnwaggon schlafen – das könnt ihr mit euren Kindern in Schmilau bei Ratzeburg, auf einem Familienbahnhof: www.erlebnisbahn-ratzeburg.de.

Weinschlaf

Wer das Schlafabteil und den Leuchtturm mag, der sollte doch auch die Möglichkeit nützen, mit seinem Kind im Weinfass zu schlafen. Auf was für Ideen die Menschen kommen: www.lindenwirt.com bei Rüdesheim oder www.schlafen-im-weinfass.de im Schwarzwald.

Kombipack Rom plus Elba

Mir fällt gerade selbst auf, wie oft wir schon in Italien waren, aber das Land hat neben dem guten Wetter, den freundlichen und kinderlieben Menschen, dem vorzüglichen Essen und der besonderen Kultur und Geschichte einfach hervorragende Ferienzieleigenschaften, die sich nicht ohne Weiteres von der Hand weisen lassen. Die Kombi Rom/Elba, die wir relativ spontan entwickelten, ist uns allen gut bekommen. Wenngleich uns viele wegen der sich anstauenden Hitze im Sommer von Rom abrieten. Nachdem unsere Kinder aber schon in Südamerika ganz anderen Temperaturen ausgesetzt waren, haben wir das geflissentlich ignoriert. Und: Ja, es wurde heiß. Richtig! Aber mit ordentlich Pausen, einem saftigen Lichtschutzfaktor in der Creme, den zwar immer noch mollig warmen, bei geöffneten Fensterluken aber doch kurz auffrischenden U-Bahn-Abkürzungen, jeder Menge Eis und dem Versuch, die Wege, wenn möglich, in den Schatten zu verlegen, klappte es wirklich gut. Also echt kein Grund, Rom von der Liste zu streichen!

Wovor man uns ebenfalls gewarnt hatte: Menschenmassen!

Rom hat diese unerschöpfliche Pracht an Sehenswürdigkeiten zu bieten. Ich sage nur Forum Romanum, Colosseum, Pantheon, die Sixtinische Kapelle, Fontane di Trevi und vieles mehr. Um diese zu besichtigen, drängen sich Menschen aus allen Ländern dieser Welt in exodusähnlichen Strömen durch die Straßen, fotografieren, jubeln, schreien, winken und quetschen sich die Treppen hinab in die U-Bahn, wo sie, formiert zu einem in sich vibrierenden Mob, glatt euren Buggy verschlingen. Gut festhalten also, oder lieber gleich mit Trage arbeiten.

Ganz einfach: bestimmte Ausflüge in die frühen Morgenstunden verlegen. Neben dem Effekt, dass es im Sommer besonders für Naturen, die Hitze nicht so gut vertragen, angenehmer ist, müsst ihr auch weniger Geduld an den Eintrittsschaltern aufbringen. Früh aufstehen lohnt sich also für alle, die z. B. den Petersdom sehen wollen. Um sieben Uhr müsst ihr euch noch nicht zu Tausenden von Touristen dazuquetschen. Oder besser noch: Ihr geht vorher in den Vatikan. Wenn ihr zuerst dessen Museen besichtigt, könnt ihr von dort aus direkt in den Petersdom übersetzen. Die Eintrittskarte(n) ordert ihr, wenn möglich, immer vorab.

Essen und Trinken empfiehlt sich eher in den etwas weniger bevölkerten Seitenstraßen und nicht an den Touri-Haupttrassen. Wenig überraschend: In Sachen Essen ist man sich in Rom wie auch sonst in Italien mit den Kindern immer fix einig. Ach, und im Eisladen neben dem Pantheon gibt es 150 unterschiedliche Eissorten! Entscheidungsschwache Lebewesen also diesen bitte meiden!

Viele römische Sehenswürdigkeiten lassen sich großartig zu Fuß abklappern – checkt das mal im Reiseführer –, wer wie wir aber die Abwechslung sucht, kann zwischendurch mal auf eine der zahlreichen Hop-On/Hop-Off-Buslinien ausweichen.

Zwar beschleicht einen unmittelbar das Gefühl, dass es per pedes oder mit der U-Bahn weitaus schneller geht, aber so

eine Tour im Doppeldecker-Bus ist für Kinder immer ein Rie-
senspaß. Wir sind damit zum Colosseum und zurück geeiert.

Über www.romaculta.it könnt ihr euch erstens schlau-
machen, was für Kinder in Rom spannend ist, und zweitens
deutschsprachige Stadtführungen buchen.

Legt euch den Roma-Pass zu (www.italien.city-tourist.de/
Roma-Pass-Citycard.html), damit sind zwei Sehenswürdigkeiten sowie die Nutzung der öffentlichen Verkehrsmittel
für drei Tage frei. Darüber hinaus hält er diverse Vergüns-
tigungen bereit, doch ein herzlicher Hinweis in Ehren: Prüft
solche »Kombi«-Angebote und -Tickets genauestens und
rechnet einmal im Stillen aus, ob sich der Griff dazu wirklich lohnt oder nur schlau klingt. Den Roma-Pass hätten wir
zum Beispiel nicht komplett nutzen können, wir waren mit
dem Dreier-Paket Colosseum, Palatin und Forum Romanum
besser bedient (Praktisch: seit 2013 könnt ihr die Kombi per
Smartphone vorab kaufen).

Rom war für uns alle bei bombigem Wetter ein richtig coo-
les und aufregendes Abenteuer. Wie ihr seht, protzt Rom mit
unendlich vielen unschlagbaren Attraktionen, verfügt außerdem über mehrere Parks zum Pausieren und Spielen und
schenkt einem in den Augenblicken der übelsten Hitze immer einen herrlichen Platz mit Brunnen zum Erfrischen wie
zum Beispiel die Piazza Navona, einer der barocken Hotspots
der Stadt.

Und die Italiener, egal, ob es sich dabei um Kellner im Restaurant oder die vor dem Colosseum als Gladiatoren zum
Zwecke des Fotografiertwerdens verkleideten Darsteller han-

delt, wissen die Kleinen mit lustigen Späßen und Einlagen zu unterhalten.

Von Rom ging es dann mit dem Auto weiter nach Elba. Wir fuhren etwa drei Stunden bis Piombino, von wo wir mit der Fähre nach Elba, Portoferraio, übersetzten.

Unterhaltungsfaktor »Autofähre« – Autos im Schiff, wie geht denn das? Für unsere Kinder eine Technik-Begegnung der außergewöhnlichen Art und ein sofortiger Grund zum freudigen Durchdrehen in Gestalt von Auf-der-Stelle-Hüpfen, überdrehtem Durcheinandergeplapper mit Micky-Maus-Stimmen und gegenseitigem Umarmen. (Wieso auch immer sie sich umarmen, wenn sie sich freuen.) Die Mädchen spielten auf dem Sonnendeck, aßen ein Eis, die Sonne schien. Und schon war die Überfahrt vorbei. Die Anreise von Rom nach Elba ist also wirklich gut und kinderleicht zu managen. Alternativ könnt ihr auch mit dem Zug fahren. Uns erschien es jedoch zu unsicher, da in Italien gerne mal irgendwo gestreikt wird und die Züge sich deshalb und auch sonst nicht zwingend an die vorgegebenen Abfahrtszeiten halten.

Wie wir auf Elba logiert haben, das könnt ihr im Kapitel »My Home is your Castle – Social Travelling« (ab Seite 139) lesen, es war grandios!

Jeden Morgen holten die Kinder und ich frische Brötchen vom nur wenige Meter entfernten Bäcker, dann frühstückten wir ausgiebig und planten unseren Tag. Und was die Programmgestaltung anbetrifft, kann Elba regelrecht klotzen.

Wie Napoleons Badewanne, sein Schreibtisch und sein Bett auf Elba aussahen, das könnt ihr dort begutachten. Der emsige Patron durfte im Exil nämlich nicht nur einen, nein, gleich zwei Regierungssitze auf Elba sein eigen nennen. Also los zur Villa San Martino oder in Napoleons Winterresidenz in Portoferraio. Während sich an San Martino noch der Demidoff-Palast anschließt, eine beeindruckende Architektur, die heutzutage Kunstwerke beherbergt, lässt sich der Besuch der Winterresidenz mit dem Begehen der Festung in Portoferraio verbinden. Von oben hat man einen herrlichen Fotostandort und auf dem Weg hinauf passiert ihr eine große Rasenfläche mit Schaukeln und Picknickbänken. Das macht den Aufstieg kinderfreundlicher!

Genug auf den Spuren des mächtigen Feldherren gewandelt, locken im Anschluss ganz viele und ganz unterschiedliche Strände in Buchten, die an *Robinson Crusoe* erinnern – womit die Anzahl weiterer Touristen gemeint ist: kein Mensch weit und breit. Dafür: Goldgelb-Sand, Hellgrau-Kiesel, Schwarz-Sand oder Granitfelsen. Wirklich paradiesisch. Kleine Buchten, kristallklares, türkisfarbenes bis hin zu tiefblauem Wasser, mit Pinien und blühendem Ginster bewachsene Hügel, die sich bräunlich und auch mal mit leicht rötlicher Nuance zeigen, dazu der leuchtend blaue Himmel, der die Kraft und die Intensität der Farben noch verstärkt.

Strände sind also Elbas Spezialität. Täglich haben wir einen neuen für uns entdeckt, und dabei kann ich euch nicht einmal sagen, wie all diese Orte der Idylle jeweils hießen. Erobert euch diese Plätze am besten selbst. Möglichkeiten gibt es genug! Und wenn ihr ein bisschen Strandaction haben wollt: Hier die Namen der für Kinder »geeigneten« Sandstrände auf

Elba: Biodola, Barbarossa, Fetovaia, Zucchale, Forno, Marina Di Campo, Cavoli, Lido Di Capoliveri, Innamorata, Terranera, Lacona, Laconella, Pareti, Procchio, Naregno, Remaiolo, Straccoligno, Seccheto, Scaglieri, Sant' Andrea. An diesen Stränden gibt es was zu essen, an den meisten auch Spielgerüste, und überall könnt ihr euch Liegen und Sonnenschirme ausleihen. Wer auf eigene Faust unterwegs ist, sollte immer Sonnenschirm, Handtücher und gegebenenfalls Strandmatten mit im Auto haben.

Tausendmal sind wir daran vorbeigebraust, aber eines schönen Tages musste es einfach sein: einmal mit dem Mini-Zug durch ein naturgetreu nachgebautes Bergwerk gleiten! Das Hinweisschild ist dermaßen riesig, dass niemand, der jemals die Straße nach Rio Marina entlangfährt, es übersehen kann. Die Tour durch den Stollen dauert vielleicht eine Viertelstunde, und es wird dabei fröhlich auf Italienisch über das sehenswerte Gestein berichtet. Es soll die Minenführung auch auf Deutsch geben, aber uns war das egal. Es war auch so aufregend genug. Wie die Etrusker bereits vor 3000 Jahren Mineralien abbauten, beförderten und bearbeiteten, könnt ihr dann in dem Mineralienmuseum sehen. Ein netter, gleichermaßen für Kinder wie für Erwachsene spannender und außergewöhnlicher Ausflug, den ihr idealerweise auf eine Tour nach Porto Azzurro legt. Danach lässt sich noch herrlich durch den Ort streifen und in einem der kleinen Lokale in den schmalen Gassen zu Mittag essen.

Auch die Insulaner haben erkannt, dass eines bei Kindern immer zieht: Spielparks! Empfehlenswert ist zum Beispiel der

Spielpark Amadeus, Porto Azzurro, der nicht nur draußen mit Trampolin und Minigolf, sondern bei schlechtem Wetter auch mit Indoorspielen lockt. Für Größere bietet der Park Quad-Fahrten über die Insel an.

Am Strand von Lacona findet ihr den Duna Park, in Marina di Campo den schattig gelegenen Spielpark Arcobaleno. Im Elbaland, Fonte-Murrata, waren wir leider nicht, es soll aber für wunschlos glückliche Kinder sorgen. Wie? Wahrscheinlich durch frei laufende Hirsche, Rehe, dazu Strauße – natürlich nicht frei für die Kinder zugänglich – und Pfauen, Picknickflächen unter Pinien, Hüpfburgen, Spielplatz, Minigolf und Hängematten. Die Fläche ist 120 000 Quadratmeter groß – genug, um dort ein bisschen mehr Zeit zu verbringen. In der L'Isola dei Pirati (zwischen Procchio und Marina di Campo) drücken die Großen aufs Gaspedal der Gokarts und die Kleinen geben die bösen Piraten.

Tja, und das gehört mittlerweile ja auch zum guten Ton eines touristisch erschlossenen Ortes dazu: ein Aquarium! Bunte Fische gucken kann man in Marina di Campo. Vom Schiff aus geht das natürlich auch, wenn ihr die Exemplare in freier Wildbahn erleben möchtet. Morgens düst die eine Nautilus von Portoferraio los und nachmittags die andere von Marciana Marina.

Fazit: Ich hätte niemals gedacht, dass sich auf Elba so wahnsinnig viel entdecken lässt. Und dass es dabei so angenehm leer ist. Wir waren während der Sommerferienzeit dort und dennoch schien alles aufgeräumt, es gab überall ausreichend Platz und keine Menschenaufläufe. Es existieren auf der Insel auch keine Bettenbetonburgen wie in Spanien oder in der Türkei.

Ihr könnt euer Auto abstellen und durch Pinienwälder Berge hochwandern, kleine Pilgerwege entlanglaufen, winzige, jahrhundertealte Kirchen oder sogar Festungen wie die Ruine von Volterraio erkunden, von wo aus ihr locker bis nach Korsika blicken könnt.

Oder haltet mal an einem der Gemüsehändlerstände an der Landstraße, und mit etwas Glück bekommt ihr – wie wir – von dem Besitzer spontan eine einstündige Führung über seinen sich unmittelbar anschließenden Acker mit direkter Obstverkostung. Elba, ihr Lieben, ist ein Traum. Mehr dazu findet ihr hier: www.infoelba.net.

Florida

Orlando – Disney World, Sea World, Universal Studios, Universal's Islands Of Adventure, Wet 'n Wild ... endlos ist hier die Reihe an bombastischen Familienattraktionen. Filmpark jagt Freizeitpark jagt Tierpark – es fühlt sich an, als sei Orlando nicht von dieser Welt. Irreal. Aber wahnsinnig gut. Neben all dem organisierten Spaß gibt es auch naturechtes Vergnügen: Florida hat eine sagenhafte Tier- und Pflanzenwelt, die Everglades, großartige Strände mit Wassersportmöglichkeiten, Raketenabschussrampen in Cape Canaveral und überall ist man auf Familie ausgerichtet. Solltet ihr mal ins Visier nehmen.

Die Top 10-Reiseziele in den USA

1. Orlando
2. Las Vegas
3. Washington
4. Golden Gate National Recreation Area
5. Grand Canyon
6. Empire State Building
7. Yosemite Nationalpark
8. Yellowstone Nationalpark
9. Mount Rushmore
10. L.A. – Walk of Fame

Südafrika

Die großen Fünf angucken (Elefant, Nashorn, Löwe, Leopard, Büffel), jedoch ohne Malariaprophylaxe – das könnt ihr in Wildreservaten in Südafrika. Kwandwe oder Shamwari liegen direkt an der berühmten »Garden Route«, auf der ihr eure Reise gleich nach der Sichtung der fünf Vierbeiner mit der Beobachtung der extremitätenlosen Säugetiere fortsetzen könnt: Whale Watching!

Wer nicht die »Garden Route« als Strecke wählt, der ist mit der ebenso berühmten »Panorama Route« sicherlich genauso gut bedient, die ihr über Johannesburg und einer Fahrt in die Provinz Mpumalanga erreicht. Hier gibt es z. B. alte Goldgräberstädtchen wie »Pilgrim's Rest« oder den drittgrößten Canyon der Welt, den Blyde River, zu sehen. Jetzt 'nen Cowboyhut und niemand würde auf die Idee kommen, dass euch tatsächlich der ganze Atlantik vom Wilden Westen trennt. Die »Panorama Route« hält außerdem diverse Wasserfällchen und -fälle rund um die Kleinstadt Sabie parat sowie das ausgefuchste Höhlensystem der Sudwala Caves, wo wir den Cowboyhut mit dem von Indiana Jones tauschen dürfen. Der Kruger Nationalpark würde sich ob der Nähe nun über einen Besuch freuen – und ich beschwöre euch: das ist kein Tagesevent! Hier räumt ihr besser zeitlich mehr Platz ein. Und wenn ihr schon mal in der Gegend seid, dürft ihr euch gerne für afrikanisches Kunsthandwerk erwärmen und den kleinen Binnenstaat in Südafrika, Swasiland, besuchen.

Wem da allerdings der Wein näher liegt, bevor er sich Schmuck und Masken anschaut, der sollte schnell in den Flieger steigen und Kurs auf Kapstadt nehmen. Nicht nur die Leber freut sich, auch die Kinder. Vor den Toren der Metropole warten natürlich viele, viele pittoreske Weingüter darauf, euch ihre köstlichen Tropfen feilbieten zu dürfen. Doch zuvor haben die Kleinen erst mal eine Gondelfahrt auf den Tafelberg verdient. Nur unweit von Kapstadt gibt es dann wieder die volle Tierklatsche. Ob der »Wiesenhof Wildpark« mit seinen Zebras und Geparden und mehreren Schwimmbädern (diese aber ohne Tiere), »World of Birds« mit mehr als 3000 Flattermännern oder »Monkey Town« mit 20 unterschiedlichen Versionen unserer nächsten Verwandten – Kinder, die keine Tiere mögen (gibt es die?), popeln hier nur in der Nase. Oder graben sich durch Steine. »Scratch Patch« macht's möglich. Dort hockt ihr in Riesenkisten rum, um euch einen Beutel mit Mineralien und Halbedelsteinen zusammenzustellen.

Von der Kinderfreundlichkeit der Menschen, dem Gefühl, alle Folgen »Expeditionen ins Tierreich« mit Heinz Sielmann am Stück sehen zu dürfen, der Einzigartigkeit der Schönheit der Natur, dem vorzüglichen Essen, den hochgeschätzten Weinen und den göttlichen Stränden (Achtung, ab und an Hai-Alarm!) lässt sich einfach nur schwärmen, und somit will ich euch guten Gewissens Südafrika als euer nächstes Winterreiseziel empfehlen.

Costa Rica

Vermutlich kennt ihr nur den Schnarchaffen neben euch – in Costa Rica wecken einen aber die Brüllaffen! Diese sind zutraulich und wollen ständig gefüttert werden, was allen Kindern eine riesige Freude bereitet. Nur Obacht! Wenn die Affen nicht genug bekommen, werden sie gerne auch mal garstig. Lasst die Kinder daher niemals mit den Tieren allein.

Meine zweite Warnung gilt der Wasserqualität. Alle Hotels, selbst die kleinsten, verfügen über Pools. Das Wasser sieht einwandfrei aus, aber die Brühe würdet ihr trotzdem nicht mal eurer verhassten Kollegin in den Kaffee unterjubeln. Bakterien! Deshalb stopft den Kindern Stöpsel ins Ohr, auf dass sie keine Ohrenentzündung bekommen. Unbedingt mit in die Reiseapotheke packen!

Die Costa Ricaner lieben Kinder. Wenn ihr in Costa Rica eine Bleibe sucht, checkt mal, ob es sich bei den Besitzern und Betreibern um Einheimische handelt oder ob sich dahinter irgendeine europäische oder amerikanische Kette verbirgt. Nehmt lieber eine Original-Costa-Rica-Bleibe und genießt die Freude, die Energie und den Spaß, der von den liebenswürdigen Gastgebern ausgeht.

Neben Strand, Palmen, Affen und Meer gibt es vom Kindermuseum über die Schmetterlingsfarm bis hin zu einer Reise durch den Regenwald (für Kinder ab fünf Jahren) mit Seilbahn, Kletterpfad etc. coole Kinder- und gleichzeitig Erwachsenenattraktionen. Und: Holt schon mal die Bretter raus. Hier wird gerne und ausgiebig auf Wellen geritten.

Australien

Australien ist definitiv ein ideales Reiseziel für Familien. Die Städte verfügen allesamt über die typischen Attraktionen wie Zoos, Museen oder Freizeitparks. Von daher gesehen fehlt sowieso schon mal überhaupt nichts. Viel besser wird es noch durch den Umstand, dass die meisten Ballungszentren direkt am Wasser liegen und somit obendrein auch noch einen fetten Strand bieten.

Fernab der geballten Zivilisation verführt der fünfte Kontinent seine Besucher mit sehr viel und kontrastreicher Landschaft, einer aufregenden Tier- und Pflanzenwelt und den geheimnisvollen Aborigines. Ihr könnt mit dem legendären Zug »The Ghan« einmal quer durch das Land fahren, oder in Alice Springs aussteigen und mit einem Mietwagen weiter zum Ayers Rock (die Aborigines nennen ihn Uluru) düsen, dem heiligen Berg der Ureinwohner.

Oder ihr schwitzt in Cairns und kühlt euch beim Schnorcheln am Great Barrier Reef, dem weltgrößten Korallenriff, ab. Die Goldküste hat vermutlich die feinsandigsten Strände des ganzen Kontinents und gilt als absolutes Traumziel für Badeurlauber! Papa baut Neuschwanstein nach und Mama surft in ihren neuen Klamotten aus dem Billabong-Outlet. Australische Tiere sind immer wieder beeindruckend und so lädt zum Beispiel das Currumbin Naturschutzgebiet herzlich dazu ein, gut aufgelegte Kängurus, benebelte Koalabären – immer high vom Eukalyptus am Baum klebend – und stoische Krokodile zu besichtigen. Und einmal springen wir noch kurz in den Süden: Die Great Ocean Road mit ihren Twelve Apostles ist ein Nationalheiligtum, und wenn ihr euch dazu einfach mal ein paar Impressionen gönnt, dann wäre vielleicht im nächsten Jahr nach drei Nächten in Sydney direkt nach der Ankunft Melbourne als Start eurer Australienreise perfekt, oder?

La Palma und die anderen Kanarischen Inseln

»La Isla Bonita« – La Palma ist eine echte Abenteuerinsel. Wenn man sich ihr für gewöhnlich per Flug nähert – und sie liegt unter einer dichten Wolkendecke –, erinnert mich das Eiland jedes Mal unweigerlich an die Insel aus Peter Jacksons Verfilmung von »King Kong«: Plötzlich thront sie vor einem, mit ihrer höchsten Erhebung, dem majestätischen Roque de los Muchachos. Es gibt »schweigende« (erloschene) Vulkankrater, dunkle und etwas hellere Strände und überall Bananenplantagen. Die Insel ist definitiv nichts für Kinder, denen beim Autofahren schlecht wird, denn wenn man hier eins muss, dann ist das Autofahren. Ansonsten endet man einsam in der Ferienwohnung oder in den riesigen Touristenhotels im Süden. Apropos Touristen: Wir haben diese Insel noch nie wirklich »voll« erlebt. Und die Natur wartet mit ewigem Frühling und leuchtender Farbenpracht auf. Schwarzer Basalt, rote, verfestigte Lava und dazu das Blau des Atlantiks, das ist so atemberaubend schön, einfach zum Niederknien!

Die Passatwinde, die die Wolken an den hohen Felswänden im Norden der Insel abregnen lassen, sorgen dafür, dass La Palma ganzjährig mit grüner Vegetation überzogen ist. Deswegen auch ihr zweiter Spitzname »La Isla Verde«, die grüne Insel.

Aber genug der Liebeserklärung. La Palma birgt in der Tat auch einige Gefahren für Kinder. So ist es zum Beispiel klasse, sich den erloschenen Vulkan San Antonio mit einem kleinen Museum gleich nebenan anzuschauen, jedoch müsst ihr dafür euren Spross ins Tragetuch oder in die Kraxe verfrachten oder an der Hand halten. Zum einen herrscht in der Höhe oftmals ein etwas kräftigeres Lüftchen, zum anderen ist die Abrutschgefahr trotz breitem Pfad zu hoch.

Dann: die Strände. Beach-Urlaub geht völlig in Ordnung. Aber teilweise herrscht eine derart kräftige Brandung, die verschluckt euch prompt den süßen »Neuschwimmling«. Deswegen sowieso niemals und hier erst Recht nicht ohne Aufsicht planschen lassen. Eure Strände dort heißen Puerto Naos und Los Cancajos, ebenso Playa Zamora und Charo Verde. Wenn ihr Meerwasserfeeling haben wollt, könnt ihr auch mal eine Badeanstalt direkt am Meer besuchen, das Meerwasserbecken

Charco Azul. Die haben sogar ein Kinderbecken mit Spongebob auf den Kacheln.

Wenn es auch an vielen Touri-Hotspots jede Menge Kinderspaß in Form von Themenparks oder Spiellandschaften gibt, so zeigt sich La Palma diesbezüglich eher minimalistisch und wirbt lieber mit Natur oder Piratengeschichten. Denn der Pirat Le Clerq (Holzbein) hat hier vor 500 Jahren sein Unwesen getrieben. Überhaupt wurde die Insel regelmäßig von Piraten heimgesucht, da die Schiffe von und nach Amerika zumeist als erste oder eben letzte Station Europas Santa Cruz, die Hauptstadt von La Palma anliefen. Ein kleines Schifffahrtsmuseum beherbergt einen Nachbau der Santa Maria von Christoph Kolumbus. Nur einen Steinwurf entfernt liegt das Museo Insular, das Museum von Santa Cruz, mit einer großen naturwissenschaftlichen Abteilung und vielen ausgestopften Tieren. Lässt sich gut in einem Rutsch mit dem Schifffahrtsmuseum abfeiern. So, und wenn jetzt doch mal Bedarf nach Schaukeln, Klettern und Wippen aufkeimt – dann seid ihr in Santa Cruz völlig richtig. Hier gibt es einen anständigen Spielplatz. Dort kann Papa auf die Kinder ein Auge haben, während Mama auf der wunderschönen Shoppingmeile Calle O'Daly das Urlaubstaschengeld auf den Kopf haut.

Ihr könnt einen Ausflug mit einem Boot in eine alte Grotte, die Cueva Bonita, unternehmen, in der sich einst die Fischer vor den Piraten versteckten. Wenn ihr zur richtigen Tageszeit am späteren Nachmittag dort seid, glänzt und erstrahlt die Grotte aufgrund der Sonneneinstrahlung in schillernden Farben.

Ebenso einen Ausflug wert ist der Besuch des Marktes in Mazo. Hier tummeln sich übrigens sehr viele deutsche Auswanderer, die sich mit einem Handwerk auf La Palma niedergelassen haben. Super spannend, wenn man Interesse an besonderen Lebensentwürfen hat. Und Leckeres gibt es dort auch. Unbedingt probieren: Zuckerrohrsaft!

Zwei Tipps noch, dann ist das Loblied auf die, wie ich finde, schönste Kanareninsel beendet: Fragt unbedingt im Touristenbüro nach, ob ihr ins Observatorium auf den Roque de los Muchachos fahren könnt. Es gibt ab und an Besichtigungstage und Führungen dort oben. Ein derart irres, unvergessliches Erlebnis, unbedingt ausprobieren!

Die zweistündige Fahrt hinauf fällt jedoch allen schwer, die nicht lange Serpentinen fahren können. Seid ihr aber erst mal da oben, regiert nur noch absolute Faszination, ein endloser Blick und dann diese spacigen Teleskope – ganz wie bei James Bond.

Wieder unten angekommen, und der Hunger ist auch zurück? Dann nutzt doch die Gelegenheit, und lernt beim Grillen nahe Puntagorda auf dem Picknickplatz namens El Fayal ein paar Einheimische kennen. Denn hier brutzelt der Palmanero gerne sein Fleisch, während die Kinder schaukeln.

Infos gibt es hier: www.lapalma.de/Ueber-die-insel-la-palma/praktisches/reisen-mit-kindern.html.

Und zum Wandern mit Kindern auf La Palma: www.akkapuma.de/reisen_lapalma.htm.

Und jetzt die anderen sechs Kanaren:

La Gomera

Legendär ist das Charco del Conde, nichts anderes als eine Art Teich, an dem die Kinder spielen und darin planschen können. Liegt so gut geschützt, dass Mama und Papa sich entspannen können. Esel- und Ponyreiten sind hier schwer angesagt.

In den seltensten Fällen locken Häfen als Badeattraktion – hier ist das jedoch anders. In der Bucht von Vueltas können an dem sehr flachen Strand besonders Kleinkinder gut spielen und ihre Füßchen ins Wasser strecken. Mit Papa wird dann vielleicht auch mal ein bisschen Schwimmen gewagt.

El Hierro

Freizeitparks und Wasserrutschen sind auf El Hierro Mangelware. Dafür kann durch teils unwegsames Gelände gewandert werden, mit Pausenstopp am Wasser. Rieseneidechsen gibt es im Terrarium Lagartario zu bewundern und gebadet wird am Playa de la Caleta, ein Meerzugang, aber mit abgetrenntem Schwimm- und Kinderbecken.

Teneriffa

Freizeitpark, Salzwasserfreibad, Riesenzoo mit allerhand exotischem Getier von Papageien über Gorillas bis zu Delphinen und natürlich Strände satt. Ideale Familieninsel.

Fuerteventura

Karg sieht es aus oder wie ein Sportmoderator mal zu mir sagte: »Die Landschaft auf der Fahrt vom Flughafen zum Hotel erinnerte mich ein bisschen an Afghanistan«. Im Sommer wird es hier richtig knackig heiß, und der stramme Wind kann einem da schon mal die eine oder andere Ladung Sand in die Augen jagen. Ändert aber nichts daran, dass hier natürlich grandios Strandurlaub gemacht werden kann. In Jandía reiht sich ein Hotel an das andere, der Strand ist voller Kinder, überall stehen Spielgeräte, hier buddelt Klein, da baggert Groß (beim Beachvolleyball). Strandsatt? Dann reizt der Oasis Park mit Schimpansen, Greifvögeln oder Nilpferden und einem anständigen Kinderspielplatz. Wenn es einen nach geschichtlicher Bildung dürstet, bietet das Freilichtmuseum La Alcogida einiges: sieben restaurierte Bauernhöfe, die das Leben vor hundert Jahren zeigen. Ihr könnt Bootstouren machen, eine Wanderung zu einer Piratenhöhle unternehmen, der Caleta Negra, und euch in Corralejo im Reptilarium vor Echsen, Schlangen und Spinnen fürchten.

Gran Canaria

Touri-Alarm, dafür aber Spiel, Spaß, Strand – volle Action, definitiv ein Kinderparadies. Wie Teneriffa ist auch Gran Canaria eine absolute Familieninsel. Es gibt diverse Freizeit-, Tier- und Wasserrutschenparks, und wer sich mal ein bisschen intensiver mit Bananen, Mangos und Eseln beschäftigen möchte, kann dem Banana Park einen Besuch abstatten. Da ist es definitiv entspannter als in den anderen Parks.

Lanzarote

Puerto del Carmen und Playa Blanca sind die Strände, an die ihr euch halten solltet. Hier können die Kleinen gut baden. Der Playa del Jablillo an der Costa Teguise ist auch okay, ansonsten ist die Brandung zu gefährlich. Wird es am Strand mal zu langweilig, hinauf aufs Dromedar und in den Nationalpark Timanfaya. Affen, Vögel und Nasenbären warten auf euch im Tropical Park. Der krasse Gegenentwurf dazu heißt Las Pardelas, ein Bauernhof mit Esel und Schweinen und allem, was dazugehört, verbunden mit einem kleinen Naturpark, der die Ursprünge der Insel ohne Touristenmassen zeigt, wo Kinder töpfern und kneten können und kulinarische Landesspezialitäten angeboten werden. Das gefiel Romy und Hanna am besten.

Gute Ideen fürs Verreisen mit Kind und Kegel findet ihr auch hier:

www.fernweh-mit-kids.de, www.smartfamilytravel.de, www.weltreise-mit-kind.de, www.trips4kids.de, www.kidsaway.de

Familienreisen vom Spezialisten

Wenn ihr euch auf ein Reiseziel geeinigt habt, könnt ihr euch entscheiden, ob ihr euch die Reise komplett selbst zusammenstellt oder auf Pauschalangebote zurückgreift. Es gibt mittlerweile sehr viele und gute Reiseveranstalter, die sich ausschließlich auf Familienreisen konzentrieren und die Zielorte und Programme genau auf die Bedürfnisse von Eltern und Kindern abstimmen.

Sozusagen schon ein Traditionsunternehmen in der Branche ist **Vamos**-Eltern-Kind-Reisen (www.vamos-reisen.de), die seit mehr als 25 Jahren Familienreisen an Orte fernab des Massentourismus anbieten und mit kreativer Kinderbetreuung, sowohl am Tag als auch am Abend, punkten. Dabei wird den Kindern nicht etwa etwas vorgesetzt und vorgespielt, sie sind vielmehr Teil des Ganzen. Ich habe nur Gutes über den Veranstalter gehört.

Ähnlich und inzwischen auch schon ein Vierteljahrhundert im Geschäft, agiert **Bambino-Tours** (www.bambino-tours.de). Auch hier herrscht die Regel: weg von der Masse, hin zum Individuum. Das gilt ebenso für die Gestaltung der Animation bzw. Betreuung.

Unabhängig von den spezialisierten Reiseveranstaltern gibt es außerdem die Kinderreisewelt, ein Reisebüro, das sich exklusiv auf Reisen von Eltern mit Kindern konzentriert und sich somit das »1. Kinderreisebüro in Deutschland« nennen darf (www.kinderreisewelt.de). Hier gibt's die Reise auf den Leib geschneidert.

So, und wenn ihr wissen wollt, wen ihr anhauen müsst, um mit dem Kanu durch Schweden zu paddeln, in Island zu trekken oder euch den Bauch in Frankreich vollzuschlagen, dann checkt doch mal www.vertraeglich-reisen.de und klickt dann auf »Familienurlaub«. Ähnlich auf Abenteuer-Touren sind aus:

www.aktivtour.de (Kletterurlaub in den Bergen)

www.tinta-tours.de (Coole Reisen für Familien mit Babys oder Teens von Schweden bis Südafrika)

Weitere empfehlenswerte Anbieter und Veranstalter: www.familien-reisen.de

oder für nachhaltiges Reisen www.renatour.de

Eine Linksammlung mit diversen Anbietern in Sachen Familienurlaub bietet die Seite: www.reiselinks.de/familien.html

Es hat definitiv viele Vorteile, wenn man seine kostbare, ins Ausland verlegte Familienzeit echten Fachleuten überlässt, denn hier könnt ihr für euren Urlaub auf ein generelles Verständnis für Babykinder-Chaos bauen und ihr bewegt euch ausschließlich unter Gleichgesinnten. Zudem könnt ihr euch ob der Baby- und Kindertauglichkeit der Unterkünfte und der gesamten Anlage sowie der Leidensfähigkeit der dort herumturnenden Erwachsenen einfach sicher sein, und das entspannt ungemein. Und wer möchte, der poliert hier sein Karmakonto noch kräftig auf, indem er auch mal mit Dinkelreiscrispgebäck, Schwimmwindeln oder aufblasbarem Krokodil aushilft.

How to Survive a Pauschalreise

Wir haben bereits etliche Pauschalreisen hinter uns gebracht, allerdings überwiegend bei den großen Touri-Veranstaltern wie TUI oder Neckermann und nicht bei den Familienreise-profis gebucht. Und wenn ich gerade darüber schreibe, wie sehr das Wissen um das Verständnis der Miturlauber so eine Ferienzeit unbeschwerter sein lässt, läuft es mir kalt den Rücken hinunter, denke ich an Mallorca im Jahr 2011. Gebucht war Camp de Mar, eines der verhältnismäßig wenigen Hotels in der kleinen Bucht. Vier Sterne. Familienzimmer, also extra Raum für die Kinder, aber direkter Durchgang und keine Tür zum Schließen. Romy war damals vier Jahre alt, Hanna etwa neun Monate.

Problem 1: Romy verliebte sich. In die Kinderdisco. Und das jeden Abend um 20.30 Uhr aufs Neue. Vor 22.30 Uhr haben wir sie nicht ins Bett bekommen.

Problem 2: Hanna schrie den Strand zusammen. War sie vorher noch ein sympathischer Frühstücksclown, bepöbelte sie bereits bei unserer Ankunft an der Liege die ersten dickbäuchigen Goldkettenträger um uns herum und nahm erst dann so richtig Fahrt auf, wenn Romy und ich ans Wasser spazierten. Wir konnten die Uhr nach den Reaktionen stellen. Zuerst lichtete sich der Kreis kopfschüttelnder Sonnenanbeter um uns herum, dann murmelte es aus sicherer Distanz: »… nicht im Griff«, »auch mal woanders hingehen …«, »… Hilfe aufsuchen«, »… vielleicht was für RTL und diesen Super-Benny?«

Das täglich neue, von uns schon einkalkulierte Mini-Aufbegehren der deutschen Kartoffeln ertrugen wir meistens so lange, bis der Tagesschwächste Nerven zeigte, die Reißleine zog und mit dem Buggy davonstakste. Pause für alle! Kurzes Durchatmen und endlich die Möglichkeit, sich zu entspannen, ehe der Tyrann in Windeln sein Volk weiter hirnweich kochte. Was zum herrlichen Wetter auch gepasst hätte. Dass man uns beim abendlichen Büfett nach Betreten des Speisesaals nicht steinigte oder zumindest in der Hotelhalle für jedermann sichtbar aufknüpfte, ist mir bis heute ein Rätsel.

Apropos Abendessen …

Problem 3: Nach einem für unübersehbar alle sehr anstrengenden Tag in der Sonne ereilte die Kinder rechtzeitig zum Büffet ihr allabendliches Formtief. Das äußerte sich in einer Mischung aus unangenehmem Nörgeln und leichtem Jammern seitens Hanna – im Vergleich zu dem, was sie tagsüber geboten hatte, allerdings lachhaft – und einer Art verloren geglaubtem Kampf mit der Bewusstlosigkeit seitens Romy, die mitunter ungebremst mit dem Kopf in die Bolognese rauschte. Auch hier fühlten wir uns durch diese Performance definitiv deplatziert im Hotel, die Blicke der übrigen Gäste sprachen Bände.

Problem 4: Nach dem Formtief folgte der »Second Wind«, im Angelsächsischen ein durchaus gebräuchlicher Begriff. Romy war wieder vollends »zurück« und drängte in Richtung Minidisco, während Hanna sich zwar noch mal aufbäumte, aber bereits einen steilen Sinkflug antrat. Hier trennte sich das Team und fand 45 Minuten später wieder zusammen. Mit einem nicht müde werdenden Kind, jedoch sehr müden Eltern.

Bis 22.30 Uhr oder gar 23 Uhr dauerte der Spuk, dann verabschiedete sich auch der kleine Springball endlich ins Reich der Schlafmützen. Damit war Feierabend. Auch für uns, denn …

Problem 5: … Hanna wachte zu jener Zeit jeden Morgen um 4.30 Uhr auf und damit begann der neue Tag.

So was kann passieren, wenn man die konkreten Fragen zur Reisezielfindung im Vorfeld nicht sauber beantwortet hat oder eben einen Urlaub bucht, der nicht so hundertprozentig auf eine Familie mit kleinen Kindern zugeschnitten ist.

> Wer glaubt, Urlaub mit Baby sei zur Entspannung da, der redet sich auch ein, dass jedes Lächeln von der Wickelkommode für alles entschädigt!
> *Christian Busemann, Camp De Mar, Mallorca, 2011*

Natürlich haben wir aus dem Mallorca-Fiasko jede Menge gelernt und halten der guten alten und extrem bequem und problemlos zu buchenden Pauschalreise in die Touri-Hochburgen von den Balearen über die Kanaren bis hin zur Türkei nach wie vor die Treue. Einmal im Jahr sind wir garantiert dabei. Das Gute daran ist nämlich: Bei diesen Reisen muss man sich um gar nichts kümmern, außer, sich mit Sonnenmilch einzuschmieren. Flüge, Transfer zum Hotel, Essen, Trinken, Zimmerreinigung, Strand vor der Tür, all inclusive. Selbst der Himmel wird einem blau gemalt. Und wer mag, kann kurzfristig Ausflüge zu den Sehenswürdigkeiten buchen und Sportkurse oder Special-Kinderprogramme dazunehmen. Ein Klick und schon geht es los.

Aber als lang gediente, strandsüchtige Vier-Sterne-Halbpension-mit-Transfer-Urlauber haben wir uns im Laufe der Zeit auch recht intensiv mit dem Pauschalreisendarwinismus auseinandersetzen müssen. Und wie wir den Urlaub mit vielen, vielen anderen in einem Hotel individuell vorbereiten und gut überstehen, erfahrt ihr jetzt im folgenden Konzentrat.

Die Transfer-Lotterie

Die unberechenbare Fahrtdauer vom Flughafen zum Hotel. Sie ist davon abhängig,

- wann der letzte Mitfahrer den Bus entert,
- ob der Busfahrer noch irgendwelche Bootstouren, Höhlenerkundungen oder Marktausflüge wie Wärmedecken per Bauchladen verscherbelt, und
- wie lange die konkrete Fahrt zum gebuchten Hotel dauert.

Die ganze Trödelei und Gurkerei kratzt bei unseren Trips stets an der Zweistundenmarke. Auch wenn wir das inzwischen sogar schon grob einplanen, stresst und nervt es. Die Kinder sind müde, die Air Condition zu kalt und der Hintern, nach Anreise zum Heimatflughafen und Flug, mehr als platt gesessen.

Besser!

Recherchiert im Vorfeld der Reisebuchung einmal die Kosten für eine Fahrt mit dem Taxi oder einem der dortigen Shuttle-

Anbieter. Dann könnt ihr immer noch entscheiden, ob ihr den Transfer im Pauschalpaket mitbucht oder nicht.

Restaurantöffnungszeiten-Skandal, Teil 1
Ihr seid früh wach, aber Kaffee oder Tee gibt's frühestens ab 7.30 Uhr?

Besser!
Das PFLICHT-Geheimgadget für euch: der Miniwasserkocher! Euch erwartet ein Quell unendlichen Glücks und beständig guter Laune. Morgens einen Becher Kaffee oder Tee trinken, während die Kinder noch schlafen, nur ihr zwei, euer Heißgetränk, die ersten Sonnenstrahlen und absolute Stille – das ist Genuss, Freunde. Ist euch der Miniwasserkocher zu klein, zu groß, zu sperrig, dann greift wie meine Schwiegermutter einfach zum Minisiedestab.

Übrigens: Forscher haben herausgefunden, dass Menschen, die ein Heißgetränk zu sich nehmen, im Moment des Konsumierens milder im Umgang mit sich und anderen sind als ohne die Labsal.

Restaurantöffnungszeiten-Skandal, Teil 2
Feste Speisezeitenfenster im Hotel sind die Fußfesseln des Pauschalurlaubs, wir wissen es alle. Romy und Hanna kämpfen selbst heute noch oft beim Abendessen im Urlaub mit dem Einschlafen. Diverse Male brachen wir deshalb schon den gemütlichen kulinarischen Ausklang des Tages jäh ab oder einer von uns saß am Ende allein da.

Besser!

Fragen! Viele Hotels haben für Familien Kinderspeisezeiten eingerichtet. So könnt ihr mit den Kleinen schlemmen, bevor das Erwachsenenbüfett startet. Ist das nicht der Fall, sind die Küchenchefs zumeist gerne bereit, für die Kinder auch mal vorab etwas zuzubereiten.

Die Schlacht am Büfett

Beiges Hemd rammt Surfer-T-Shirt, kleines Kind auf Kollisionskurs mit Opas Weichteilen, Kellner ramponiert mit dem Abräumwagen Mamas teuer bezahlte Zehennägelpracht und Papa wird vor den Augen der Kinder am Nachtischtresen von zwei menschlichen Windbeuteln zerquetscht und mit dem Gesicht in die Schüssel mit bunten Streuseln gerammt. Die Szenen am überlaufenen Büfett sind Realsatire und erhalten ihre Würze, wenn man im Einzelnen beobachten kann, wie selten Rosenkohl und Konsorten unfallfrei ihren Weg auf den Teller des Gastes finden. Das elende Gedränge am Büfett, ein Alptraum!

Besser!

Vordrängeln! Ich bin punktueller Vordrängler, weil ich mir vorher Gedanken mache, was ich essen will und mich nicht wie ein Lemming ganz hinten anstelle, um mich erst mal an acht beheizten Behältern vorbeizuwarten, aus denen ich eh nichts haben will, bevor ich endlich zuschlagen kann. Schwachsinn! Unsere Kinder werden übrigens auch dazu erzogen. Also, wenn ihr mal so eine freche Blage vor euch in die

Reihe einscheren und nach erfolgter Tellerbeladung wieder ausscheren seht, es könnten meine sein …

Masse statt Klasse

Wo Masse Ware will, gibt's Massenware zu essen. Das macht die Qualität der Speisen nicht unbedingt besser.

Besser!

Verzicht! Ich verzichte auf das Fleisch und ernähre mich in erster Linie von Salat, Fisch und Gemüse. Daneben natürlich die Sättigungsbeilagen Nudeln, Kartoffeln, Reis. Und beim Frühstück wähle ich zwischen Obst, Müsli und Brot mit Käse. Augenwurst, nein danke!

Die Schlacht am Strand

Gerne machen die Touri-Hochburgen ihrem Namen alle Ehre und präsentieren sich heillos überlaufen. Die Folge: Liegen und Sonnenschirme sind bereits frühmorgens besetzt.

Besser!

Um autark zu sein, lohnt sich die Anschaffung eines Sonnenschirms am Zielort. Reist ihr mit Baby, ist auch die Investition in eine Strandmuschel ratsam. Aber die bringt ihr besser von zu Hause mit, so wisst ihr um den UV-Schutz der Plane. Strandspielzeug kaufen wir immer vor Ort. Am letzten Tag verschenken wir es dann an Kinder, die noch im Urlaub bleiben.

Irrtum: Pauschalreisen sind billiger

Wer glaubt, eine Pauschalreise sei per se günstiger als die selbst zusammengestellte Reise per Baustein-Buchung im Netz oder im Reisebüro, der täuscht sich gewaltig. Die Pauschalreise kann billiger sein, muss aber nicht. Es kommt stets auf die Konstellation an: Anzahl der Reisenden, Alter, Reiseziel und -zeitraum, Flughafen etc. Wenn ihr also das nächste Mal Geld sparen möchtet, prüft, ob die Reise in ihre Bauteile zerlegt und entsprechend gebucht nicht günstiger ausfallen würde.

Das Thema »Pauschalreisen für Familien« zu erörtern, ohne dabei auch auf den Cluburlaub, die *reinste* Form der Pauschalreise, einzugehen, das geht natürlich nicht. Also los, lasst uns clubben gehn!

Der Klassiker: Cluburlaub!

Wer es nachts zu Hause nicht aushält oder mal so richtig Gas geben will, der geht pauschal clubben. Habt ihr bislang gedacht, das funktioniert nur mit euren besten Kumpels bzw. besten Freundinnen – nö! Clubben lässt sich auch super mit Kindern. Von feudal bis bodenständig. Von Norddeutschland bis Österreich, Kanaren bis Karibik. Alles geht, und das überall.

Der Cluburlaub wurde wie die Pommes frites und die beleuchtete Autobahn von einem Belgier erfunden. Auf Mallorca stellte er 1950 alte Armeezelte auf und ermöglichte somit

2300 Menschen einen unvergesslichen Gruppenurlaub. Wie man hört, war die Nachfrage riesengroß, und so blieb es nicht bei dem einen, dem ersten Club Med (Club Méditerranée) im Pinienwäldchen von Alcúdia, nein, Gérard Blitz eröffnete nach und nach an den schönsten Orten der Welt einen seiner Clubs. Dabei geriet im Laufe der Zeit der einstige Grundsatz des anfangs noch gemeinnützigen Vereins, in der Natur zu leben, etwas außer Acht, indem die einfachen Mehr-Personen-Zelte luxuriösen Wohneinheiten wichen. Damit kommt man aber klar! Sehr gut sogar.

Nach wie vor stehen beim Cluburlaub das überwältigende Sportprogramm und das Gruppending im Vordergrund. Letzteres bezeugen allein schon die Acht-Personen-Tische in den Restaurants des Club Med oder des Robinson Club, einem weiteren Anbieter.

Um sich seiner Urlaubslässigkeit komplett hingeben zu können, benötigt man im Club selbst zumeist kein Bargeld. Alles ist bezahlt. Davon erzählen das Armband im Robinson Club, das einem am Anreisetag umgelegt wird, oder wie im Club Med die Perlenkette, die als Währung gilt. Essen, Trinken, Liegen, Handtücher, Sport und Unterhaltung – alles inklusive. Ebenso die Kinderbetreuung, die – je nach Club – teils beeindruckende Freizeitangebote auffährt. Hier kümmern sich nicht zwei abgestellte Animateure lustlos um Kinderbeschäftigung und Zeittotschlagen, sondern es gehen große Teams mit überlegtem Konzept, Programmvielfalt und Professionalität ans Werk. Es gibt Babygruppen sowie eine Kinderbetreuung für jedes Alter, die Kleine nicht überfordert und Große nicht langweilt.

Alles ist auf Familie zugeschnitten. Und während sich die süßen Früchte der Liebe von Mama und Papa wohl betreut im Kindercenter lümmeln, widmen sich die Eltern dem Strand, der Liebe, dem Buch, der Wellness oder dem Sport. Kein Fitnesstrend bleibt unbeachtet. Von Pilates bis Cycling – hier bleibt kein Wunsch offen. In warmen Regionen wird standardmäßig mit zahlreichen Wassersportarten wie Surfen, Kiten oder Segeln aufgetrumpft, bei Schnee ist der Skipass selbstverständlich im Preis enthalten. Auch lassen sich gerne ehemalige Sportstars oder Prominente aus Film und Fernsehen hier und da in den Clubs blicken, um eine Woche lang Fitness- oder Tanzkurse zu geben und nebenher mit Kind und Kegel Urlaub zu machen. Überhaupt ist es recht wahrscheinlich, in einem der hochpreisigen Robinson Clubs einen Promi anzutreffen. Wer das möchte …

Im Folgenden die bekanntesten Clubs für euch im Überblick:

Club Med

Mit über 80 Resorts auf der ganzen Welt ist Club Med nicht nur der älteste, sondern auch der größte und internationalste Anbieter. Club Med steht für Luxusurlaub. Kein Wunder bei den ausgesuchten, sehr exklusiven Standorten wie Mauritius, Indonesien, Marokko oder Brasilien. Seit einiger Zeit zählt zu den Clubs auch ein Clubschiff. Der mondäne Fünfmaster »Club Med 2« schippert paradiesische Routen entlang. Mehr dazu hier: www.clubmed.de.

Robinson Club

21 Jahre nach dem ersten Club Med wurde 1971 der erste Robinson Club in Jandía auf Fuerteventura gegründet. Mittlerweile zählt das TUI-Unternehmen 24 Clubs in elf Ländern und freut sich ob der doch eher exklusiven Preise über die Besserverdiener des Landes. Nach Ankunft gibt es eine Einweisung durch einen der Robins, der das »Du« zur allgemeinen Sprachregelung erhebt, das Essen ist top, das Sportpaket je nach Land und Lage extrem umfangreich, und Kinder werden wie beschrieben je nach Alter spitzenmäßig unterhalten. Mehr Infos findet ihr unter: www.robinson.de.

Aldiana

Nur zwei Jahre nach dem ersten Robinson Club wurde im Senegal der erste Club Aldiana eröffnet. Heute gibt es davon insgesamt elf an der Zahl. Schwerpunkt der Aldianas sind die Sport- und Wellnessprogramme. Je nach Land und Standort werden der passende Sport und die landesübliche Wellnessmöglichkeit offeriert. Gerade Golfer entscheiden sich gerne für den Aldiana Club, weil hier entweder der Golfplatz Teil der Anlage ist oder aber in unmittelbarer Nähe liegt. Der Aldiana Club wächst derzeit kräftig, weitere Resorts sind in Planung bzw. in der Bauphase. Ähnliche Preiskategorie wie Robinson Club. Mehr dazu hier: www.aldiana.de.

Calimera

16 Clubs im Mittelmeerraum mit umfangreichem Spaßprogramm für Kids und Jugendliche, Familien als Kernzielgrup-

pe – das ist die Idee des zum REWE-Konzern gehörenden Familienclubs. Preislich liegt er unter dem Niveau der Meds, Aldianas und Robinsons dieser Welt. Mehr Infos gibt es hier: www.calimera.com.

TUI-Clubs

Neben dem anspruchsvolleren Robinson Club gehören zum TUI-Konzern noch die Clubtochter Magic Life und der 1-2-Fly Fun Club. Magic Life, das sind 14 Clubs, günstiger als der Robinson Club. Außerdem gibt es den Solino-Kinderclub, der sich ebenfalls im günstigen Segment befindet. Mehr dazu unter: www.tui.com/cluburlaub/.

Ich mag einwöchige Cluburlaube durchaus. Vor allem, wenn meine Schwiegereltern mit dabei sind, und Kristy und ich uns mal für eine Partie Tennis oder zum Chillen zurückziehen können. Das Essen ist meistens sehr gut, und das Klientel, je nach Club, angenehm. Zuletzt waren wir im Robinson Club auf Fuerteventura. Nicht in dem für Singles (Jandía), sondern in dem für Familien (Esquinzo Playa). Es gibt nämlich manchmal inoffizielle Differenzierungen je nach Gästezuspruch. Da lohnt sich vor der Buchung immer mal der Check im Netz, ob es an jenem Standort auch wirklich mit dem »Schwerpunkt Familie« ernst gemeint ist. Bis auf die bizarr bezaubernde Einöde der Insel während der Busfahrt vom Flughafen zum Club haben wir von Fuerteventura nichts gesehen. Das war aber auch nicht die Idee. Eher Abschalten, Auftanken und Sport. Und das war der Bringer.

Wer jedoch keine Lust auf pausenlos anmoderierte Animationsangebote – ja, auch für Erwachsene! –, abendliche Showeinlagen oder auch dort teils grenzwertigen Büfettandrang hat, der sollte von Cluburlaub lieber seine Finger lassen.

Kreuzfahrt mit Kind

Auch pauschal und mit einem Klick alles an Bord: eine Kreuzfahrt! Mir begegnen mittlerweile pausenlos Menschen, die für eine Woche auf einem Clubschiff anheuern, um dann entspannt die Kanaren entlangzujuckeln. Nachts wird gefahren, tagsüber im Hafen gelegen, damit man sich auf Erkundungstour begeben kann. Geführt oder auf eigene Faust. Die dicken Dampfer, die gerne von Hamburg, Kiel oder Warnemünde aus losschippern oder eine Anreise per Flugzeug zum Startpunkt erfordern, schmeißen die Maschinen in allen möglichen Preisklassen an und bieten je nach Ausrichtung auch eine Riesenportion Freizeitbespaßung für Kinder an. Die Erwachsenen erwartet Sportprogramm und abendliche Shows sowie Tanz, Bars, Shoppingmöglichkeiten etc. Sogar Kinos befinden sich an Bord. Ein komplettes Hotel auf dem Wasser.

Knifflig beim Buchen: die Wahl der Kabine. Wer nicht seefest ist, der sollte sich eher in der Mitte des Schiffes einbuchen. Zu meiden ist der Bug, nicht nur, weil der Seegang einen hier am stärksten erwischt, sondern auch, weil die Ankerkette elektrisch auf- und abgelassen wird. Wie ihr euch vorstellen könnt, dauert das ein bisschen bei so einem riesigen Kahn und ist mit einer entsprechenden Geräuschkulisse verbunden.

Da es mit windelfreien Allesessern nicht sonderlich schwer

ist, eine Kreuzfahrt mit Freude zu überstehen, es sei denn, die Seekrankheit ereilt euch, habe ich mit Eltern gesprochen, die tatsächlich auch mit Baby und Brei angeheuert haben. Hier im Überblick die recherchierten Tipps für alle, die mit Baby in See stechen wollen:

- Es gibt meistens keine Babynahrung an Bord. Diese also lieber selbst mitbringen beziehungsweise beim Landgang nachkaufen. Gleiches gilt für Windeln. Damit die Bude nicht stinkt, legt euch vorab einen Vorrat an Frischhaltebeuteln zu, um die Bomben geruchsdicht zu verpacken.
- Nehmt unbedingt den Buggy oder Kinderwagen mit (falls gut zusammenklappbar).
- Ein Babybett solltet ihr rechtzeitig buchen, alternativ könnt ihr aber auch euer eigenes Reisebett mitnehmen.
- Beim Buchen auf den »Bord-Knigge« achten! Styling, feste Essenszeiten, Büfett ja oder nein. Wir wissen alle, wie sehr es stresst, wenn sich das Essen arg zieht und das Baby oder das Kleinkind unruhig wird. Daher: Kreuzfahrtenanbieter, die ein lockeres Handling an Bord pflegen, sind für Eltern sicherlich vorzuziehen.
- Zeit zu zweit? Kein Problem. Babysitter lassen sich auf Schiffen ebenfalls buchen.
- Ärztliche Versorgung: Es gibt auf allen Schiffen einen gut ausgerüsteten Bordarzt, sodass man bei allen möglichen Wehwehchen auch eine medizinische Anlaufstelle hat.

Mehr zum Thema unter: www.kids-on-cruise.de.

Urlaub selbst gemacht – Individualreisen

Pauschalreise oder Individualreise – die Entscheidung über Was, Wie und Wo ist in erster Linie eine Typfrage. Die einen liegen mit Fleecejacken in Gletscherspalten und trinken dabei Krümelkaffee aus dem Jack-Wolfskin-Thermobecher, die anderen knipsen in jeder andalusischen Dorfkapelle das rustikale Chorgestühl. Und dann gibt es natürlich auch die Reisefraktion, die keinerlei Bedürfnis nach Abwechslung verspürt und deshalb, seitdem sie denken kann, zum Nacktcampen nach Amrum oder zum Wandern nach Österreich fährt. An dieser Stelle wollen wir außerdem all die begeisterten Schrebergarten-, Fahrradtour-, Kletter- und Kanufreunde nebst Seglern und Surfern und was es nicht sonst noch alles gibt, nicht vergessen.

Reisen ist bunt und zugleich mächtig individuell.

Spannende Länder, aufregende Städte, inspirierende Kulturen, oder auch nur mal der kleine Ausflug in den Spessart oder das Campen an der Nordsee – wir können, wenn wir wollen, alles Mögliche erleben, und es ist definitiv nicht mehr eine Frage des Geldes, sondern eine Frage der Auswahl. Wie wär's also demnächst mit …

… einer Runde Camping?

Der Mechanikermeister im Autohaus lehnt sich verschwörerisch zu mir vor. »Ah, ich sehe, Sie fahren auch einen Ford.« Ich nicke. Er wirkt, als fühle er sich mir prompt irgendwie verbunden: »Ich habe seit 25 Jahren einen Ford Transit. Das beste Auto der Welt! Rostet halt ein bisschen, aber ansonsten wirklich treu. Was habe ich damit schon für Umzüge gemacht oder tonnenschwere Steinplatten transportiert – merkt man dem Auto gar nicht an. Wir fahren damit auch immer rauf zum Camping nach Dänemark.«

»Oh, wie schön«, sage ich und nicke bestätigend, bin dann aber doch etwas irritiert. »Moment«, hake ich ein, »aber der Transit ist doch ein Lieferwagen. Also ohne Fenster …«

»Ja und? Matratzen hinten rein, paar Klamotten und gut ist«, gibt er zurück. Na klar, wer guckt beim Schlafen auch aus einem Fenster. Hat er Recht.

Ich lächele zurück. »Aber Sie reisen ohne Kind.«

»Quatsch. Mein Sohn hüpft hinten raus und dann sehe ich ihn bis Urlaubsende nicht mehr wieder. Der spielt ja den ganzen Tag. Der Platz ist der Hammer. Das ist ja kein Campingplatz mehr, wie man das noch von früher kennt …«

Und so plaudern wir angeregt und tauschen uns aus über eine altehrwürdige Instanz im Familienreisegeschäft, den Campingurlaub. Minimalistisch nur mit Zelt oder im Luxussegment mit Riesencamper oder -wohnwagen auf einem Megacampingplatz, der eher an Disneyland erinnert als an einen schattigen Acker.

Solltet ihr ab und an über neue Reisen, Ziele und Welten grübeln, wie wäre es denn mal zur Abwechslung mit einem kleinen Campingtrip?

Auf einem Zeltplatz im Umkreis oder vielleicht sogar im Nachbarland? Noch näher an der Natur geht's gar nicht, und kuschelig ist es im Zelt auch. Wer mit Kind und Kegel draußen schlafen will, der sollte nach Möglichkeit ein anständiges Familienzelt kaufen, in dem ihr alle aufrecht stehen könnt und in dem es abtrennbare Wohnteile gibt. Die Kinder haben ihr Reich und ihr das eure. Das macht das Leben gerade bei einem längeren Aufenthalt angenehmer. Zudem passen euer Proviant, eure Taschen, Geschirr, Töpfe etc. mit rein. Seid ihr zu dritt oder zu viert, dann kauft euch lieber gleich ein Sechsmannzelt. Wisst ihr noch nicht so recht, ob der sich wie ein Zelt allmählich aufrichtende Campingfan in euch ein ernstzunehmender Teil eurer freakigen Persönlichkeit ist oder nur ein Opfer all der eine bessere Welt versprechenden Outdoor-Werbung, dann könnt ihr euch auch ein Zelt auf dem Platz ausleihen. Das müsstet ihr aber unbedingt vorher telefonisch anmelden. Oder ihr organisiert euch noch zu Hause eins, z. B. über www.leihdirwas.de.

Einmal im Jahr fahre ich mit meinen Kindern zum Zelten nach Aaro, Dänemark. Aaro ist eine kleine Insel an der Ostseeküste, die gefühlt aus nicht mehr als diesem einen Campingplatz besteht. Für Kinder ein Paradies. Nicht übertrieben ausgestattet, sondern einfach mit einem netten Spielplatz, einem unaufgeregten Strand in der Nähe und einem Kiosk mit Süßigkeiten, frischen Brötchen und Ofenpizza. Noch Fragen? Dann schaut mal hier: www.aaro-camping.dk.

Für diese jährliche Wiederholungstat habe ich uns ein Drei-Mann-Zelt zugelegt, für das ich bei Globetrotter, dem Outdoor-Mekka, ein halbes Vermögen, sprich mehrere hundert Euro hingeblättert habe. Dafür ist das Zelt wirklich top. Denn es regnet in Dänemark mit hundertprozentiger Sicherheit jedes Mal am Tag nach unserer Ankunft. Und noch nie ist ein

Tropfen durchgekommen. Auf die Qualität solltet ihr definitiv achten, also nicht irgendein Billigzelt kaufen. Neben einer soliden Wassersäule ist ein integriertes Insektenschutzzelt als Kerngehäuse ebenfalls ein empfehlenswertes Extra. Ist es nämlich richtig heiß, könnt ihr die Schutzplane lupfen und ohne Mückenstiche bei einer erfrischenden Brise einen fantastischen Blick in die Sterne wagen. Ansonsten ist Taschenlampe angesagt. Klar, im Zelt immer praktisch. Und Kinder lieben Taschenlampen. Nachtwanderungen sind Pflicht. Obendrein habe ich immer ein Kopflicht mit dabei, wenn ich im Dunkeln mal etwas in der Reisetasche suche und beide Hände brauche. Zum Schlafen habe ich mir noch sich selbst aufblasende Isomatten andrehen lassen – dagegen sind Schlaraffia-Matratzen ein Nagelbrett – und habe für die Kinder entsprechende Junior-Schlafsäcke gekauft, die aber unter 0 Grad Celsius nicht tauglich sind. Wir campen im August.

Camping ist ein Paradies für alle Menschen, die gerne mit ihrem kompletten Kleiderschrank reisen und sich im Laufe eines Tages diverse Mal umziehen. Im Ernst. Ihr müsst bei einem Campingtrip auf alles gefasst sein. Erst Fleecejacke, dann Badeanzug, anschließend Regenhose. Erst Sonnenhut, plötzlich wasserdichte Kapuze. Sonnenmilch und Kopfbedeckung sind im Sommer Pflicht, sicherlich auch Insektenschutz. Plant also sämtliche Schlecht-Wetter-Varianten ein, aber orientiert euch beim Packen vor allem an Land und Klima.

Camping ist nicht Camping, wenn ihr nicht versucht, mit einer läppischen Gaskartusche ein Dreigängemenü zu zaubern.

Gut, das ist vielleicht ein bisschen gemogelt. Vorspeise: Rohkost. Hauptgericht: Nudeln. Nachspeise: ein Eis vom Kiosk. So sieht es aus, wenn die Kinder mit Papa zelten gehen. Auch Babybrei lässt sich mithilfe der einen Flamme fantastisch anrühren.

Ansonsten könnt ihr auch mal einen Eintopf aus der Dose zaubern oder ein Süppchen zubereiten, euch Eier kochen und Wasser für Tee und Kaffee aufsetzen. Als besonders geeignetes Kochgeschirr hat sich ein leichtes Alu-Topfset, das ich in einem alten Military-Shop für weniger als zehn Euro erstanden habe, herausgestellt, drei Töpfe in unterschiedlichen Größen und zwei Schalen. Außerdem nehmen wir Kinderplastikteller, -messer und -gabeln von Ikea mit und zwei, drei Bestecksets für uns Erwachsene. Feuerzeug, Streichhölzer und ein Taschenmesser sind auch noch wichtig. Damit seid ihr für das Essen ausreichend ausgestattet. Campingfüchse essen aber nicht auf dem Schoß, sondern am Tisch. Campingtisch und -stühle findet ihr in allen Preisklassen. Wenn ihr drauf verzichtet, auch nicht schlimm, denn auf vielen Campingplätzen gibt es Tisch-Bank-Kombinationen, an die ihr euch einfach setzen könnt.

Weil ihr sicher auch mal abspülen wollt, nehmt je nach Aufenthaltsdauer eine große oder kleinere Flasche Spüli mit. Dazu einen Schwamm. Auf einigen Campingplätzen gibt es neben Waschmaschinen auch Kühlschränke und Eistruhen. Wer keine elektrische Kühlbox hat, die sich über den Zigarettenanzünder oder Steckdose am Platz mit Strom versorgen lässt, der greift auf die gute alte einfache Kühltasche zurück und erneuert die Kühlpacks vor Ort.

Außerdem praktisch: ein Töpfchen für größere Kinder, vor allem, wenn der Weg zur Toilette weiter ist, oder überhaupt bei längerer Anreise zum Campingplatz. Ein Frischwasserbehälter ist noch empfehlenswert, damit ihr nicht für jedes Ei, das ihr kochen wollt, zum Wasserhahn laufen müsst.

Ebenfalls als praktisch erwiesen hat sich ein Gummihammer, um die Heringe fürs Zelt in den Boden zu kloppen. Ich habe keinen und leihe mir daher immer vor Ort bei anderen Campern einen aus. Auch ganz wichtig für alle Camping-MacGuyvers: eine wasserfeste Plane. Ich lege sie zur Sicherheit immer unter das Zelt, um die Feuchtigkeit vom Boden abzuhalten. Ist es komplett trocken und eher heiß, lässt sie sich auch kurzerhand zum Sonnenschutz umfunktionieren. Nicht nur wichtig, sondern ein absolutes Muss ist die Reiseapotheke (siehe hierzu die Empfehlungen für die Reiseapotheke ab Seite 162).

Für alle, die mit Baby reisen: Essen zubereiten ist wie gesagt kein Problem. Das Waschen eures Babys könnt ihr mit einem gemeinsamen Duschgang verbinden. Auf einigen Campingplätzen findet ihr feudale Nassbereiche mit Babywaschbecken, oder ihr nehmt eine kleine Plastikwanne mit (die sich auch hervorragend für das Einweichen von Handwäsche oder als mit Eiswürfeln gefüllte Getränkewanne eignet). Fahrt ihr mit dem Auto, könnt ihr ein Baby-Reisebett oder zumindest eine aufblasbare Minimatratze für euren Campingzwerg mitnehmen. Selbst Hochstühle existieren als Campingversion. Greift zu.

Noch eine kleine Notiz unter Reiseeltern: Voriges Mal campte direkt neben uns eine belgische Familie mit drei Kindern, zwei im Alter meiner Mädchen und ein Baby. So süß es auch bei hellichtem Tageslicht war, machte es die Nacht zum Graus, weil es ständig meckerte, nörgelte und schrie, bis ich schließlich zu Ohrenstöpseln griff. Zeltwände halten keinen Lärm ab, daher: Wer mit einem Baby zeltet, das sich gerne die Nacht zum Untertan macht, der sollte sich auch zur eigenen Entspannung eine Stelle auf dem Campingplatz suchen, die möglichst weit ab vom Schuss liegt, oder besser, im Camper oder Wohnwagen (hält immerhin ein bisschen mehr Lärm ab) schlafen oder eine Blockhütte anmieten.

Tradition gewinnt

Papa hat Mundgeruch, Mama platt gelegene Haare, aber die Stimmung ist bombig. Das kann nur einen Grund haben: Die Nacht war ein Traum. Wie das? Ihr haltet trotz Nahnaturerfahrung an eurem gewohnten Einschlafritual fest! Vorsingen, ein Buch lesen, ein Spiel – wie auch immer ihr eure Rampe in den Sinkflug im Alltag gestaltet: Behaltet sie bei. Das beruhigt und lässt besser einschlafen!

Mittlerweile könnt ihr nämlich auf einem durchschnittlichen Campingplatz von einem komplett ausgestatteten Zelt bis zu Wohnwagen oder Hütte mit Whirlpool und WLAN alles Notwendige für einen Campingurlaub anmieten. Praktisch für Erstcamper und alle, die keine Lust auf Besitz und Lagerung von all dem Equipment haben.

Wie verpackt ihr euren ganzen Kram? All euer Gepäck und eure Ausrüstung verstaut ihr in wasserabweisenden Reisetaschen. Besser noch, ihr deponiert alles in Alu- oder Plastikboxen. Enge und schmale Taschenöffnungen erschweren das Suchen, da sind Kisten einfach praktischer. Ein weiterer Vorteil: Die Dinger lassen sich stapeln und einfach vor die Tür stellen, wenn es euch im Zelt zu eng wird. Für den Campingtisch und andere sperrige Gegenstände könnt ihr auf eine Dachbox zurückgreifen (gibt es auch zum Ausleihen).

Viele Campingplätze sind ganz auf Familienbesuch eingestellt und bieten neben einer nahezu perfekten Ausstattung für Kinder und Babys vom Ess- bis Waschbereich, Poollandschaften, diverse Bars und Restaurants, Kinderanimation, Tanzkurse und sogar Babysitter an. Supermärkte, kleine Shoppingmeilen und alles, was ihr fürs Baby benötigt, findet ihr dort genauso wie Hallenbäder oder überdachte Schlechtwetterspielplätze.

Habt ihr euch einen Campingplatz ausgesucht, lohnt es sich, vorab einen Stellplatz anzumieten, erst recht, soll es der romantische mit Blick aufs Meer sein.

Weitere Tipps für campende Eltern

- Zeit für ein Mittagsschläfchen? Achtet darauf, dass ihr euch nicht direkt neben dem Campingplatz-Karussell niederlasst, sonst wird das mit der Ruhe nichts. Dennoch darf das ausgewählte Eckchen euren Kindern die Möglichkeit einräumen, mit den Genossen aus der Nachbarschaft anzubändeln, während ihr im Bademeisterstyle alles ganz entspannt im Blick behaltet.

- Die Anlage sollte kleinkindgerecht sein: abgesperrte Pools und Wasserbecken, keine steilen Treppen, kinderwagen- und buggytaugliche Wege und mindestens Schritttempo-Pflicht, wenn nicht gar Autoverbot auf dem Platz herrscht. Und gerne kann ein Sicherheitsdienst auf dem Gelände »herumlungernde Unbefugte« entfernen.
- Neben den herkömmlichen Swimmingpools wären »Special-Interest«-Bassins wie Kleinkind- und Babybecken eine gelungene Abwechslung, sonst ist es ja auch langweilig für die Nichtschwimmer-Dötze.
- Und wenn wir uns noch im Bereich der medizinischen Versorgung vor Ort etwas wünschen dürften, dann würde ein deutsch- oder englischsprachiger Kinderarzt in erreichbarer Nähe den Campingplatz geradezu adeln.
- Angenommen, ihr reist mit Kleinkindern, dann lieber um die Schulferien herumbuchen, da a) günstiger, b) nicht so voll und c) oftmals noch nicht oder nicht mehr zu heiß.

Wild Campen ist nur in Norwegen, Schweden und Finnland erlaubt.

Lasst uns noch kurz zwei Worte über Wohnwagen und Wohnmobile verlieren. Das Praktische am Wohnwagen: Er bleibt auf dem Campingplatz, während ihr mit eurem Auto zum Strand düst. Der Vorteil eines Wohnmobils: Es ist ein Raumwunder mit für Kinder spannenden Schlafbereichen und ihr müsst nicht extra alles zusammenpacken, wenn ihr weiterfahren wollt. Es befindet sich immer alles an Bord.

Hier ein paar Anstöße in Sachen Campingplätze:

www.happy-family-camping.de (Camping-Ferienanlagen in Europa, die familienfreundliche Mindest-Qualitätskriterien erfüllen)

www.leadingcampings.com (Campingplätze in Europa)

www.camping-indigo.com/de (Frankreich)

www.campingfuehrer.adac.de/home/index.php (ADAC-Campingführer)

www.camping-mit-kind.de (Campingplatzempfehlungen von Eltern für Eltern)

... einem Bauernhoftrip?

Muh, mäh, wuff, miau, oink – los geht's auf den nächsten Bauernhof mit Übernachtungsglück im Stroh. Mehr als 25 000 Höfe, vom Obst- über den Gemüsebauern bis hin zum Reiterhof bieten inzwischen Urlaub auf dem Bauernhof an. Gerade für betongeplagte Stadtkinder ist die saftige Dosis »Natur« mit ihrem Biolärm wie Vogelgezwitscher, Kuhmuhen und Schafsblöken ideal. Je nach Alter, Lust und Laune können die Kleinen den Bauern richtig zur Hand gehen: Milch fürs Frühstück melken, Hühnerei aus dem Stall holen, Butter selbst machen, Brot backen, Tiere füttern, Ställe ausmisten, Ernte einfahren und lagern – die Mini-Farmer lernen, wie unsere Lebensmittel entstehen, was mit ihnen geschieht und wie anstrengend diese Arbeit sein kann. Hier wird ordentlich mit angepackt und auch Mitverantwortung für die Tiere übernommen (vielleicht kalbt sogar eine Kuh, oder es kommt ein Fohlen zur Welt).

Lassen wir das fleißige Schuften aber mal außen vor, ist so ein Trip auf den Bauernhof mit dem beliebten Drumherum wie Ponyreiten, in der Scheune spielen oder Stockbrotbacken am Lagerfeuer einfach eine tolle Gelegenheit, unseren Süßen die Natur näherzubringen und gemeinsam runterzukommen. Zeigt mir das Kind, das hier keinen Spaß hätte, Tierhaarallergiker mal ausgenommen.

Allen, die einen Bauernhof mit DLG-Auszeichnung besuchen möchten, und dafür auch eine längere Anfahrt in Kauf nehmen würden, sei diese Seite ans Herz gelegt: www.landtourismus.de.

Übersichten über Bauernhöfe im ganzen Land findet ihr auch unter: www.landsichten.de oder www.bauernhof-urlaub.de.

... einem Städtetrip?

Wir unternehmen mit unseren Kindern regelmäßig Städtereisen. Schon seit Romy wenige Monate alt ist. Es gibt in Deutschland und Europa sagenhafte Metropolen, die ihr unbedingt besuchen müsst und die auch jede Menge Programm für Kinder bieten. Denn bei eurem Verlangen, euch die eine oder andere Sehenswürdigkeit zu gönnen, dürft ihr nicht vergessen, dass euer Zwerg sich an Michelangelos Schaffen vielleicht noch nicht so ergötzen kann wie ihr. Mit einem Eis, einem Spielplatz oder einem Strand in der Nähe lässt sich bei eurer Miniausgabe schon einiges mehr bewirken. Und doch verschlafen auch viele bekannte, besichtigungswürdige Museen nicht den Trend und locken mit eigenen Kinderausstellungen oder speziellen Kinderführungen durch Museumspädagogen. Dies kommt der Tatsache entgegen, dass die kleinen Biester wissensdurstig ja nur allzu gerne und unablässig nach dem Warum fragen. Also solltet ihr bitteschön euer geplantes Seniorenprogramm nach möglichen Kinderversionen abklopfen und überhaupt im Vorfeld kräftig recherchieren, wie die Kinderbelustigung in der jeweiligen Stadt konkret aussehen kann. Hits für Kids gibt es überall.

Je nach Alter bereitet euer Kind auf die Reise, von Anreise – Achtung, es geht ins Flugzeug, Schatz! – bis hin zur Unterkunft und dem möglichen Programm vor. Hier gezielt Highlights und wahre Perlen für Kinderherzen einzubauen, muntert schon vor Reiseantritt bedeutend auf und sorgt für eine schier unbändige Vorfreude. Für unseren Romtrip habe ich Romy und Hanna damals einen Kinder-Stadtführer gekauft, der auf kindgerechte Art und Weise die Sehenswürdigkeiten dort erklärt. Gerne schauen wir uns auch gemeinsam kleine Lonely-Planet-Filmchen über unser Reiseziel auf Youtube an. Ich google unseren Zielort und suche einen Film darüber, der das Wichtigste in maximal vier bis fünf Minuten zusammenfasst, und dann stimmen wir uns gemeinsam darauf ein.

Je nach Dauer der Reise entscheiden wir, ob wir in einem Hotel absteigen oder lieber ein zentral gelegenes Apartment oder eine Wohnung anmieten. Je kürzer die Aufenthaltsdauer, desto eher tendieren wir zum Hotel, weil wir die kostbare Zeit lieber damit verbringen, die Atmosphäre des Landes

in uns aufzusaugen, im Restaurant die nationalen Spezialitäten zu probieren oder einfach nur ein bisschen herumzu-
schlendern, statt selbst zu kochen und dann zwangsläufig in
der Bude zu hocken.

Auf diese Art verläuft unsere gediegene Fassung eines Städ-
tetrips. Wir haben ihn aber auch schon als Spontanerlebnis-
Tour verbracht. Und zwar wie folgt: Spontan fliegen gestaltet
sich erfahrungsgemäß eher schwierig, wegen der analog zum
näher rückenden Abflugzeitpunkt steigenden Preise, aber es
gibt ja auch noch easyJet oder Ryanair. Wer will, wird hier
mit Fernzielen um die 50 Euro belohnt. Und so sind wir nach
Edinburgh (siehe »Wo soll es denn hingehen? Edinburgh,
S. 59 ff.) geflogen, nicht ohne zuvor ein paar kleine Regeln
festgelegt zu haben:

1. Keine Planung
2. Stadtführer erst vor Ort kaufen
3. Keine Vorabbuchung einer Unterkunft
4. Einziges Gepäckstück: ein Familien-Rucksack (inklusive
   Windeln!)
5. Kein Spielzeug
6. Fünf Pixi-Hefte (freie Auswahl)
7. Ein Kuscheltier

Das war's. Warum wir uns selbst so eingeschränkt haben? Wir
wollten die Extragepäckkosten bei Ryanair nicht zahlen …
Nein, im Ernst: wir wollten leicht und mobil sein, uns einfach
für vier Tage fallen und treiben lassen, die Bälle aufnehmen,

wie sie uns zurollten, und Romy, damals noch zweijähriges Einzelkind, nicht dauerhaft »bespielen«. Wenn es kein Spielzeug gab, gab es eben keins. Punkt. Dieser Trip wurde tatsächlich zu einem der besten in unserer Familienhistorie, weil nahezu alles passte. Zeit, Attraktionen, Größe der Stadt – perfekt.

Und wenn ihr auf eurem Städtetrip nicht auf einen Strand verzichten wollt, hier einige Städte, die neben vielen Sehenswürdigkeiten auch mit einem solchen prahlen können: Hongkong, Barcelona, Nizza, Rio de Janeiro, Stockholm, Sydney, Tel Aviv, Miami, Porto.

Special: Papa-Kind-Reise

Mama ist jetzt kurz mal außen vor. Bei aller Liebe für die Kraft der gemeinsamen Familientrips habe ich persönlich zweimal im Jahr den Drang, alleine mit meinen Kindern eine Minireise zu unternehmen. Ein Wochenende an der Küste, ein Trip zur Oma oder zwei Tage Freizeitparkspaß, wir finden immer etwas, auf das wir alle Lust haben. Kristy freut sich über ein Wochenende für sich, und ich freue mich über eine intensive Zeit mit den Kleinen, frei von Hinweisen und Ratschlägen ihrer Mutter à la »Aber sie mag das Brot doch nur ohne Kruste« oder »Händewaschen nicht vergessen!« – ja, ja, wir sind ja übermorgen wieder da!

So ein Ausflug mit ein oder zwei Übernachtungen stellt eine willkommene Abwechslung zum Alltag dar. Gerade wenn eine beruflich intensive Phase hinter einem liegt

---

oder man in den vergangenen Wochen einander nicht so recht nah war, kann so ein Trip ein sich wieder Annähern bedeuten.

Ich erledige zum Beispiel viele Aufgaben anders als meine Frau, die sehr mit festen Abläufen arbeitet, während ich gerne einzelne Elemente kippe oder kurzerhand ändere, wie etwa die Art und Weise, wie das Abendessen eingenommen, zu welcher Musik vor dem Schlafen viel zu ausgelassen getanzt oder wie fahrlässig bekleidet morgens das Haus verlassen wird. Die Kinder freuen sich immer sehr über die Abwechslung im Umgang mit ihnen. Probiert es doch einfach mal aus!

... einem Wanderurlaub?

Der einzige echte Versuch einer Wanderung, den wir jemals ernsthaft unternommen haben, war eine Tour durch den Lorbeerwald auf La Palma, Bosque de los Tilos. Freunde von uns, die bei jedem Treffen von der Wanderlust ihrer Tochter schwärmten und sie bei Bedarf einfach streckenweise per Kraxe auf dem Rücken transportierten, hatten uns den Floh ins Ohr gesetzt. Und wir als Naturliebhaber und Wandervögel wollten nachziehen. Kurz: Es misslang. Die Tortur begann bei strömendem Regen, zog sich durch den unkoordinierten, bzw. nicht vorhandenen Wanderplan hin und endete damit, dass Romy an irgendeiner Stelle ihr Kuscheltier fallen ließ –

der SuperGAU überhaupt! Seitdem sind wir lange Zeit nicht mehr ohne Kuscheltierdouble im Koffer gereist …

Nach 30 Minuten brachen wir komplett aufgeweicht die krude Wandernummer ab, gaben die für 50 Euro den besagten Freunden abgekaufte Trage wieder zurück und haben seitdem keinen Wanderschuh mehr geschnürt. So geht das eben nicht. Wer mit Kindern wandern will, muss sie schon von vornherein mit in die Planung einbeziehen. Die Wanderstrecke sollte in Etappen, und zwar lieber kürzere, eingeteilt werden. Und ohne Spitzenziele wie zum Beispiel einer Übernachtungsmöglichkeit auf einem Hof mit Tieren, mit tollem Spielplatz, mit Badesee und so weiter lockt ihr die tapferen »Wanderlinge« ohnehin nicht aus der Reserve. Vermutlich lässt sich nicht auf jedem Teilabschnitt an rauschenden Bächen spielen oder eine idyllisch grasende Rehfamilie beobachten, weshalb »Themenaufgaben« während der Wanderung ein probates Mittel zum Durchhalten sind, wie zum Beispiel Tiere zählen, Lieder singen, Wolkenformen deuten oder Geschichten erzählen – hier könnt ihr euch kreativ austoben. Klasse ist es natürlich auch, wenn ihr ein Fernglas mit dabei habt und Vögel beobachtet oder Pflanzen und Kräuter erkundet. Während des Wanderns lässt sich auch Ausschau nach Pilzen halten, oder ihr könnt am Bach ein kleines Holzbötchen bauen und es im Rahmen einer kleinen Zeremonie auf den Namen eures Kindes taufen. Kitschig, aber wirkungsvoll.

Seid ihr auf Wandertour, lasst euch nicht von dem Genörgel und Gemaule des unfertigen kleinen Menschenexemplars mit Profilsohle irritieren bzw. erweichen. Es weiß nicht, was es tut.

Aber ihr wisst, wie es besser flutscht: Baut mehr Pausen mit Leckereien ein und vermittelt pappnasenfrei Spaß und Freude. Denkt dran, coole, spannende Pfade mit Zielen wie Badeseen, Höhlen und Ähnlichem zu wählen und der pöbelnde Gnom frisst euch aus dem Schuh. Darf es jetzt auch noch fair sein, drosselt das Marschtempo.

Wenn ihr mehrere Kinder habt oder euch bei Freunden noch welche ausleihen könnt, wirkt das beim Wandern wahre Wunder. So »pushen« sich die Gebrüder Wanderschuh nämlich gegenseitig und die Tour wird nicht ständig hinterfragt. Denn mit Aussicht und Panorama braucht man Kindern so gar nicht zu kommen. Das interessiert sie nämlich nicht die Bohne.

Noch mehr Infos rund ums Wandern mit Kindern findet ihr hier:

www.wandern-mit-familie.de
www.alpenverein.de

Die Must-Haves für eure Wandertour:

(Kosmos) Tier- und Pflanzenführer, Fernglas, GPS-Gerät, Paketband und Taschenmesser, Kompass, Wanderkarte, Trinkflasche mit Wasser, Handy, Sonnenschutz, gutes Schuhwerk.

... einem Relax- und Spa-Urlaub?

Kaum einer lümmelt länger als eine Woche auf Massagebän-
ken, in Saunen oder Whirlpools. Aber eine kleine Entspan-
nungskur zwischendurch, für ein paar Tage, darf schon drin
sein. Wenn es sich einrichten lässt, verkrümeln Kristy und ich
uns alle zwei Monate mal für ein Wochenende in einem Spa-
Hotel. Meine Schwiegereltern übernehmen dann zu Hause das
Regiment, ziehen vorübergehend ein und verwöhnen die Kleinen, bis sie platzen. Vor Lachen. Vor Essen. Vor Programm.
Und wir zwei Turteltäubchen genießen die anfangs stets be-
fremdlich wirkende Ruhe (von 110 Dezibel – zwei Kinder =
Kreissäge – gen Null) und Zweisamkeit, die Zeit nur für uns
allein und die zwei fremden Hände, die einen so richtig kraft-
voll durchkneten – Ganzkörpermassage! Da blühen wir jeder
für sich und als Paar richtig auf. Endlich wieder ungestörte
Schäferstündchen, ausgedehnte Speiseorgien und dann noch
der Absacker an der Bar. Am nächsten Morgen ein bisschen
Schwimmen, Sauna, Dampfbad und Frühstück – kein Witz,
für mich ist das eine notwendige Wiederaufnahme des Kon-
taktes zu sich selbst. Wir werden zertrümmert angeliefert, und
kommen geheilt und als Ganzes wieder heraus. Diese Paar-
Spa-Wochenenden sind magisch!

Einen kurzen, erfrischenden Wellness-Aufenthalt haben wir
aber auch schon als Familie verbracht. Und ihr werdet lachen,
selbst für die Kleinen gibt es schon Massagen oder Saunagän-
ge. Selbst Babys ab drei Monaten dürfen in die Schwitzstube,
jedoch nicht länger als drei Minuten. Außerdem muss man dabei stark darauf achten, welcher Aufguss dort verwendet wird.

Wir haben es nie gemacht, ich persönlich halte es auch für totalen Schmarrn, sein Baby in die Sauna zu schleppen. Wozu? Wichtigste Voraussetzung bei der Buchung des Hotels, in dem ihr eure Wellness-Anwendungen in Anspruch nehmen möchtet, ist das Vorhandensein eines Mini- und Kinderclubs. Nur, wo ihr sicher sein könnt, dass eure Kinder gut versorgt und betreut werden, lassen sich alle viere von sich strecken. Checkt doch mal die hier:

www.familotel.com

www.a-rosa.de

www.familienhotels.de

... einer Trekkingtour?

Wir haben uns bereits für das Zelten und das Wandern erwärmen dürfen – fehlt jetzt noch die Kombination aus beidem: das Trekken, ausschließlich zu Fuß oder wahlweise zusätzlich mit Fahrrad, Motorrad, Pferd, Esel oder Kamel. Auch das ist mit eurer Elternschaft nicht aus der Welt. (Ich kenne allerdings nicht sehr viele Eltern, die darauf aus sind, mit Baby oder Kleinkind im Schlepptau wochenlang durch wunderschöne, teils menschenleere Landstriche zu marschieren. Dann noch Campen und ständig das Geschäft in der Natur verrichten – das kann alles sehr romantisch sein, aber nach einigen Tagen auch arg nerven. Am Ende ist das sicherlich eine Frage der persönlichen Reisesozialisierung.)

Wer seinem Kind das Trekking nahebringen will, ist gut beraten, die bereits beschriebenen Wandertipps geistig zu inhalieren. Integriert ihr die Kids dann auch noch in die alltäglichen Arbeiten, wie die Schlafstätte zu errichten und abzubauen, das Essen zuzubereiten, das Erdloch für die Notdurft auszuheben und Ähnliches, werdet ihr vermutlich dankbare kleine Reisebegleiter und eine Menge Spaß haben.

Trekking ist geführte Anarchie im Feld und nix für verwöhnte Luxusurlauber. Baby am Bauch oder Kinder in der Trage, dazu die riesigen Rucksäcke – für Obelix ein lausiger Witz, für Neulinge ein gewichtiger Hinkelstein auf dem Rücken. Takt und Reisetempo werden von den Kindern vorgegeben. Weit und breit keine Gleichaltrigen, kein Spielplatz, kein Kiosk mit Eistruhe. Heute blauer Himmel, Sonnenschein und Rehe vor dem Zelt, morgen Finsternis, Dauerregen und ein faustgroßer Adlerschiss im Haar – das ist erdig, das ist rough, nix für Faulpelze und einfach das natürlichste Leben, von dem ruhig jeder mal ein bisschen kosten darf.

Für alle Trekkingfans mit Anhang sicherlich eine Inspiration: Stefan Rosenbooms wunderbares Buch *Siljas Reisen. Vom Glück als Familie unterwegs zu sein.*

Außerdem zum Thema Trekking:
www.trax.de
www.alpenverein.de

Spannend: Nepal-Trekking!

Nepal ist a) nicht der Touri-Magnet par excellence und b) ein wirklich fesselndes, naturreiches Reiseziel. Trekking gehört hier mehr oder weniger zum guten Ton. Ihr könnt Tagestrips, aber auch längere Touren machen. Trekkingführer, Gepäckträger oder auch Tragevorrichtungen für die Kinder könnt ihr vor Ort buchen.

... einem Skiurlaub?

Gute Freunde von uns haben es getan: Sie haben nach Jahren der Elternschaft endlich wieder ihrem alten, so lieb gewonnenen Hobby gefrönt, dem Skifahren. Satte acht Tage lang, in Österreich, es lag richtig viel Schnee. Und ja, sie haben ihre zwei Töchter, sechs Monate und sechs Jahre alt, mitgenommen. Was haben sie getan? Die Große hat an einem Skikurs teilgenommen, Mama ist die ganze Zeit die Piste rauf und runter gedüst und auch Papa hat sich, wenn er die Kleine für ein paar Stunden der Babybetreuung anvertraut hat, auf die Skier gestellt oder ist rodeln gegangen. Alle kamen glücklich und tiefenentspannt von der Reise zurück.

Wenn auch ihr einen Skiurlaub plant, haltet Ausschau nach familienfreundlichen Skiregionen. Weniger Après-Ski, dafür mehr Kinderbetreuung, Kinderskischulen, Kitas mit Rodelangebot, abgetrennte Übungspisten nur für Kinder etc.

Mehr Infos findet ihr hier:

www.skiresort.de/beste-skigebiete/sortiert-nach/familien-kinder/

www.schneehoehen.de

www.adac-skiguide.de/de/

Im Folgenden ein paar besonders beliebte Reiseziele skibegeisterter Familien:

- **Serfaus-Fiss-Ladis, Österreich.** Hier ist einfach alles auf Kinder eingestellt: Neben üppigen Pistenkilometern erwarten die Kinder ein Märchenwald und Kinderspielwelten, ein Höhlenland und eine Indianerwelt und vieles mehr.
- **Dachstein West, Salzburger Land.** An jeder Ecke gibt es Kinderwelten und -paradiese, somit ist für eine ganze Menge Indoorspaß für die Kids gesorgt, während es euch auf die Piste zieht.
- **Toggenburg, Schweiz.** Was die Österreicher können, können die Schweizer auch. Kinderalarm herrscht in Toggenburg in der Ostschweiz. Auch hier sind viele familientaugliche Pisten und unterhaltsame Kinderaufbewahrungsparks geboten.
- **Arber, Bayerischer Wald.** Deutschland glänzt mit XXL-Sessellift, Skikarussell und Kinderpark.
- **Loferer Almbahnen, Salzburger Land.** Kinderlift, Kinderland – alles gut!

... einem Freizeitpark-Trip?

Disneyland Paris, Hansa-Park, Europa-Park Rust, Legoland ... für Klein, Mittel und Groß geht hier die Luzie ab. Achterbahn, Geisterbahn, von Streichel- bis Safarizoo, Wasserrutschen, Wildwasserbahn oder Gokart-Anlage. Denkt euch was aus, und ihr werdet es in einem dieser Mega-Amusement-Parks finden. Genauso wie ein Hotel, um gleich ein ganzes Wochenende oder die gesamten Herbstferien dort zu verweilen. TripAdvisor hat 2013 aufgrund von Millionen von Bewertungen für verschiedene Orte auf der Welt den »Traveller Choice Award« ausgelobt. Hier die beliebtesten Freizeitparks in Deutschland:

1. Europa-Park Rust (Baden-Württemberg)
2. Phantasialand, Brühl (Nordrhein-Westfalen)
3. Playmobil FunPark, Zirndorf (Bayern)
4. Heide Park, Soltau (Niedersachsen)
5. Legoland, Günzburg (Bayern)
6. Freizeitpark Ravensburger Spieleland, Meckenbeuren (Baden-Württemberg)
7. Sensapolis, Sindelfingen (Baden-Württemberg)
8. Karls Erlebnis-Dorf, Rostock (Mecklenburg-Vorpommern)
9. Hansa-Park, Sierksdorf (Schleswig-Holstein)
10. Tripsdrill in Cleebronn (Baden-Württemberg)

Und für all die, die mit Blick auf den persönlichen Kulturanspruch (Sprache, Sehenswürdigkeiten, Essen etc.) einen Freizeitpark im europäischen Ausland bevorzugen, im Folgenden die beliebtesten Freizeitparks in Europa. Allerdings liegt die Nummer eins tatsächlich in Deutschland:

1. Europa-Park Rust
2. Siam Park, Costa Adeje, Teneriffa
3. Le Puy du Fou, Les Epesses, Frankreich
4. Disneyland, Marne-la-Vallée, Frankreich
5. PortAventura Park, Salou, Spanien
6. Walt Disney Studios Park, Marne-la-Vallée, Frankreich
7. Zoomarine Algarve, Albufeira, Portugal
8. Efteling, Kaatsheuvel, Niederlande
9. Gardaland Resort, Castelnuovo del Garda, Italien
10. Tivoli Gardens, Kopenhagen, Dänemark

Und abschließend noch eine kurze Notiz zum besten Freizeitpark der Welt: Der Discovery Cove liegt natürlich in Orlando in den USA. Danach folgt schon der Europa-Park Rust.

... einem Ausflug ins Weltall?

Ihr könnt mit russischen Sojus-Raumkapseln ins Weltall fliegen (Vermittlung hier: www.spaceadventures.com) oder bei Richard Branson von Virgin einen Flug ins All – vielleicht neben Ashton Kutcher, der hat schon gebucht – klarmachen. Kostet euch schlappe 250 000 US-Dollar pro Person. Für die gesamte Familie wird das allerdings ganz schön teuer.

... einem Bootstrip?

Mein Bruder segelt einmal im Jahr eine Woche lang mit seinen Kindern – er hat drei und je nachdem, welcher Spross gerade Lust hat, heuert mit an – irgendwo in der Adria oder um die Balearen von Hafen zu Hafen. Sie lieben das erfrischende Bad in den Buchten und die Art Luxuscamping, die so ein Segelurlaub mit sich bringt. Geduscht wird im Hafen, gegessen an Bord oder auch mal im Restaurant und ansonsten sind die Segel gesetzt. Wer einen Bootsführerschein besitzt, der spielt voraussichtlich sowieso schon mit dem Gedanken, so einen Familiensegeltörn in naher Zukunft zu starten, wer keinen hat, nicht verzagen, der kann sich zum Beispiel auf der Mecklenburgischen Seenplatte Boote leihen, die auch ohne Führerschein gefahren werden dürfen, darunter auch Hausboote. Und ich erwähne es lieber noch mal nur zur Sicherheit, weil wir ja gerade gedanklich auf dem Wasser treiben: Eure Kinder sollten schwimmen können und immer Schwimmwesten tragen.

... einem Klosteraufenthalt?

Wenn ihr euch berechtigterweise nach all der Völlerei, Wollust, Faulheit und der konsequenten Erfüllung der weiteren vier Todsünden (Neid, Zorn, Geiz und Hochmut) in eurem fünften Urlaub in Folge in einem Drei-Sterne-Hotel auf einer plattgelatschten und überfüllten Baleareninsel schrecklich sündig fühlt, dann ist es Zeit, eure Last abzulegen. Natürlich im Kloster. Die Kinder werden betreut, während Mama und Papa religiösen und spirituellen Angeboten frönen können, so

sie denn wollen. Dazu gibt es Gottesdienst, Ausflüge, Tanzen und Singen und vieles mehr. Hier wird's angeboten:
www.kloster-nuetschau.de
www.kloster-ensdorf.de
www.stefanus.de (Kloster Heiligkreuztal)

My Home is your Castle – Social Travelling

Nachdem wir eine lang und sehr detailliert geplante Kanadareise wegen Rundumstress und einer schweren Mittelohrentzündung, an der Hanna damals laborierte, wenige Tage vor Reiseantritt abgesagt hatten – glücklicherweise griff die Reiserücktrittsversicherung (siehe Kasten Seite 145) –, benötigten wir dringend einen Alternativplan für die anstehenden Sommerferien.

Wir entschieden uns für je eine Woche Rom und Elba (siehe »Wie wäre es denn mal mit ...? S. 79).

Die Hotels in Rom direkt im Stadtzentrum schienen uns jedoch unbezahlbar. Inspiriert von einer blassen Erinnerung an die sehr stimmungsvollen Italienszenen und die charmant heruntergekommene Bruchbude von Julia Roberts in »Eat, Pray, Love«, klickten wir uns bei airbnb ein. Airbnb steht für »Air Bed & Breakfast« und ist eine Onlineplattform aus den USA. Hier vermieten Privatpersonen von dem kleinen Cottage in Schottland über das Sofa im Wohnzimmer in Buenos Aires bis hin zum Zimmer mit Seeblick im Haus mit Familienanbindung in Südfrankreich ein Quartier zu meist sehr moderatem

Preis. Von bereits dort gewesenen Urlaubern kann man sich die Bewertungen durchlesen und prüfen, ob das Refugium für Familien geeignet ist oder nicht.

Wir interessierten uns für zwei Zimmer plus winzigem Badezimmer in einer bewohnten feudalen Altbauwohnung im Zentrum Roms. Die Einrichtung war zwar spartanisch, aber gemütlich, und mit Blick auf die Lage schien uns der Preis mit nicht einmal 50 Euro pro Nacht einfach fantastisch günstig. Wir schrieben die Vermieterin, die Tochter der Eigentümerin, an, und innerhalb weniger Stunden war der erste Teil unseres Alternativtrips gebucht. Bezahlt wird übrigens mit Kreditkarte.

Nach einer Woche im heißen, vollkommen überfüllten Rom wechselten wir, kulturell komplett übersättigt, über in den Freizeitteil des Urlaubs: Elba! Auf der zehn Kilometer vom italienischen Festland entfernt gelegenen Insel buchten wir uns ebenfalls per airbnb eine Wohnung, die geschmackvoll eingerichtete Ferienbutze eines augenscheinlich stilsicheren Italieners, der in Rio nell'Elba, so der Name des erstmals im Jahre 1260 erwähnten Dorfes, in regelmäßigen Abständen mit seinen Lieben den Familienurlaub verbringt.

Von dem Augenblick an, als wir uns mit unserem in Rom angemieteten Mini-SUV elegant über die Schwelle Rio nell'Elbas schoben, regierte das klassische Italienklischee, wie wir es aus Filmen wie »Maria, ihm schmeckt's nicht!« oder »Don Camillo und Peppone« kennen. Wir landeten in einem mehrere Jahrhunderte alten 1000-Seelen-Bergdorf. Pittoresk, nostalgisch, fast schon kitschig schön. Schmale Gassen, steile Treppen, mittelalterliche Kirchen, ein antikes Waschhaus, ein malerischer Platz im Zentrum, die Piazza del Popolo (Volksplatz). Ein kleines verschlafenes Traumnest. Wir verliebten uns sofort in diesen Ort. Und daran änderte sich auch nichts, als ich uns bei einem Ausweichmanöver in einer schmalen Gasse den rechten Außenspiegel abfuhr. Ärgerlich für mich und eine wahre Spektakelfreude für die italienischen Greise auf der Piazza del Popolo, die sich natürlich über das Malheur des Poser-SUV-Deppen aus Deutschland köstlich amüsierten …

Hier der Link zu AirBed & Breakfast:

www.airbnb.com

Ähnliche Plattformen:

www.9flats.com

www.wimdu.com

www.gloveler.de

Das gibt es auch noch

Bei www.globalfreeloaders.com kann man sich registrieren lassen und dann als Schlafgast bei Privathaushalten anmelden. International und für umsonst! Als Familie irgendwo unterzukommen ist ja gefühlt erst mal ein größerer Anlauf, dem ist aber nicht so. Zumindest, wenn man sich selbst auch nicht nur als reisende Familie registriert, sondern auch als Gastgeber, der reisende Familien aufnimmt. Das kommt gut an und lässt den Türspalt breiter werden.

Ähnliche Plattformen sind: www.couchsurfing.com / www.bewelcome.org / www.hospitalityclub.org / www.staydu.com.

Vor allem Familien, die ein Eigenheim besitzen und die Welt

sehen wollen, ohne ein Vermögen auszugeben, sind schwer in der Haustausch-Community aktiv. Der Tausch der Häuser ist kostenlos, lediglich die Mitgliedschaft in der Tauschhausbörse schlägt mit Beträgen um die 100 Euro zu Buche. Wichtig: Ihr solltet mit den Tauschkollegen im Vorfeld ausgiebig kommunizieren, euch aktuelle Bilder schicken lassen und gemeinsam Spielregeln austüfteln. Eine mündliche Vereinbarung ist zwar nett, setzt aber besser eine schriftliche Vereinbarung auf über die Dauer des Tausches, die Übergabe nebst Schlüssel und wer über die Aufenthaltsdauer Strom, Wasser und Heizung zahlt. Auch schlau: wechselseitig eine Kaution zu hinterlegen. Wenn was zu Bruch geht, muss der Zerstörer aufkommen. Deshalb am besten beiderseits eine Bestätigung über Haftpflicht- und Hausratsversicherung des Tauschpartners vorlegen.

Entsprechende Websites sind www.homeforhome.com / http://www.germany.homelink.org / www.haustauschferien. com / http://de.intervac-homeexchange.com/listings.

Wer eher zelten will und sich nicht nur auf Campingplätzen tummeln möchte, ist bei www.campinmygarden.com richtig.

Und wenn es darum geht, der Deutschen liebstes Gut, das Auto, privat zu leihen, wendet man sich am besten an www. tamyca.de. Einfach registrieren und los geht's. Den Tagespreis legt der Eigentümer des Kraftfahrzeugs fest. Ansonsten geht's zu wie bei Tante Sixt oder Onkel Hertz, es gibt Teil- und Vollkasko, Haftpflicht etc. Außerdem muss artig ein Übergabeprotokoll geschrieben werden: Welche Schäden gibt es, wie ist der Kilometerstand und was hat die Karre sonst noch so auf Lager. Wie bei den Häusern ist es auch hier klug, sich rechtzeitig mit den Autobesitzern in Verbindung zu setzen, um dann auch rechtzeitig für den Ausflug oder den Urlaub einen fahrbaren Untersatz aus Privathand sicher zu wissen. Und die gibt es noch: www.autonetzer.de / www.erento.com / www.nachbarschaftsauto.de / rent-n-roll.tumblr.com.

Den Freunden des Drahtesels vor Ort hilft www.splinster.com weiter.

Und wie sieht es auf dem Wasser aus? Matrosensegen sei Dank, mit Segelschein in der Tasche kann man sich auf www.bootschaft.net ein Bötchen von der Jolle bis zur Yacht ausleihen. Den Preis gibt der Eigner vor. Registrierung und Mitgliedschaft ist kostenlos.

Wie lassen sich Länder besser erfahren als kulinarisch? Ganz besonders, wenn man dank des Internets in seinem Reiseland bei Einheimischen auf ein Abendessen in deren Haus eingeladen wird. www.livemyfood.com heißt die Plattform, wo sich Kochfreunde registrieren können, die für ihre Gäste zuhause kochen. Landestypisch versteht sich.

Ähnlich einladend scheint mir das Konzept von www.globalgreeternetwork.info. Hier bieten Einheimische an, den »Fremden« ihre Stadt zu zeigen.

Versichert reisen

Vorab ein kleiner Tipp: Meistens sind wir alle sogar mehrfach für einen Reiserücktritt versichert. Entweder weil der Partner bereits eine abgeschlossen hat, oder die Reise

---

ohnehin bei Abschluss eine entsprechende Rücktrittsversicherung enthielt, oder ihr unwissentlich über euer Kreditkartenpaket bzw. weil ihr die Reise mit einer Kreditkarte bezahlt habt, im Besitz einer solchen Versicherung seid. Will nur sagen: Es ist schlau, sich mal kurz die Unterlagen zu schnappen und ein Auge draufzuwerfen. Sind wir einfach oder mehrfach oder gar nicht versichert? Greift Letzteres, dann bucht euch noch mal fix eine Reiserücktrittsversicherung.

Folgendes ist bei Reiseversicherungen gut zu wissen: Bucht ihr im Reisebüro, fummeln sie euch da u. U. ins Gesamtpaket eine Reiseversicherung, mit der sie gerne zusammenarbeiten, das heißt, von der sie eine Provision kassieren. Dass diese Versicherung nicht unbedingt die beste oder günstigste ist, muss ich euch nicht sagen. Folgerichtig ist es sinnvoller, sich ins Netz zu stürzen und die Angebote sowie Preise verschiedener Versicherer zu vergleichen. Das »Universal-360-Grad-Super-Sorglos-Reiseversicherungspaket«, das einem diverse Reiseanbieter und Versicherer andrehen möchten, ist meistens überteuert und auch gar nicht notwendig. Darin sind nämlich teilweise Reisegepäck-, Reiseunfall- und Reisehaftpflichtversicherungen enthalten, die kein Mensch braucht, weil wir sie größtenteils über unser Basis-Versicherungspaket, das wir sowieso haben, abgedeckt haben. Das heißt Reisehaftpflicht läuft über private Haftpflicht, Reisegepäck über Hausratversicherung, und die Unfallversicherung ist natürlich zu Hause viel wichtiger. Habt ihr eine, greift sie auch im Ausland.

Wenn ihr verreist, braucht ihr in der Regel genau zwei Versicherungen:

1. Eine **Auslandskrankenversicherung** solltet ihr immer mit an Bord haben, für den Fall, dass ihr vor Ort einen Arzt aufsuchen, ins Krankenhaus oder gar final ausgeflogen werden müsst. Die gesetzliche Krankenversicherung trägt selbst bei Urlaub in EU-Ländern nicht alle Kosten! Private Krankenversicherungen decken zwar oft mehr ab, aber auch nicht alle Leistungen, wie zum Beispiel den Krankenrücktransport nach Deutschland.

   Wie der Versicherungsschutz im betreffenden Reiseland aussieht, solltet ihr vorab unbedingt einmal überprüfen und gegebenenfalls noch weitere Leistungen hinzu buchen.

2. **Reiserücktrittsversicherungen** sind unverzichtbar vor allem bei großen, das heißt langen und teuren Reisen, und meines Erachtens überhaupt eine notwendige und sinnvolle Investition bei Reisen mit Kindern – und wenn es nur der zweiwöchige Trip nach Fuerteventura ist. Eine solche Reiserücktrittsversicherung schließt in jedem Fall so bald wie möglich nach der Buchung ab. Viele Reiseversicherungen, darunter auch die Reiserücktrittsversicherung, fallen preislich oft sehr unterschiedlich aus,

je nachdem, ob eine Selbstbeteiligung vorgesehen ist oder nicht. Im Fall des Rücktritts von einer Reise müsst ihr in der Regel die Stornokosten übernehmen. Und die sind teilweise richtig happig. Kurz vor knapp die Reißleine gezogen, liegen die Stornierungsgebühren oft bei 100 Prozent. Anders ausgedrückt: Die komplette Kohle ist futsch. Wenn ihr eine Rücktrittsversicherung bucht, prüft gründlich, welche Reiserücktrittsgründe konkret versichert sind. Unerwartete Krankheiten oder Tod eines Angehörigen sind meistens Bestandteil, manche Anbieter sichern einem eine Erstattung auch bei Jobverlust, bei Hausschäden oder Ähnlichem zu. Wer bei Versicherungsabschluss bereits an chronischen Zipperleinchen leidet oder Vorerkrankungen aufweist, sollte noch mal genauer ins Kleingedruckte eintauchen. Hier lassen sich Versicherer nämlich gerne mal ein Hintertürchen offen, um im Ernstfall nicht zahlen zu müssen. Oftmals Bestandteil der Reiserücktrittsversicherung und mittlerweile en vogue ist die **Reiseabbruchversicherung,** die ab Reiseantritt (das heißt ab Check-in am Flughafen) greift, wenn man frühzeitig die Zelte abbrechen muss.

Good to know: Einige Versicherungen enden mit Ende eurer Reise, andere erstrecken sich über ein Jahr und verlängern sich automatisch um ein weiteres, sodass auch ein weiterer Beitrag fällig wird.

Hurra! Reisevorbereitungen!

Die Nervositäts-Checklisten –
Habt ihr auch an alles gedacht?

Reisen mit oder ohne Kinder – dazwischen liegen Welten. Hinsichtlich Qualität, Gestaltung und erst recht der Vorbereitung. Wann wird gepackt, was muss noch eingekauft werden? Wer gießt die Bananenstauden im Garten? Wer füttert den Hund, die Katze, die Oma? Wie schaffen wir es, pünktlich am Flughafen zu sein, ohne im Stau zu landen? Und so weiter.

Oberstes Gebot:

Plant eure Reisevorbereitungen nicht zu eng, sondern mit viiiiiiiel Luft – so könnt ihr insgesamt schon mal entspannter in den Urlaub einsteigen!

Selbstredend wollen wir gleich von Anfang an alles beachten, an alles denken, bloß keinen Fehler machen. Aber alle Bemühung um Perfektion ist Quatsch. So solltet ihr auch die folgenden Empfehlungen als eine Sammlung sinnvoller To-dos verstehen. Und wenn euch doch was durchflutscht – so what! Wo ihr hinreisen werdet, gibt es auch andere Kinder, ärztliche

Versorgung, Essen und Trinken. Und solange ihr selbst immer mit dabei seid, ist sowieso alles halb so wild.

Bitte erschreckt nicht über den Umfang der Checkliste. Viele Punkte fallen von Kind zu Kind, Urlaub zu Urlaub und Eltern zu Eltern völlig unterschiedlich aus, folglich muss auch nicht alles beachtet werden.

Früh geplant ist halb gewonnen

Wenn es kein Spontantrip werden soll, empfehle ich euch, in der Vorbereitung so viele Pflöcke wie möglich einzuschlagen. Flüge müssen natürlich gebucht werden. Wie das auch günstiger geht, lest ihr im Kapitel »Anreise per Luft – So fliegt ihr günstig und entspannt« ab Seite 185.

Wollt ihr vor Ort ein **Auto** nutzen, bucht es von Deutschland aus (www.billiger-mietwagen.de), am besten gleich mit Kindersitz. Spontan vor Ort dazu buchen funktioniert meistens nicht, da sie die Sitze selten vorrätig haben. Nicht wundern, wenn die Dinger teils abgerockt und durchgefurzt sind – je lockerer die Länder in der rechtlichen Handhabe von Kindersicherheit im Auto sind, desto weniger werden die Sitze gepflegt.

Bucht ihr diese also mit, möchte ich euch noch auf einen kleinen Haken hinweisen: Teilweise ist die Mietgebühr für Kindersitze im Ausland relativ hoch. Wir haben schon an die 20 Euro pro Tag bezahlt, fast halb so viel wie die Miete des ganzen Autos. Prüft die Gebühr daher schon im Vorfeld. Am besten schreibt ihr den potenziellen Vermieter per Mail an.

Wenn ihr euren eigenen Sitz transportieren und diesen gar im Flugzeug nutzen könnt, seid ihr auf der sicheren Seite und spart Geld.

Die **Unterkunft** solltet ihr ebenfalls vorab gebucht haben. Erledigt sich von selbst, wenn ihr euch für eine Pauschal- oder Clubreise entschieden oder für die gesamte Urlaubszeit eine Ferienwohnung gemietet habt. Aber all denen, die nach der Ankunft eine Art Roadtrip durch das Zielland starten möchten, sei ans Herz gelegt: ausreichend Zeit für Akklimatisierung einräumen! Bucht daher für die ersten zwei bis drei Nächte ein richtig schönes Hotel zum entspannten »Ankommen«. Spart hier bloß nicht. Gerade nach strapaziösen Langstreckenflügen sollten alle richtig gut ausschlafen und die vielen neuen Eindrücke, den möglichen Klimawechsel, den Geruch, das Essen und die Mentalität in Ruhe verkraften und genießen können. Abgesehen davon kann sich die gesamte Reisegruppe in dieser »Schonfrist« auf die Zeitumstellung einschwingen und an einen neuen Tag-Nacht-Rhythmus gewöhnen.

Benötigt ihr **zusätzliche Ausrüstung** für euer Baby oder Kleinkind am Zielort, versucht von Deutschland aus das Zustellbett zu buchen, das Babyfon für euch hinterlegen zu lassen oder die Nutzung eines Leihbuggys sicher zu wissen. Alles, was ihr schon im Vorfeld eintüten könnt, erleichtert den Urlaubsbeginn einfach ungemein.

> **Tipp:** Die Beschreibungen von Hotelzimmern und deren Ausstattung auf den gängigen Buchungsportalen im Internet sind oft sehr missverständlich. Sind wir interessiert, aber verunsichert, checken wir die hoteleigene Internetseite oder rufen direkt im Hotel an, um Details zu erfahren.

Gibt es **familienfreundliches Equipment** vor Ort? In Hotels, die auf Familien mit Baby eingestellt sind, könnt ihr davon ausgehen, dass es von Windeln bis zum Flaschenwärmer vermutlich alles gibt. In Ferienwohnungen hingegen nicht. Also, macht euch einen Kopf und überlegt, was brauchen wir vor Ort? Eine Waschmaschine? Liegen Supermarkt und Apotheke im direkten Umfeld? Macht euch dazu schlau, da auch das natürlich Auswirkungen auf die Packliste haben kann.

Habt ihr tolle **Reiseführer,** die die Vorfreude auf die Reise ins Unermessliche steigern? Nein? Dann los. Am besten die gesamte Mannschaft mit in den Buchladen nehmen und schmökern.

Wer reist, braucht **Ausweise** und möglicherweise Visa. Für Argentinien benötigten wir außerdem einen internationalen Führerschein. Der hat zwar vor Ort niemanden interessiert, aber so stand es im Reiseführer. Nun, viele dieser wichtigen Dokumente müssen rechtzeitig geordert werden, und ihr wisst ja, das dauert einige Wochen. Kinder, ganz gleich wie alt, haben ihren eigenen Reisepass, der zunächst sechs Jahre gültig ist und dann maximal bis zum zwölften Lebensjahr verlängert werden kann. Kostenpunkt: etwa 13 Euro. Wer von euch zum Einwohnermeldeamt tigert, darf die Geburtsurkunde von Babyboy oder -girl sowie den Ausweis plus Zustimmungswisch des fehlenden Elternteils nicht vergessen. Die eigentliche Herausforderung bei der Ausweisbestellung stellt das Passfoto dar. Wie bei den Erwachsenen sollen die Babys oder Kleinkinder direkt in die Kamera gucken und keine Grimassen schneiden. Der Hintergrund muss weiß sein.

Ob ihr ein Visum benötigt, erfahrt ihr mit Garantie auf der Internetseite des Auswärtigen Amtes (www.auswaertiges-amt.de). Ist eine Einreiseerlaubnis notwendig, dann ist sie für alle Bedingung, die einen Reisepass haben, also auch für den Kleinsten in der Reihe.

Habt ihr eine **Auslandskrankenversicherung?** Wie umfangreich ist der Schutz? Wie hoch ist die Selbstbeteiligung? (Siehe dazu auch den Kasten »Versichert reisen«, Seite 143 ff.)

Und wenn wir schon beim Thema Gesundheit sind: Wie sieht es mit einem **Impfschutz** für das anvisierte Reiseland aus? Muss ein Schutz neu aufgefrischt werden? Das recherchiert bitte vorher und besorgt euch gegebenenfalls einen Termin beim Arzt. Den Impfpass auf alle Fälle mit ins Gepäck nehmen.

Braucht ihr **Medikamente?** Dann besorgt diese noch in Deutschland oder prüft, ob und wie ihr sie auch vor Ort erhaltet.

Außerdem ist es schlau, sich einmal kurz die Zeit zu nehmen, um Adressen und Telefonnummern von deutsch- oder englischsprachigen **Ärzten** vor Ort rauszusuchen. So müsst ihr im Ernstfall nicht erst wild recherchieren.

Die **Kreditkarte,** die ihr bei euren Buchungen online hinterlegt habt, ist natürlich fester Bestandteil der Reisedokumente. Wie lange ist das gute Stück denn noch gültig? Notfalls beantragt unbedingt rechtzeitig eine neue.

Zu besorgen und einzukaufen gibt es allerhand. Scannt eure Kleiderschränke: Was muss **gewaschen** und was muss **neu angeschafft** werden? Wer in den Skiurlaub fährt und einen Winteroverall für Kinder bestellen will, der muss sich ranhalten. Gerade saisonale Klamotten, wie im Sommer auch Badehosen und -anzüge oder Kleider sind superschnell vergriffen. Kurz: Kauft die Dinge frühzeitig.

Ob ich mit dem Auto, dem Zug oder mit dem Flugzeug anreise, ist jeweils ein komplett anderer Schnack. Beim Fliegen muss ich immer ans Gepäcklimit denken. Bei der Autoreise – obwohl das Beladen auch hier Grenzen erreicht – steht zunächst eher die Einteilung der Strecke mit Blick auf die Kinder im Vordergrund: Wie viel kann ich ihnen zumuten, was ist noch entspannt? Der Zugreisende indes sieht lieber schnell zu, dass er sich rechtzeitig einen Platz im Familienabteil sichert.

All diese unterschiedlichen **Reisemöglichkeiten** bedürfen einer **gründlichen Planung.** Lasst euch nicht stressen, sondern kümmert euch lieber früher um alles, damit ihr mit Freude jedes Detail an- und durchdenken könnt. Eine gute Vorbereitung ist wirklich der halbe Urlaub. Und eine gehörige Dosis Halligalli kommt vor Ort von ganz alleine mit dazu – ihr reist ja mit Kindern!

Kinder lieben es zu packen. Allerdings missverstehen sie das Spiel und räumen soeben Verstautes einfach wieder aus. Wir packen vor einer großen Reise in Etappen, die erste setzen wir zehn Tage vor Abflug an. Sollten wir was vergessen haben, ist noch genügend Zeit, um es in die Tasche zu packen.

United Packlisten of Gesamthausstand

Ihr merkt schon, Reisen bedeutet gerade im Vorfeld ewiges Recherchieren, Listen schreiben, Erledigungen machen, To-dos abhaken. Aber keine Sorge, das zahlt sich alles aus. Und damit kommen wir zur unbestrittenen Königin, der Queen Mum unter den Listen, der Packliste! Fürs Kleinkind und fürs Baby. Wie ihr später noch erfahren werdet, wenn wir uns mit den unterschiedlichen Reisen per Zug, Flug oder Auto beschäftigen, erweitert sich das zu beschaffende Sortiment je nachdem noch um das eine oder andere Teil. Deswegen ist es notwendig, dass ihr mal einen grundlegenden Überblick bekommt und die Liste dann individuell, je nach Kind, Gewohnheit, Geldbeutel, Glauben und Lust anpasst.

Allerdings ist eine Packliste, egal wohin es geht, fast immer identisch, reist ihr mit euren Kindern: die Handgepäckliste.

Die Basics fürs Handgepäck:

- Wickelzeugs mit Wickelunterlage, Windeln, Feuchttücher, kleine Beutelchen für die volle Windel, Wundcreme und Schnuller
- Essen und Trinken (altersgerecht und bitte das Lätzchen nicht vergessen!!!)
- Reisedokumente: Pässe, Tickets, Voucher, Kreditkarte, Krankenkassenkarte, Impfausweise
- Wechselklamotten für die Kinder plus T-Shirts für die Erwachsenen
- Kleines First Aid Kit: Pflaster, Nasentropfen, Desinfektionsmittel, Rescue-Bonbons, Arnikasalbe, evtl. Medikamente gegen Reiseübelkeit und, falls ein Kind regelmäßig bestimmte Medikamente einnehmen muss, die entsprechenden Mittelchen nicht vergessen.
- Best of Spielzeug: Lieblingskuscheltier oder Lieblingsbilderbuch. Malbücher oder kleine Spielfiguren werden auch immer gerne genommen. Aufkleberheftchen und vielleicht noch eine neue Kleinigkeit.
- Klimabedingt: Sonnenmilch, Hüte, Schal, warme Mütze

Die Liste ist wie der Teig für Weihnachtskekse zu verwenden: Das ist die Grundmischung, verzieren müsst ihr selbst.

Die Wuchtbrumme: eure Gesamtgepäckliste

Wenn ein Mensch auf diesem Planeten gleichermaßen vorausschauend und gewissenhaft für Fernreisen, Pauschalurlaube oder maritime Kurztrips packt, dann meine Frau Kristy. Ihr erschreckendes Fazit: Ob du für zwei Tage oder für drei Wochen packst – es ist fast dasselbe!

Entscheidend ist nämlich nicht die Dauer der Veranstaltung, sondern die klimatischen Gegebenheiten vor Ort. Darüber hinaus müssen natürlich alle Eventualitäten mitgedacht werden, der Kälteeinbruch oder Regentag genauso wie die rekordverdächtige Hitzewelle oder der Blizzard.

Natürlich ist es einmal mehr eine Geschmacksfrage, ob ihr die Dinge, wie sie in der nun folgenden Packliste aufgezählt als Vorschläge prangen, tatsächlich benötigt – manche wickeln noch in Leinentücher, andere erlauben es ihren Jungs und verbieten ihren Mädchen Röcke zu tragen etc. – und wenn ja, wovon ich doch sehr ausgehe, wie viel ihr von den jeweiligen Kleidungsstücken mitnehmen möchtet. Dies wiederum hängt eben davon ab, wie hoch euer Verbrauch ist, und nach wie vielen Tagen ihr euch noch gut vorstellen könnt, mit dem Handwaschmittel im Badezimmer zu stehen, um die vollgeschissenen Bodys einzuweichen. Denn das werdet ihr zweifellos tun.

Nun darf ich euch die seit Jahren bestens gehütete, bis dato geheime Packliste meiner Frau präsentieren:

KLEIDUNG (normal)
Baby:

Ach, Babykleidung ist so winzig. Bei der hohen Klecker- und Einsaufrequenz der Krümelmonster nehmt lieber einen Schwung mehr mit, wenn es ins Köfferchen passt. Sonst steht ihr tatsächlich schon – wie prophezeit – nach zwei Tagen abends mit Handwaschseife im Badezimmer und schrubbt den Dreck aus der Klamotte.

Wir nehmen immer mindestens **vier bis fünf Sets** mit. Ein Set meint einen Gesamtlook, wie ihr ihn auch tragt, wenn es nach draußen geht: Hose, Hemd, Pulli. Darunter Kurz- oder Langarm**body** (davon haben wir sicher immer **zehn Stück** mit) **plus Socken**. Packt **vier Strumpfhosen** ein, falls ihr in die Kälte saust. Die kommt dann drunter, klar. Reist ihr in wärmere Gefilde, empfehlen sich ein paar **Leggins** für die Mädchen oder dünne **Trainingshosen** für den Jungen. Und nehmt auf alle Fälle numerisch passend zu den Sets Socken mit.

Alternativ zu den Hemden bieten sich für Babys süße **T-Shirts** an. Auch von diesen durch potenzielle Speiseunfälle sehr gefährdeten Kleidungsstücken nehmt mindestens **zehn Exemplare** mit.

Außerdem: **zwei Schlafstrampler** (oder je nach Hitze einfach mit Kurzarmbody in den Sack und gute Nacht!).

Und für den Fuß?

Schuhe. Krabbelschuhe oder schon Laufschuhe, gar Sandalen. **Zwei Paar** sind immer gut. Ein leichter und ein guter, geschlossener Schuh.

Kleinkind:
- Unterhosen 7–10x
- Unterhemden 5x
- Hosen 5x
- Leggins/Wohlfühlhosen 4–5x
- T-Shirts 4x

- Socken 5x
- Pullis 3x, einer davon ein Fleece-Pulli (auch fürs Flugzeug!)
- Longsleeves 5–6x
- Mädchen: Röcke/Kleider 3–4x
- Halstücher 2x
- Sonnenhüte 1–2x
- Jacke 1x (ins Flugzeug mitnehmen)
- Pyjama oder Nachthemd 2x
- 1 Paar Sandalen
- 1 Paar extra Schuhe

(zusätzlich für kaltes Regenwetter)
Baby und Kleinkind: dicke Jacke, Schal, Mütze, Handschuhe
Kleinkind: Regenhose und -jacke, Gummistiefel

(zusätzlich für den Strand)
Baby:
Schwimmanzug mit UV-Schutz, Mütze mit Sonnenschutz-klappen, Baby-Sonnenbrille mit UV-Schutz, Badeponcho, evtl. Badetuch
Kleinkind:
Bikini/Badehose 2x (zum Wechseln nach dem Baden), Bade-poncho, Flipflops oder Sandalen, Sonnenbrille mit UV-Schutz

SCHLAFEN
Reisebett, Nachtlicht, Spieluhr, Moskitonetz, Babyfon
WICHTIG fürs BABY: zwei leichte Schlafsäcke für den Sommer oder ein Daunenschlafsack, wenn es in die Kälte geht.

WICKELN
Baby und Kleinkind:
- Wickeltasche mit Wickelunterlage für unterwegs
- Windeln 20x (den Rest kauft ihr vor Ort)
- Eine Handvoll Schwimmwindeln
- Molton/Spucktücher 4x, multifunktional als Sonnenschutz, Kindersitzunterlage, Lätzchen oder Wickelunterlage zu nutzen.
- Feuchttücher (zwei bis drei Pakete)
- Trockentücher (ein Paket)
- Waschlappen mit lustigen Motiven 2–3x (ein Stück Heimat!)

PFLEGE
- Zahnbürste und -pasta
- Haarbürste und -spangen/-gummis
- Hautcreme (für Gesicht und trockene Stellen)
- Kinderkörperlotion
- Popocreme
- Kinderduschgel und -shampoo
- Sonnenmilch

STRANDZEUGS
Schwimmflügel, Sandspielsachen, Strandmuschel (gerade für Baby prima!), Sonnenschirm, Stranddecke

ESSEN
Allgemein:
Lätzchen 2x!

Wer glaubt, nur die teure **Sonnencreme für Kinder** aus der Apotheke wirkt, der täuscht sich gewaltig. Sogenannte Billigsonnencremes, zum Beispiel von Aldi oder Lidl, sind laut Stiftung Warentest oft treue Freunde für Haut und Geldbörse.

Der Lichtschutzfaktor sollte mindestens 30 betragen, darunter bitte nicht. Eine 30 schützt in der Regel sehr gut. Besonders helle Typen sind mit der 50 oder gar 50plus gut bedient. Da geht dann nicht mehr viel durch.

Achtung vor der positiven Charaktereigenschaft »wasserfest«. Für Sonnencremes bedeutet das lediglich, dass nach zweimaligem Baden von jeweils 20 Minuten noch die Hälfte der Sonnencreme auf der Haut klebt und sie schützt – je nach Wasserspielchen, Abreibung und Trockenrubbelverfahren nach dem Baden ein sehr unbefriedigender Zustand. Deshalb cremt euer Kind nach dem Sprung ins kalte Nass einfach wieder ein, dann seid ihr sicher. Mehr zu der richtigen Sonnencreme für Kinder findet ihr auf www.test.de. Meine Angaben beziehen sich auf den Test im Jahr 2014. Dabei ging es ausschließlich um Kindersonnencremes.

Baby:

Wer stillt, hat gewonnen! Ansonsten mindestens zwei Fläschchen einpacken.

• Milchpulverdosierungsplastikdose mit mehreren Füllkammern (So habt ihr immer gleich die richtige Ration griffbereit.) Plastiklöffel für Breifütterung 3x
• Kleine Plastikschale für den Brei
• Mehrere Gläschen Babybreinahrung (aber nicht mehr als fünf Gläser mitnehmen, Nachschub gibt es meist vor Ort)
• Ein Beutel Milchpulver
• Babykekse oder Zwieback zum Lutschen. Unterwegs gibt es sonst auch mal eine Scheibe Brot.

Tipp: Nehmt einen Pürierstab mit, damit ihr notfalls euren Brei selbst machen könnt. In Italien und Spanien haben wir auf unseren Reisen in den kleineren Supermärkten meistens nur Brei mit Zuckerzusatz gefunden. Nicht in unserem Sinn. Nur in der Apotheke gab es die Version ohne Zucker – doch da musste man die Gläschen mehr oder weniger mit Gold aufwiegen. Seitdem sind wir lieber autark und reisen mit Pürierstab.

Kleinkind (für die Anreise):
• Geschmierte Brote mit Lieblingsbelag
• Möhren- und Äpfelchenschnitze
• Kräcker

- Trinken (Wasser in Alu-Trinkflaschen wurde bei uns an den Sicherheitskontrollen am Flughafen nie moniert.)
- Kleine Schweinerei wie z. B. ein Tütchen Gummibärchen (auch im Flugzeug für Druckausgleich gut) oder Kaugummi

SPIELSACHEN
Baby:
- Beißring
- Handpuppe
- Fingerfiguren für Puppenspiele
- Plastikfläschchen mit abgeschnittenen Strohhalmschnipseln oder Packung »Tic Tac«, verschlossen, als Rassel
- Allerlei Verpackungen, die rascheln oder glitzern, Deckelkette (diverse Metalldeckel, gelöchert und mit einem Band verbunden)
- Klappenbücher
- Taschentuchpackung

Kleinkind:
- Lieblingskuscheltier oder -puppe
- Bücher
- Malbücher
- Einige Lieblingsspielsachen
- MP3-Player mit Hörbuch

KINDER MOBIL
Tragetuch und/oder Buggy oder Kinderwagen (mit Regenverdeck)

Reiseapotheke & Co.

Jedes Kind hat meiner Beobachtung nach sein ganz persönliches »Ventil«, um einen Virus oder Bakterienangriff zu verarbeiten. Es gibt die Exkremente-Kinder, denen es bei der leisesten bakteriellen Verirrung aus allen Öffnungen läuft. Dann gibt es die Bronchitis-Crew, die von null auf hundert direkt mit Bronchitis einsteigt und dann schnellstens zu Lungenentzündung übergeht, ohne einmal beim ganz banalen Husten zu verweilen. Und dann wären da noch die Fieberaner, die jeden Bazillenbesuch sofort mit heißem Kopf quittieren. Diese Typen und andere, wie die Streuselkuchenabteilung, die sofort bei allem und jedem von Hautausschlag gepeinigt werden, sind mir wohlbekannt. Schlimm, wer alle genannten Symptome in sich vereinigt. Doch auch diese Kinder gibt es, und sie wären somit die fünfte mir bekannte Gattung.

Für all diese kleinen, wehrhaften Ritter und ihre tapferen Leidensgenossen auf der Welt, die sich immer wieder mit denselben Beschwerden herumschlagen müssen, sollten die dazugehörigen Eltern natürlich probate Mittel mit auf Reisen nehmen. Damit ist der individuell notwendige Grundbestand auch schon abgedeckt.

Wir Busemänner haben zum Beispiel immer Fiebermittel mit an Bord (Fiebersaft und Paracetamol-Zäpfchen) – Hanna ist nämlich passionierter Fieberaner. Dauerkandidat im festen Bestand sind zudem Salbutamol-Tropfen, weil Romy und Bronchitis lange Zeit eins waren. Traurig und leider wahr!

Außerdem solltet ihr mit im Gepäck haben:

- Altersgerechtes Nasenspray (Olynth & Salzwasser-Nasen-spray)
- Fieberthermometer
- Augentropfen (bei Bindehautentzündung)
- Pflaster, Mullbinden, Kompressen, Bepanthen (Wundcreme für alles)
- Nagelschere, Pinzette, Zeckenzange (gerade für diejenigen unter euch, die »natürlich« urlauben)
- Sonnencreme (*siehe auch* Kasten Seite 159)
- Desinfektionsmittel (»Octenisept« mit Pussyfaktor: Das tut nicht weh!)
- Cortisonzäpfchen (bei Pseudo-Krupp oder Allergieschock, auch nach Insektenstich) – Achtung, die sind verschrei-bungspflichtig!
- Hustensaft/-löser
- »Systral«-Gel zur Nachbearbeitung von Stichen (auch bei Zeckenbissen)
- Moskitonetz und Mückenspray oder sonstiges kindertaugli-ches Insektenschutzmittel für alle, die von vornherein keine Lust auf Stiche haben und vorbeugen wollen
- Elektrolyt-Lösung, wichtig bei Durchfall: (nicht schlimm, wenn ihr sie vergessen habt – die Brühe lässt sich auch gut selbst anrühren, siehe Seite 219 f.) für eine Wiederzufuhr von Salzen und Mineralien
- Diverse Zäpfchen wie Emesan oder Vomex bei Erbrechen
- Breitband-Antibiotikum: Bei längeren Reisen oder Reisen in Ländern mit schlechter Ärzteversorgung vom Kinder-arzt verschreiben lassen. Dennoch vor Ort einen Arzt auf-

suchen, bevor ihr das verabreicht, es sei denn, ihr seid irgendwo im Nirgendwo.

Bei (kleineren) Notfällen:
- Kohletabletten (gegen Vergiftungen und bei Durchfall)
- Arnica Globuli (etwa bei Stürzen oder Blutungen, blauen Flecken)

Wer seine Reiseapotheke bisweilen homöopathisch ausrichten möchte, für den könnte die folgende kleine, feine Übersicht interessant sein:

Die Top 10 der Globuli:
- Arnica – Anwendung: gefühlt bei allem! Muskelkater, Wunden, Stürze, Zahnschmerzen, Bluterguss, Schock (bei blauen Flecken auch als Arnica-Salbe verwenden)
- Aconitum – Anwendung: Ohrenentzündung, Fieber
- Belladonna D12 – Anwendung: Entzündungen, Krämpfe, Erkältungen und Sonnenbrand
- Calcium Carbonicum D12 – Anwendung: Heuschnupfen, dauerverstopfte Nase, auch bei Erschöpfung oder Angst. Es wird zudem als Konstitutionsmittel für das zentrale Nervensystem, die Schilddrüse oder den Magen-Darm-Kanal eingesetzt
- Calcium Phosphoricum D12 – Anwendung: bei Schulkopfschmerzen, bei Schlaflosigkeit von Klein- und

---

Schulkindern, Wachstumsstörungen. Knochenbrüchen und -schmerzen und beim Zahnen (Baby)

- Chamomilla D12 – Anwendung: Quengelkinder mit Zahn-, Bauch- oder Ohrenschmerzen, Durchfall, Koliken
- Natrium Chloratum D12 – Anwendung: Erkältung, Zahnfleischentzündung, Kopfschmerzen, Fließschnupfen oder Fieberbläschen auf Lippe und Zunge
- Nux Vomica D12 – Anwendung: Verdauungsstörungen, Kopfschmerzen und Schwindelgefühl
- Phosphorus D12 – Anwendung: Angst vor Dunkelheit und Alleinsein
- Pulsatilla D12 – Anwendung: Erkältung, Ohrenentzündung, Erbrechen, Schwindel

Wichtiger Hinweis: Bitte jetzt nicht einfach die Mittelchen kaufen gehen und dann bei entsprechenden Symptomen hemdsärmelig verabreichen. Zu den einzelnen Wirkstoffen aus der Natur und der richtigen Dosierung befragt bitte den Homöopathen eures Vertrauens. Ferner habe ich pro Globuli immer nur einige der Anwendungsgebiete benannt. Aber eigentlich ist jede Pflanze ein Kosmos für sich und verfügt über zahllose Charakteristika. Es ist daher ratsam, wenn sich mindestens einer von euch damit intensiv auseinandersetzt.

Mit diesem Premium Parents-To-Go-Arztkoffer auch für Wüstenquerungen und Dschungelausflüge lässt sich überall und jederzeit gut auskommen. Lasst von all den Mittelchen die Pappkartons zu Hause, zu viel Volumen, nehmt aber unbedingt die Beipackzettel mit! Und die Impfausweise nicht vergessen!

Wenn ihr euch anschickt, euch für längere Zeit auf Reisen zu begeben, denkt doch mal über einen Erste-Hilfe-Kurs bei Notfällen rund ums Kind nach. Hier werdet ihr zur Selbsthilfe im Notfall angeleitet und erhaltet die wichtigsten Infos für den Fall eines Falles.

Die Kurse werden von den einschlägigen Unfallhilfen wie den Johannitern oder dem DRK angeboten und dauern in der Regel ein Wochenende lang.

Schatz, das Kind lässt sich nicht eincremen!

Für all diejenigen, die mit der Sonnenmilchflasche morgens hinter einem Kind herrennen, das sich partout weigert, sich eincremen zu lassen, hier die Lösung: auf den Tisch stellen. Nicht die Sonnenmilch, sondern das Kind. Mitten auf den Esstisch. Das wollten sie schon immer mal machen und dürfen es nie. Für das Eincremen ist und bleibt das die Ausnahme. Tolle Tische gibt es auch in eurem Reiseland. Ich verspreche euch, die Kleinen werden es lieben!

Parents-To-Go-Mentalcoach:
Wie überlebt ihr die Reisetage und bleibt
dabei so dufte Typen, wie ihr seid?

Stundenlang am Strand liegen, Bücher lesen und der Freundin am Bikini rumnesteln bzw. dem Freund an der Badeshorts – das war einmal. Und es war auch schön. Aber, liebe ambitionierte Reiseeltern, das muss nicht grundsätzlich vorbei sein! Nein, jetzt sind die Parameter zwar andere, aber Spaß kriegen wir trotzdem in die Hütte!

Denn: Es ist doch alles nur eine Frage der Perspektive und der Organisation. An der Wäsche wird jetzt nämlich erst nach Zapfenstreich gefummelt. Endlich Paarzeit. Und die nehmt euch unbedingt! Getreu den Tipps des Reisegottes, müssen die Kinder notfalls irgendwie an der Minidisco vorbeigeschleust werden. Ab ins Bett, heißt es für die Kinder und auch für euch, aber nicht einschlafen! Und jetzt schwören wir uns ein:

Urlaubserwartungen runterschrauben!
Ja, Urlaub, das ist DIE Zeit des Jahres. Nichts tun, freundlich sein, als Familie in Harmonie voller Tatendrang und Lebenslust ständig in Action sein – ich will nicht unken, aber das wird nix. Es sei denn, man findet alles, aber auch wirklich alles super! Tun wir nicht. Deshalb überfrachtet die freien Tage im Ausland mit den Süßen nicht mit unerfüllbaren Erwartungen an euch und eure Kinder. Versucht lieber offen zu sein für das, was kommt. Der Augenblick zählt und jeder, der schön wird, ist ein Gewinn, ein kleiner Schatz für euch.

Wünsche kommunizieren

Jeder sollte seine persönlichen Wünsche, die er für die Reise hat, wie zum Beispiel regelmäßig Sport treiben oder mal einen Vormittag lang am Strand ein Buch lesen, dem anderen gegenüber ehrlich artikulieren. Gestattet ihr euch im Urlaub wie im Alltag auch gegenseitig derlei Freiräume, dann wird es auch ein gutes Stück Urlaub. Absprachen, wer wann die Kinder nimmt, um mit ihnen zum Spielplatz zu ziehen oder in den Wald zu gehen, um die Bären zu erschrecken, schenken euch abwechselnd wichtige Ruhe- und Entspannungszeit. Natürlich ist es auch schön, eine Tageshälfte romantisch als Paar zu verbringen. Vielleicht bieten sich Kinderaufbewahrungsstellen im Hotel oder Betreuungen vor Ort an.

Ihr seid eine Selbsthilfegruppe ...

... und wie in einer Selbsthilfegruppe üblich, darf jeder von euch seinem Herzen Luft machen, bevor ihr jegliche negative Dynamik, die schnell in einem unaufhaltbaren Schneeballsystem mündet, mit einem Leidensgenossen-Mantra verbal zukleistert. Sprecht mir deshalb laut nach:

»Alle Eltern haben denselben Stress wie WIR!«

Bitte lauter, ich habe euch nicht gehört!

Dann:

»Auch wenn es manchmal kneift: Wir sind starke, liebende Eltern. Und wir sind es wert, diese starken, liebenden Eltern zu sein. Morgen ist ein neuer Tag! Darauf freuen wir uns jetzt schon! Wie Bolle!

Danke für alles! Hasta Mañana.«

Ich finde, den Schluss, den kann man auch so schön fließend wegsäuseln. Was denkt ihr?

Solidarność mit euren Kindern

Ihr redet offen über eure Gefühle und geht gleichwohl offen auf die Gefühle eurer Kinder ein – das solidarisiert die Sippe untereinander.

»Ich bin gerade sehr sauer, weil wir zum x-ten Mal (wegen dieser verdammten Drecks-Airline …) zu einem anderen Schalter gehen müssen, mein Schatz!«

Und während ihr eurem Kind einen gefühlvollen Blick zuwerft, sprecht ihr eure Beobachtung an:

»Ich sehe, du bist traurig, dass wir immer noch nicht da sind … das verstehe ich sehr gut.«

(… aber dafür pennst du ja auch gleich in einem Fünf-Sterne-Hotel mit Pool, du kleiner undankbarer Sack!)

Die Gefühle der Kinder zu formulieren, sie zu verstehen, auf sie einzugehen, baut ihre etwa durch Langeweile entstandene Frustration gewaltig ab. Mit Romy kann ich immer einen Abstecher in die Fantasie wagen, die geistige Leere in ein Gedankenspiel verwandeln, zum Beispiel wie folgt: »Gesetzt den Fall, wir wären jetzt zu Hause, was würdest du spielen wollen?« Dann weiter: »Und mit wem?«, »Was würdet ihr dabei genau spielen?«, »Wer wäre denn Mama und wer Tochter?« Auch immer gut: »Was würdest du denn jetzt am liebsten essen?«

Ein bisschen kann das Gedankenkarussell in dem Ziel münden, den perfekten Tag zu beschreiben. Und bei der nächsten

Gelegenheit auf eurer Reise gibt es dann auch einen Teil davon. Vielleicht das Stück Kuchen oder die Tüte Gummibärchen.

Easy Going

Ja, na ja, das musste jetzt ja als letzter Tipp kommen. Locker bleiben, loslassen, positiv nach vorne schauen – ich weiß nicht, wie oft ich das fast jedem ungefragt an den Kopf knalle, jetzt ist es mal wieder so weit. Es mag stereotyp, abgedroschen klingen. Durchatmen. Loslassen. Weitermachen. Aber lasst euch sagen: Es ist besser so. Das wissen die weisen Verfasser diverser Kalender-, Yogi-Tee- und Glückskekssprüche auch. Und ist es nicht phänomenal, irgendwie freut man sich ja doch über solch einen ebenso banalen wie erlösenden Gedanken. Gibt es daraufhin dann und wann mal ein Päuschen für alle, ist alles prima!

Anreise

Oh yippieh yeah! Ihr habt euer Reiseziel gefunden, eine Unterkunft fix gemacht, jetzt müsst ihr euch nur noch um die Anreise kümmern. Ob per Zug, per Auto oder Flugzeug – beachtet ihr schon bei der Buchung einige Gesetzmäßigkeiten in Sachen Angebot sowie Preisgestaltung und denkt schon bei der Planung an die Realisierung eurer Anreise, könnt ihr euch jede Menge Stress und Geld sparen.

Anreise per Schiene – Wenn der Zug einmal ins Rollen kommt ...

Der britische Journalist Leo Hickman erzählt in seinem Buch *Fast nackt. Mein abenteuerlicher Versuch, ethisch korrekt zu leben,* wie er u. a. mit seiner Frau und Tochter von England nach Italien in den Urlaub reist – allerdings mit dem Zug. Was hier eher als sklavischer Selbstversuch, nachhaltig zu leben, humorvoll erzählt wird, erscheint den meisten von uns beim ersten Lesen vielleicht abwegig. Ständig volle Züge, ewig lange Fahrten, ja, gut, die Kinder können herumlaufen, aber erschöpft sich das nicht irgendwann? Lassen wir die Vorurteile mal beiseite. In der Tat ist das Reisen per Zug besonders umweltfreundlich und kann somit gar nicht genug gepriesen werden.

Seit Jahren stellt die Bahn für Familien sogenannte Kleinkind-abteile für Eltern mit Kindern bis zu drei Jahren zur Verfügung. In einem solchen Abteil könnt ihr euch also passend zu eurer Reise Plätze buchen. Die Kleinkindabteile (oder auch Fami-lienabteile) sind für mehrere Familien und Kinder geeignet, also geht nicht unbedingt davon aus, dass ihr dort alleine ho-cken werdet. Auch wenn ihr nicht reserviert habt, dürft ihr dort Platz nehmen. Doch aus eigener Erfahrung sei euch gesagt: Ist das Ding bumsvoll, stresst es eher, sich hier noch mit seinem Kind reinzuquetschen. Aber im Idealfall habt ihr ja Plätze re-serviert. Je nach IC- und ICE-Modell fällt die Ausstattung ei-nes Kleinkindabteils unterschiedlich aus. Im Allgemeinen sind die Abteile größer als andere, verfügen über Sitzplätze, kinder-sichere Steckdosen und einen (oder mehrere) Tisch(e), an de-nen gemalt werden kann. Das ist die einfache Ausstattung. In den neueren ICE-Modellen gibt es neben den Basics eine Spiel-wand, Klettertürme und Wippgerätschaften.

Wickeltische gibt es in jedem Zug, entweder direkt im Ab-teil oder auf den Toiletten. Über die Sauberkeit lässt sich al-lerdings rege diskutieren – ich würde lieber immer Desinfek-tionsmittel und Reinigungstücher mitnehmen. Reist ihr mit Baby, nehmt bitte eine Extradecke mit, damit ihr den Wurm nicht auf den blanken Boden legen müsst.

Zum Gepäck: Kinderwagen lassen sich gut im Zug abstel-len, für Gepäck ist ebenfalls genügend Platz, oder ihr nehmt den kostenpflichtigen Gepäckservice in Anspruch, bei dem ihr euch um nichts kümmern müsst. Auch Fahrräder für den Urlaub werden von der Bahn transportiert.

Durch die Nacht mit ... der Bahn!

Erinnert ihr euch noch an den Nachtzug, auch die City Night Line genannt? Damit bin ich vor einigen Jahren mal von Hamburg nach München und zurück geeiert und fand es herrlich aufregend, was vermutlich daran lag, dass ich nur so eine Koje mit Vorhang zum Schlafen hatte und kein abgeschlossenes Abteil. Ein solches könnt ihr aber natürlich für eine Fahrt beispielsweise von München nach Florenz oder von Hamburg nach Paris buchen. Wenn ihr als Familie kein Problem mit wenig Raum habt und nur Gepäck für einen Städtetrip dabeihabt, ist das prima ...

... für Kinder: Abenteuertour, weil »durch die Nacht«, extrem faszinierend und total anders als sonst.

... für Eltern: endlich mal wieder zum Partner ins Hochbett klettern.

... für alle: Ihr seid gleich morgens am Zielort und könnt so den Tag bereits nutzen.

Es gibt die Abteile in unterschiedlichen Preiskategorien, teilweise auch mit Badezimmer.

Was das Handgepäck angeht, nehmt auch hier die Grundausstattung mit: genügend Windeln, Schnuller, Nuckelflasche, Feuchttücher, Wechselklamotten, Babynahrung und/oder kleine Snacks, Spielzeug für die Kleinen, Malbuch, Bücher, Spiele, Karten, Kuscheltier und die besagte Extradecke fürs Baby im Kleinkindabteil.

Kosten: Im Gegensatz zum Fliegen reisen Kinder unter 15 Jahren in Begleitung der Eltern oder auch Großeltern im Zug umsonst! Kracher, oder? Die Namen der Kinder müssen auf der Fahrkarte eingetragen sein. Gebt sie also bei der Online-Buchung oder beim Kauf der Karte am Schalter an. Im Zug selbst ist das nicht mehr möglich!

Alles Weitere unter: www.bahn.de.

Anreise per Auto – Der Letzte schmeißt den Motor an!

Ferienbeginn? Hitzerekord? Brückenarbeiten auf der Autobahn? Der Gott der Straßen weiß schon, wie er einem den rechten Fuß gehörig ausbremst.

Aber was nimmt man nicht alles in Kauf, um vor Ort flexibel zu sein, nicht für Übergepäck, Reservierungen und Ähnliches zahlen zu müssen. Um dann schließlich doch erschrocken festzustellen: Auch unser Kofferraum ist endlich! Bei einem Packsoll von Babybett über Buggy oder Kinderwagen bis hin zu all den Kinderklamotten für sämtliche Klimazonen, die die Welt zu bieten hat, bleibt dann eben kein Platz mehr für Papis Grill und Mamas ausklappbare Luxusliege.

Der Stimmung tut das aber keinen Abbruch, denn letztendlich kommt eben das mit, was reinpasst. Und wir haben ja noch die Dachbox, den Anhänger oder den Dachgepäckträger.

Mit voller Karre rollen wir also vom Hof, da dröhnt es auch schon von den billigen Plätzen: »Papa, wann sind wir da?« Aua!

Am Beispiel meiner Töchter möchte ich euch verdeutlichen, wie unterschiedlich sich Kinder im Auto verhalten. Die Frage nach der zeitigen Ankunft könnte nämlich glatt von Romy stammen. Erstgeborene. Schulkind. Schnell gelangweilt. Mit Figuren wird lediglich kurz gespielt, Malen gehört nach Hause und aus dem Fenster gucken ist langweilig. Toll findet sie indes Hörbücher oder Geschichten erzählen, und richtig versessen ist sie auf Smartphone oder Tablet-PC, um zu spielen oder sich was anzuschauen. Doch die größte Freude bereitet es ihr, einen Erwachsenen in ihr Langeweileleid mit einzubeziehen. Hier offenbaren sich die Langzeitfolgen all der »Dauerbespieleinheiten«, die wir einst leisteten, als sie noch alleine auf der Rücksitzbank saß: Wir inszenierten Neverland, sie war Michael Jackson.

Ganz anders Hanna. Zweitgeborene. Kindergartenkind. Daueraktiv. Typisches Geschwisterkind: Sie kann sich herrlich alleine beschäftigen und zeigt sich bescheiden ob der Spiel-Brotkrumen, die ihre große Schwester achtlos fallen lässt. Sie schaut gerne zum Fenster raus und kommentiert ihre Beobachtungen, über die sie sich mitunter gerne selbst schlapplacht. Mal stimmt sie ein Lied an oder verdächtigt Erwachsene, ohne ihre Erlaubnis Bonbons zu lutschen oder Kaugummis zu kauen. Nach dem Ende der Fahrt hat sie noch nie gefragt. Alleinunterhalterqualitäten eben.

Da die beiden gegensätzlichen Grazien für gewöhnlich zu zweit hinten sitzen, neutralisieren sie einander und damit auch das Milieu im Auto.

Weder dem einen noch dem anderen Kind kann ich ob seiner Mitfahrer-Eigenschaften eine gesteigerte oder verminderte Reiselust attestieren. Sagen wir es so: Romy ist gerne sofort da und Hanna fragt einfach nicht nach dem Weg.

Und spätestens im Stau werden beide fuchsig, unruhig und nörgelig.

Wie gestalten wir also eine Autofahrt am besten?

Lektion 1: Staugefahr minimalisieren

Düst ihr mit Baby oder Kleinkind in den wohlverdienten Familienurlaub, dann meidet die Schulferien, vor allem deren Beginn und Ende, und fahrt nicht am Wochenende. Checkt die allgemeine Verkehrslage auch während der Fahrt und macht lieber eine Pause mehr, erfahrt ihr von einem Stau.

Lektion 2: Wir fahren nicht einfach drauflos, sondern so, wie es zum Rhythmus der Kinder passt

Das solltet ihr euch zumindest hinter die Löffel schreiben, wenn ihr mit Baby reist. Haltet euch an dessen Tag-Nacht-Rhythmus, so wird es für alle angenehmer. Denn so ein schreiendes Menschenknäuel hinterm Sitz – nicht schön. Das heißt aber auch: Ist Baby wach, sollte sich einer von euch mit dem kleinsten Mitfahrer beschäftigen. Nehmt also ein bisschen Spielzeug mit ins Auto. Spieleideen für unterwegs findet ihr ab Seite 182.

Wir entscheiden uns gerne für eine Abend-/Nachtfahrt. Tagsüber sind die Kinder natürlich aufgedreht, da können sie sich noch schön auspowern, und abends geht es dann ins Auto. Teilweise schon im Schlafanzug, und dann ab durch die Nacht. Es herrscht keine Hitze, die Straßen sind frei, und wenn die Kleinen wieder aufwachen, ist man schon längst in einem anderen Land.

Lektion 3: 500 Kilometer pro Tag sind genug!

Die Kinder müssen rennen, springen, klettern, sich eine Stunde lang mal richtig austoben und die Babys sich mal richtig ausstrecken, am besten auf einer Picknickdecke. Und wer regelmäßig Pausen einlegt und nicht mit 210 km/h über die Autobahn brettert, der kommt auch nicht weiter als 500 Kilometer am Tag. Überall gibt es Raststätten und Rasthöfe, die auch für Kinder ideale Voraussetzungen bieten. Ihr findet sie auf www.adac.de, www.rast.de oder www.autohof.net.

Fahrplan

Wie lange noch? Wann sind wir endlich da? Diese Fragen kommen immer, trotz bester Vorbereitung. Tipp: So wie ihr euer Erstgeborenes mit Büchern oder gar Kursen auf die baldige Ankunft eines Geschwisterchens vorbereitet, so massiert die kleinen Globetrotter-Würmchen auch für die Reise vor. Zeigt anhand einer Karte den Startpunkt, die zurückzulegende Strecke sowie das Ziel und beschreibt die Dauer anschaulich, beispielsweise anhand von »Bibi & Tina«- oder »Yakari«-Folgen, also etwa »Noch viermal ›Yakari‹, dann machen wir eine Pause.« Zusätzlich überlegt euch bereits vorab einen ungefähren Ablauf der Reise.

Lektion 4: Sicherheit geht vor

Checkt während der Autofahrt immer wieder, ob Gurte und Sitze der Kinder fest sind. Das Gepäck sollte durch ein Gepäckgitter vom Kabinenraum getrennt sein. Habt ihr keins, ist das kein Weltuntergang, achtet aber darauf, dass keine schweren, kantigen oder spitzen Teile im Auto rumfliegen. Sitzkissen und Ähnliches sind tabu, dafür sind Nackenkissen (auch fürs Baby), die dafür sorgen, dass der Kopf beim Pennen nicht ständig hin und her plumpst, ein Geschenk des Schlafhimmels.

Lektion 5: Mehr ist mehr!

Obwohl ich im Allgemeinen ein Freund der Devise »weniger ist mehr« bin, vertrete ich in Bezug auf Essen und Trinken eine durchaus andere Betrachtungsweise. Hier ein Stau, da eine Panne, oder ihr habt euch in der Distanz verkalkuliert, und die nächste Raststätte liegt noch meilenweit entfernt … Schmiert für längere Autofahrten unbedingt viele Brote, kocht Eier, nehmt auch Süßes wie Gummibärchen oder kleine Muffins mit, also Leckereien, die euren Kinder nicht nur schmecken, sondern ihnen auch gute Laune bereiten.

Natürlich sind Obst und Gemüse als Sticks oder Schnitzer ideal zum Mitnehmen. Und für die Fleisch essende Abteilung im Auto: kleine Würstchen und ein paar selbst gebratene Frikadellen. Mithilfe all dieser Zutaten wird eine spontane Pinkelpause am Rastplatz dann doch schnell zu einer kulinarischen Intermezzosause für die gesamte Familie. Und habt ihr dann im Sommer auch noch Platz für eine elektrische Kühlbox, die über den Zigarettenanzünder betrieben wird: super! Wer braucht bei so viel Autonomie noch Supermärkte oder Restaurants?

»Mehr ist mehr« gilt aber nicht nur für das Essen, sondern auch für die Kleidung. Ob ein Furz mit Land, verschütteter Saft oder die Folgen zu spät erkannter Reiseübelkeit – der Second Dress sollte stets für alle griffbereit sein.

Lektion 6: »Wo ist eigentlich ...?«

Immer praktisch, wenn einer von euch weiß, wo es langgeht, und der andere, wo was im Auto ist. Bei unseren Autofahrten brilliert darin meine Frau. Sie hat hier das Essen, dort Entertainmentprogramm und unterm Kindersitz die Zusatzklamotten. Außerdem weiß sie auch trotz Schwerstbeladung immer, wo sich unser Erste-Hilfe-Koffer befindet. Also, behaltet den Überblick und habt, wenn möglich, stets alles griffbereit, was ihr während der Fahrt braucht.

Tipp: Wenn ihr ins Ausland fahrt, klärt, was eure Kfz-Versicherung abdeckt, und wenn ihr noch nicht Mitglieder seid, tretet dem ADAC bei (oder meinetwegen einem anderen entsprechenden Verein, wenn ihr wegen schlechter Presse den gelben Engeln nicht mehr traut). Sollte irgendwo was passieren: Hilfe naht. Vor der Abfahrt also noch mal unbedingt auf www.adac.de surfen.

Baby an Bord!

Für Babys unter drei Monaten gilt: Sie haben die perfekten Skills für eine Weltumrundung per Auto – nur am Knacken, null Bewegungsdrang, ein nicht vorhandener Tag-Nacht-Rhythmus. Aber: die Sitzproblematik. Ja, würden sie liegen, wäre alles gut. Schulmedizinisch ausgebildetes Personal empfiehlt: Wer denn unbedingt fahren muss, der sollte nur kurze Strecken zurücklegen (bis zu zwei Stunden in den ersten sechs Lebenswochen) und lange Pausen zwischendurch einstreuen.

Wer gedenkt, öfter ins Auto zu steigen, der kann über die Anschaffung einer Babywanne nachdenken. Sieht gemütlich aus.

Und wenn es statt zwei dann doch nachher drei oder vier Stunden Fahrt werden, wegen Stau, Klopause mit verlorenem Autoschlüssel oder Schäferstündchen am Autohof, dann sei's drum. Am nächsten Tag einfach wieder mehr liegen und gut.

Alternativ bietet sich natürlich eine Bahnfahrt an. Hier könnt ihr euer Baby im Kinderabteil auch mal ablegen oder am Bauch kleben haben.

Checkliste Baby auf Rädern

Sie sind hässlich, aber mit Baby im Auto dann doch leider notwendig: **Schattenspender** mit Saugnäpfen! Es gibt sie mit vielen Kindermotiven, aber auch in schlichten Farben. Kinder stehen aber so gar nicht auf schlichte Farben. Von daher dürfte auch bei euch bald irgendwas mit Pirat, Indianer, Autos, Flugzeugen, Prinzessin oder Winnie Poo an der Innenscheibe kleben. Aufwändiger, aber möglicherweise etwas neutraler:

Rollos. Mieten wir im Ausland ein Auto, basteln wir uns die Dinger meistens selbst, indem wir ein Hemd, ein T-Shirt oder ein Spucktuch im Fenster einklemmen. Nicht ideal, aber okay.

Der **Babysitz** muss fest installiert sein, am besten entgegen der Fahrtrichtung und niemals auf dem Beifahrersitz bei eingeschaltetem Airbag! Ansonsten ist es natürlich nett, wenn das Baby vorne sitzt, um es im Blick zu behalten oder einfach ab und zu eine Grimasse zu schneiden. Für den Fall, dass es, wenn etwa der Partner auf dem Beifahrer sitzt, doch in seinem Maxi-Cosi entgegen der Fahrtrichtung thront, wurde der »Wicked Chili Baby Spiegel Easy View« erfunden, ein Rückspiegel für Babyschalen, der um die 20 Euro kostet. So könnt ihr auch während der Fahrt Blickkontakt halten.

Und der Egon-Hoegen-»Der-7.-Sinn«-Gedächtnis-Aufruf: Prüft vor der Weiterfahrt stets, ob alle Gurte richtig verschlossen sind und der Schultergurt fest, aber nicht unbequem sitzt.

Da sich die Kindersitze im Sommer so schnell aufheizen, hat Kristy immer ein **helles Tuch** im Maxi-Cosi ausgelegt.

Das übliche **Wickeltäschchen plus Zusatzklamotte** habt ihr besser immer griffbereit, dazu die Nahrung, die das Kind benötigt, und eine Mülltüte. Rechnet Staus oder mögliche Pannen mit ein, deshalb schadet ein bisschen mehr von allem nicht. Erst recht bei Getränken solltet ihr nicht sparen.

Außerdem braucht ihr die besagte **Unterlage,** damit Baby während der Pause liegen kann. Im Winter darf die Decke aus Wolle sein. Denn sollte es sich mal auf der Autobahn stauen, könnt ihr eure Perle darin einwickeln.

Und natürlich dürfen auch die Spielsachen fürs Baby nicht fehlen (siehe Kapitel »United Packlisten of Gesamthausstand«, ab Seite 153).

Spiel und Spaß im Auto

Autofahrten von mehreren Stunden können das zarte Kinderhirn schon arg ermatten. Woran soll es auch nur denken, muss es vom Kindersitz aus auf die vorbeirauschende wunderschöne Landschaft glotzen, sehen, wie sich prachtvolle Schlösser auf rostbraunen Felsen vor einem erheben und edle Gäule auf saftig grünen Weiden grasen ... furchtbar langweilig, das alles. Ich werde die Biester in zwanzig Jahren an all ihre »Laaaaangweilig«-Kommentare erinnern, an jeden einzelnen. Und dann können sie sich später für ihre Kinder mal was einfallen lassen, was nicht laaaaangweilig ist. So! Wir sitzen alle im Auto. Mama und Papa sind erwachsen und wissen sich zu beschäftigen, wir schalten rüber zu den Kleinkindern. Vorab: Wenn eure Kleinen schon etwas älter sind, sollen sie mal schön selbst ihr Unterhaltungsprogramm für die Reise zusammenstellen, damit sie sich nicht *langweilen*. Ausdünnen könnt ihr später immer noch.

Die folgenden Vorschläge arbeiten mit Fremdmaterialien. Ab Seite 203 findet ihr noch eine Unplugged-Spielesammlung, für die ihr keine zusätzlichen Gegenstände oder Ähnliches braucht. Diese eignet sich mit wenigen Ausnahmen für Zeitüberbrückungen in allen möglichen Fortbewegungsmitteln.

Wie wäre es denn beispielsweise damit, den ersten Urlaubstag schon mal gemeinsam in Gedanken durchzuspielen? Vielleicht könnt ihr ein paar Bilder von dem Hotel auf dem Handy anschauen oder euch mit einem Reiseführer genüsslich auf die Abenteuerreise einstimmen.

Eine edle, durchaus gebräuchliche Unterhaltungsgeste wäre sodann das freundliche Einwerfen einer Hörbuch-CD, oder den Kleinen den iPod mit Hörbüchern und Lieblingsmusik oder das iPad mit kleinen Games, Malprogrammen, der Mathe-Übungs-App und dergleichen hochoffiziell, aber für einen begrenzten Zeitrahmen, zu überlassen (es gibt durchaus Anspruchsvolleres als »Fruit-Ninja«, auch wenn das Obstgemetzel ein Höllenspaß ist). Wer allerdings auf ein kuscheliges Ehrenplätzchen im Herzen seines Nachwuchses aus ist, der krönt jenes pädagogisch zweifelhafte Digital-Entertainment-Treiben, indem er ihn gütig lächelnd eine Folge seiner Lieblingsserie gucken lässt.

Ich finde, alles muss ja nicht sein, aber warum sich im Auto sein Leben versauen. Lasst euren kindlichen Mitfahrer ruhig mal ein bisschen länger daddeln oder Videos gucken – es ist Urlaub, es regiert der Spaß und damit sei das Schlupfloch für Ausnahmen für diese besondere Zeit gepriesen!

Malbücher sind im Übrigen auch immer gut. Habt ihr wie wir keine Klapptische am Autositz, lassen sich z. B. bei Amazon schon für rund 20 Euro das Stück welche dazukaufen. Außerdem immer noch beliebt: Bücher, Kartenspiele, Playmobil, Schlümpfe, Lego, Spielfiguren zur Lieblingsserie, Barbies und Kinderzeitschriften, die in Folie eingepackt sind und immer irgendeinen Plastikspielzeug-Gimmick-Quatsch featuren. Vor jeder langen Autofahrt halten wir an der Tankstelle und jedes Kind darf sich eine aussuchen.

Für Babys und noch nicht der Sprache mächtige Kleinkinder

Einer von euch klettert nach hinten und darf den erklärenden Tanz- und tanzenden Erklärbären geben: Bilderbücher angucken, vorlesen, erklären, Bilder aller Familienangehörigen und der eigenen Kuscheltiere anschauen, Reiswaffel aus dem Ärmel zaubern und gemeinsam verspeisen, Vorführung mit Rassel, Quetschball, Zauberstab mit Knüllpapier dran, Klarsichtbeutel mit Glitzersternen und -papier drin, kleinen mit Reis gefüllten Luftballon, Schlüsselbund schütteln, Plastikkugeln mit bunten Perlen drin etc. Es ist für den beileibe dankbaren, erwartungsfrohen Konsumenten eine Aufführung mit seinem Lieblingsspielzeug, eine Art Varieté: Tür auf, Tür zu, Auftritt, Abtritt, und all das rasend schnell. Für Erwachsene meistens schnell ermüdend, da für uns laaaangweilig, aber wir lieben die kleinen Monster doch so sehr. Etwas spannender wird es dann meist, wenn ihr ganz beiläufig noch zwei, drei, vier neue Spielzeuge dazupackt – die Überraschung wirkt nachhaltig und der Bär darf durchatmen und mal wieder seinen Kopf heben, um aus dem Fenster zu gucken.

Auch sehr beliebt: Fingerspiele und Fingerfiguren, da kann jedes Kasperletheater einpacken. Meine Schwiegermutter hat uns unzählige solcher Figuren geschenkt – und die Story, wie Schwein und Tiger versuchen, den Krümel von Baby zu finden, der sich schließlich im Bauchnabel versteckt hat, ist immer wieder klasse!

Ihr könnt eurem Baby auch was ganz Einfaches aufmalen, wie Smileys oder Hasen. Oder wie wäre es, wenn ihr euer Gesicht mit beiden Händen links und rechts zusammenschiebt –

das uralte Grimassenschneiden zieht jederzeit. Meine haben sich immer schlapp gelacht.

Anreise per Luft – So fliegt ihr günstig und entspannt

Sich einen Flug zu buchen, ist keine Kunst. Ihn sich *günstig* zu angeln, dagegen schon. Nur wie, wann und wo bucht man sich dieses Sparticket? Das macht die Sache dann doch wieder kompliziert. Flüge buchen ist nämlich eine Wissenschaft für sich. Es gibt diverse Faktoren, die das Preisniveau der Tickets beeinflussen. Und schlimmer noch: Andauernd bestätigen Ausnahmen die Regel. Was man hier zunächst noch als Erkenntnis langjähriger Vielbucherfahrung präsentieren will, zerfließt schon bald wieder wie der Pudding an der Wand, der sich dem Nagel widersetzt. Nur eines ist hundertprozentig sicher, hier sind sich ausnahmsweise alle einig: Eine goldene Regel, wie man den günstigsten Flug bekommt, gibt es nicht. Aber es gibt Stellschrauben, über die sich immer etwas am Preis drehen lässt. Wenn ihr also bei eurer Flugbuchung ein paar Dinge beachtet, könnt ihr definitiv Geld sparen.

Im Folgenden werde ich euch zuerst von den Ergebnissen einer großen Marktanalyse des Internetportals www.skyscanner.de berichten, die tatsächlich richtungsweisende Tendenzen aufzeigt. Anschließend präsentiere ich euch einige Tipps rund um das Thema Flugbuchung, die auf zahlreichen Erfahrungen von Vielfliegern beruhen.

Ihr solltet wissen: Zum Großteil kommt ihr in den Genuss des Preisnachlasses, wenn ihr flexibel seid. Inwieweit diese Eigenschaft auf eure Lebenssituation mit Kind zutrifft, dass wisst nur ihr selbst am besten. Aber auch die alte Weisheit vom frühen Vogel, der den Wurm fängt, bleibt aktuell. Irgendwas ist auf jeden Fall für euch dabei!

Erkenntnisse einer Suchmaschine

Ohne Werbung betreiben zu wollen, ist www.skyscanner.de definitiv ein empfehlenswertes Internetportal (natürlich gibt es auch weitere derartige Suchmaschinen, zum Beispiel www.urlaubsdealer.com oder www.billigflieger.de). Es fragt für den User den gewünschten Flug ab und spuckt die gesamte Bandbreite der Flugverbindungen und -preise aus, inklusive die der (Billig-)Airlines im Ausland. Obendrein kann man einen geplanten Flug, zum Beispiel von Hamburg nach Island, hinterlegen und erhält bei einer möglichen Flugpreisänderung eine Nachricht darüber. Passt der Preis, kann man buchen. Hofft man darauf, dass er weiter purzelt, heißt es weiter beobachten.

Skyscanner also hat sich die Mühe gemacht, herauszufinden, wann denn eigentlich Flüge am günstigsten sind. Und weil hier endlich mal einigermaßen fassbare Resultat bei rauskamen, habe ich diese für euch zusammengefasst:

- Flüge in die USA, nach Thailand und nach Südafrika nach Möglichkeit sehr früh buchen!
- Superschnäppchengefahr herrscht 25 (USA) bis 19 Wochen (Thailand und Südafrika) vor Abflug.

- Tiefpreismonat für die USA: Februar (Differenz zu sonstigen Flügen teilweise mehr als 400 Euro). Tiefpreismonat für Südafrika und Thailand: Mai.
- Den Flug in die Karibik sieben Tage vorher buchen, das ist optimal. Fällt der Tag in den Januar, kommt auch noch »Glück« dazu. Denn der Jänner ist zufälligerweise der günstigste Reisemonat für Stippvisiten im Paradies. Doch Flüge in diese Ecke der Welt sind an sich immer teuer. In der Hauptsaison, im Juli, liegt der Preis im Vergleich zum »billigen« Januar lediglich um 190 Euro höher und beläuft sich dann auf ca. 907 Euro.
- Südamerika empfiehlt sich in der Nebensaison, eben dann, wenn die Südhalbkugel nicht mehr vom Sommer besucht wird, sondern von Herrn Herbst und Fräulein Winter: Mai bis Oktober. Flüge nach Brasilien bekommt ihr da schon für 700 Euro. Richtig teuer ist die Ecke zwischen Dezember und Februar, allein wegen des Karnevals. Flüge gerade zu solchen saisonalen Höhepunkten solltet ihr sehr früh buchen.
- Bleibt ihr in Europa, spart ihr laut Skyscanner generell am meisten, wenn ihr fünf Wochen vorher bucht. Das gilt tatsächlich für die Türkei, für Spanien und Griechenland, aber nicht für die Kanaren. Hier empfiehlt sich eine Buchungsvorlaufzeit von drei Wochen.

Universalregel: Wenn es nicht unbedingt sein muss, sollten Buchungen für Wochenenden, Feiertage oder mitten in der Ferien- und Hauptsaison gemieden werden!

Erfahrungen eifrig Reisender
Frische Flüge fangen
Fluggesellschaften wie die Lufthansa stellen ihre Flüge sehr früh ins Netz und unterwerfen sie von vornherein dem Prinzip von Angebot und Nachfrage. Das heißt, wer ganz früh frische Flüge erwischt, der mahlt auch zuerst. Hier empfiehlt sich also: Reisedatum und Budget so früh wie möglich festlegen, Flüge raussuchen, ein paar Tage beobachten und dann zuschlagen!

In den Verteiler einklinken
Viele Airlines hauen gerne günstige Tickets raus und weisen auf Angebote in ihren Newslettern hin. So nervig die vielen Nachrichten auch sein mögen, tragt euch bei den Airlines schön mit ein. Es können nur günstige Flüge dabei rauskommen.

Kleine Flugschnorrer
Wenn ihr mit einem noch ganz kleinen Zwerg abhebt, dann dürftet ihr euch ob der zu berappenden Summe sehr freuen: Kinder unter zwei Jahren kommen nämlich bei innerdeutschen Flügen zum Beispiel bei Lufthansa und Air Berlin in den Genuss des Freiflugs, während bei internationalen die Flugpreise für die Mini-Passagiere spürbar rabattiert sind.

Toleranz spart Geld

Der Flugpreis ändert sich nicht einfach nur stündlich durch Angebot und Nachfrage, nein, er ändert sich auch, wenn ihr wirkungsvoll an ein paar Rädchen dreht, die vielleicht beim ersten Lesen nicht unbedingt bequem sind, euch aber jede Menge Geld sparen. Na, Interesse? Das Zauberwort in diesem Zusammenhang lautet: Flugdatentoleranz!

1. Statt Hamburg, Berlin oder Frankfurt könnt ihr bei einigen Suchmaschinen auch einfach Deutschland eingeben.
2. Es gab mal das ungeschriebene Gesetz, dass Flüge unter der Woche günstiger sind als am Wochenende. Das haut heutzutage nicht mehr immer hin, da werktags auf einigen Strecken viele Businessmenschen fliegen, was den Preis nach oben treibt. Der herrschenden Reisebloggerlehre zufolge sind Montag, Sonntag und Freitag die teuersten Flugtage, Dienstag, Mittwoch und Donnerstag die preiswertesten.
3. Wie ihr die Wochentage neu bestimmen könnt, so seid ihr vielleicht auch in der Lage, die gesamte Reise um mehrere Tage oder Wochen nach vorne oder hinten zu verlegen – guckt mal, wie sich das auf den Preis auswirkt.
4. Auch die Gesamtdauer eures Trips strahlt auf die Kosten aus.
5. Wie wäre es, statt dem offensichtlich beliebten Vormittagslieber den ungeliebten Nachmittagsflug zu nehmen, oder andersherum?
6. Ein möglicher anderer erster Zielort im Zielland, zum Beispiel Sydney statt Melbourne oder Barcelona statt Valencia kann sich ebenfalls günstig auf den Flugpreis auswirken.

Vielfliegertipp (frei von Marktanalysen):
Bucht ihr zehn Wochen vorher, spart ihr etwa 50 Prozent bei Inlandsflügen und 40 Prozent in Europa.
Vier bis drei Wochen vorher liegt ihr mit 40 Prozent im Inland und 30 Prozent für Europa immer noch gut im Kurs. Achtung: Danach zieht der Flugpreis extrem stark an.

USA-Tipp:
Dem USA-Freund sei wärmstens empfohlen, bis spätestens 50 Tage vor Abflug sein Buchungskreuzchen online zu setzen. Dann liegt die Vergünstigung noch bei etwa 20 Prozent.

Errorfare

Schon mal was von Errorfare gehört? Darunter versteht der geneigte Globetrotter und Reisebürokaufmann einen Flugpreis, der durch einen Fehler im Computersystem von Reisebüros, Fluglinien oder Buchungsplattformen entstanden ist. Plötzlich sind die Steuern oder der Kerosinzuschlag, manchmal gar der Flugpreis nicht im Preis enthalten. Mal hat sich einer verrechnet, mal hat ein anderer was falsch eingegeben, oder es war schlicht und einfach eine fehlerhafte Datenübertragung. Egal! Nutznießer eines solchen Irrtums könnt nämlich ihr sein, greift ihr euch fix den preiswerten Flug.
Errorfares könnt ihr im Netz suchen oder aber auf Internetseiten finden, die regelmäßig diese Fehlerflüge aus-

---

spucken. Wenn ihr einen erwischt, müsst ihr schnell sein, denn die Airlines sind meistens schnell hinterher, diese Flüge wieder zu löschen. Einen Pferdefuß haben die Dinger allerdings doch. Ihr müsst superflexibel sein und euch vor allem an die vorgegebenen Zeiten halten, wobei die oft für einen mehrwöchigen Zeitraum gelten. Und: Der Flug startet vielleicht nicht bequem vom heimatlichen Flughafen, sondern verlangt von euch, mit dem Zug, Auto oder mit einem anderen Flug (sogenannter Positionierungsflug) erst mal nach Mailand zu düsen, um von dort aus dann nach Singapur zu fliegen. Dafür kann so ein Flug nach Asien hin und zurück u. U. nur 300 Euro kosten, oder nach Amerika 180 Euro, was durchaus den faulsten Menschen vom Sofa treibt.

Und noch was für die Urlaubsinspektorabteilung: Aus oben genannten Gründen ist bei Errorfares die Gefahr gegeben, dass ihr mal einen Anschlussflug verpasst. Um hier schadfrei zu bleiben, empfiehlt sich eine Ticketversicherung.

Errorfares findet ihr zum Beispiel über die folgenden Seiten:

www.urlaubsdealer.com

www.travel-dealz.de

www.holidaygott.de

www.urlaubsguru.de

www.travelox.de

www.exbir.de

Das »Around-The-World«-Ticket

Für unsere Welt umreisenden Freunde sei hier auf ein »Around-The-World-Ticket« hingewiesen, das über diverse Airline-Allianzen in unterschiedlichen Versionen angeboten wird und einen mit Garantie einmal um die Welt fliegt. Allerdings nur in eine Richtung und je nach Modell mit einer Begrenzung auf Zeit (ein Jahr), Kontinente oder Stoppover (zwischen drei bis 15). Das heißt, ihr müsst euch im Vorfeld entscheiden, ob es euch über den Atlantik oder den Pazifik treibt. Hier und da könnt ihr liebevoll nachjustieren und die Aufenthalte bezüglich Ort und Zeit für eine Aufwandspauschale verändern. Nach euren Stoppovers fliegt euch das Ticket wieder zurück auf euren Heimatkontinent oder in euer Heimatland. Das Around-The-World-Ticket startet bei etwa 1300 Euro und ist nach oben hin preislich völlig entfesselt.

Anbieter:

http://www.staralliance.com/de/fares/round-the-world-fare/

http://de.oneworld.com/flights/round-the-world-fares/

http://www.thegreatescapade.com

http://www.skyteam.com

http://www.statravel.de/flug-around-the-world.htm?banner=bottom-carousel_1_28-05-13

Mit Kindern im Flugzeug

Fliegen mit Baby

Um die Flugreise mit Baby möglichst entspannt zu gestalten, hier ein Tipp, Stichwort: **Vorabend-Check-in!** Ich kann nur empfehlen, euch die Zeit für dieses ganz besondere Happening zu nehmen, weil ihr euch damit einen stressfreien Start in den Reisetag gönnt. Mit den Bordkarten könnt ihr euch dann am nächsten Tag mitleidig lächelnd an den langen Schlangen vorbeischieben und tiefenentspannt direkt zur Sicherheitskontrolle gehen. Welche Fluggesellschaft an dem Airport eures Vertrauens in welchem Terminal und zu welcher Uhrzeit diese lohnenswerte Option anbietet, erfahrt ihr auf der Internetseite des Flughafens.

Wohin mit dem **Kinderwagen?** Die Frage wird relativ schnell am Flughafen beantwortet, nämlich von dem zuvorkommenden Personal beim Check-in. In der Regel könnt ihr euren Kinderwagen oder Buggy bis zur Flugzeugtür mitnehmen. Danach wird er im Bauch des Flugzeugs verstaut und nach Landung wieder bereitgestellt. Manchmal seht ihr ihn aber auch erst auf dem Gepäckband am Zielort wieder. Unseren großen Kinderwagen haben wir immer mit dem Gepäck aufgegeben. Zuvor ausgiebig mit Folie umwickelt und gut zugetaped.

Geht's dann in den Flieger – Achtung Hammertipp! –, solltet ihr **getrennt einsteigen.** Erst steigt Maestro mit Rucksack, Wickeltasche und was ihr sonst noch so mit an Bord schleppt, ins Flugzeug und richtet schön euren Platz ein. Er legt wichtiges Spielzeug, Fläschchen, Nuckler etc. parat und verstaut, was nicht dringend während des Flugs gebraucht wird. Dann erst folgt Mama mit Baby und kann sich sofort dem einladenden wohlig warmen Flugkomfort hingeben. Zwar werden Familien mit Babys gerne bevorzugt und dürfen mit als Erste an Bord. Aber: Dieser eigentlich so feine Zug zwingt euch, gefühlte Ewigkeiten in der fliegenden Nussschale zu warten, bis die restlichen 280 Passagiere eingestiegen sind. Mit Kindern finde ich das nervig. Wir zögern das Boarding der Kinder daher meistens so lange wie möglich hinaus.

Mehr oder weniger alle Airlines bieten wannenartige Babyaufbewahrungskörbchen an, die in der ersten Reihe an die Wand gehängt werden. Diese Monstren, auch **Bassinets** genannt, sind nicht bei allen Airlines mit dem gleichen Gewicht belastbar. Bei Lufthansa darf dein Brocken bis 14 Kilo auf die Waage bringen, bei Condor oder TUIfly zum Beispiel nur acht. Dieser Service ist kostenlos und folgt je nach Fluggesellschaft eigenen Gesetzen. Die Bettchen werden an die jüngsten Babys vergeben, außerdem sind sie recht rar. Smart ist es also, sich schon bei der Buchung das Plastiknest zu sichern. ABER einen Haken hat diese Babykoje leider dann doch: Bei Turbulenzen ist euer Wonneproppen nicht gesichert und muss trotz Schlaf aus dem Körbchen geholt und mit angeschnallt werden.

Bis die kleinen Bruchpiloten alleine sitzen, thronen sie während des Flugs auf eurem Schoß oder zwischen euch. Für den Start und für die Landung erhaltet ihr nach EU-Richtlinie einen **Extra-Schlaufengurt,** der mit dem eigenen verbunden wird. Bei unseren Kindern war das immer ein Eiertanz par excellence, sie beim Start und bei der Landung damit festzuschnallen. Ich weiß noch, wie uns jedes Mal der Schweiß von der Stirn tropfte, wenn der 30-minütige Landeanflug bevorstand. Hanna hat sich ewig gegen das »Anketten« aufgelehnt und musste deeskalierend zwangsunterhalten werden, damit sie sich nicht aus dem Gurt zappelte. Apropos, so richtig schlau und zu Ende gedacht wirkt diese vorgeschriebene Vorrichtung nicht, weil sich bei einer möglichen Vollbremsung das Gewicht des Erwachsenen auf das Kind drückt.

Also ab in einen **Kindersitz,** den wir selbst mitbringen müssen. Doch Stopp! Das kostet dann wiederum den Preis eines Sitzplatzes für Kinder zwischen zwei und elf Jahren. Tja, man lässt sich nicht lumpen im Luftfahrtbusiness. Deshalb ist es ratsam, für die Langstrecke einen Kindersitz mitzunehmen und die Kurz- und Mittelstrecke als preisgünstiger Doppelwhopper im Tandem abzusitzen – ja, ihr schafft das! Am allerbesten klärt ihr schon im Vorfeld der Buchung, welche Transportoptionen die Fluggesellschaft für Babys vorsieht, wie viel euch die Mitnahme eines Kindersitzes kosten würde und welche Kindersitzmodelle auf dem Flug zugelassen sind.

Gegessen wird nach wie vor, was aus der Brust kommt, oder ihr füttert die gewohnten Breis und Pülverchen. Ähnlich verfahrt ihr mit dem Trinken. Alles bleibt beim Alten. Im Sinne der Nasenschleimhäute wird allgemein ob der trockenen Luft im Flugzeug geraten, viel zu trinken, das gilt für alle.

Wenn ich **Babys im Flugzeug schreien** höre, keimt umgehend reflexartig Mitgefühl für die Eltern in mir auf. An das Baby und seinen Beweggrund zu schreien denke ich dabei ehrlich gesagt zunächst gar nicht. Es sind mehr die hilflos wirkenden

Eltern und deren verzweifelte Beschwichtigungsversuche, denen meine spontane Zuneigung gilt. Es ist ein bisschen, wie die Explosion einer Silvesterrakete mit bloßer Hand verhindern zu wollen. Kann gut gehen, wirkt aber irgendwie ungeschickt. Gerade als Romy noch in ihrer Schreiphase war, bin ich im Flieger zumeist unzählige Tode gestorben, wenn sie auch nur gehüstelt hat. Mit Hanna zog schließlich auch der Champions-League-Gewinner in Sachen »Flugausraster« ins Haus ein, sie hatte die drei beliebten Spezialitäten auf Lager: sich hinwerfen, sich gegen böse Anschnallgurtschlangen wehren oder kurz vor dem Start den Gang noch mal hochrennen. Alles, selbstredend, begleitet von lautstarkem Gebrüll.

Aber mit dem Zweiten wird man auch gelassener beziehungsweise gelassener gemacht. Kristy und ich haben uns als eine Art Ritual in jener Phase beim Verschließen der Flugzeugtür immer tief in die Augen geguckt und uns gesagt: »Jetzt können wir es sowieso nicht mehr ändern.« Was so missmutig klingt, entspannte uns sofort. Wir erteilten dem blöden, so selbstgemachten Dauerdruck, immer alles und zu jeder Zeit perfekt unter Kontrolle haben zu müssen, kaltschnäuzig eine Absage. Fuck You! Muss man eben nicht. Wir atmeten einmal tief durch und los ging's. Und dank unseres aus der Verzweiflung geborenen festen Glaubens an die »Worte haben Macht«-Theorie gewannen wir ein jedes Mal die Gelassenheit, die wir für die Zeit über den Wolken so bitter nötig hatten. Fazit: Seit Einführung der esoterischen Parole lief und läuft es bis einschließlich heute immer besser als erwartet. Und jetzt kommt ihr!

Die einen denken beim Geschrei an die Eltern, die anderen ans Baby – was kann los sein?

Grund des Spektakels ist möglicherweise ein misslungener Druckausgleich im Ohr. Deshalb bei Start und Landung den Babys immer was zu trinken oder zum Nuckeln geben. Stillen ist eine Möglichkeit, ansonsten ein Fläschchen, für die älteren vielleicht ein, zwei Gummibärchen oder ein Kaugummi.

Bei leichter Erkältung sind obendrein abschwellende Nasentropfen ratsam. Wir verabreichen sie auch, liegt keine Erkältung vor. Damit flutscht unserer Erfahrung nach der Druckausgleich besser. Wenn ihr auch dazu tendiert, achtet drauf, dass ihr die Tropfen jeweils eine halbe Stunde vor dem Start und vor dem Landen verabreicht. Leidet euer Süßes unter einer stärkeren Erkältung, stattet auf alle Fälle vorm Boarding dem Arzt einen Besuch ab. Gerne vereinen sich nämlich die Schnupfen-Schergen mit den Husten-Heinis und gebären eine mittelschwere Mittelohrentzündungskatastrophe. Dann helfen dem Kind keine Tropfen und euch keine esoterische Parole.

Fliegen mit Kleinkind

Wer mit Romy und Hanna reist, reist mit den Spiegelbildern von Papa und Mama. Romy ist am Vorabend der Abreise so aufgeregt, dass der Schlaf für sie glatt einer Strafe gleichkommt. Am nächsten Morgen ist sie dann entweder als Erste wach oder mit dem Wecken abfahrbereit. So schnell erleben wir unser Kind im Alltag sonst nie. Ich wiederhole: NIE!

Hanna ist hingegen, sicherlich ihrem Alter entsprechend,

der gelassenere Typ. Hektik existiert in Hannas Kosmos nicht. Man kommt, wenn man zu kommen gedenkt. Ist sie ansonsten mit einem beachtlich hohen Aktivitätslevel beschenkt worden, bricht sich jener jedoch keinesfalls frühmorgens Bahn. Und auf Reisen? Nö! Da bleibt Mademoiselle die Ruhe in kleiner Person. Im Gegensatz zu ihrer aufgescheuchten Schwester, die Papas Nervosität teilt, folgt Hanna ihrer Mutter. Gelassen. Kaum Kopfkino. Wenig Sorge, irgendetwas könnte misslingen. Das wird schon!

Kinder orientieren sich sehr stark am Verhalten ihrer Eltern. Babys schreien, spüren sie, wie ihre Erziehungsberechtigten verkrampfen und/oder unsicher sind, und diese empathische Gabe bleibt den Kindern auch erhalten, werden sie älter. Nur kapieren sie dann mehr. Hier können wir ansetzen, wenn wir mit Kleinkindern fliegen. Kommunikation ist Trumpf. Ihr solltet das bevorstehende Abenteuer thematisieren. Wie läuft der Reisetag konkret ab? Was passiert am Flughafen? (Zu dem Thema gibt es übrigens auch wirklich gute Bilderbücher.) Wie fliegt so ein riesiges Flugzeug überhaupt? Wie sehen die Ängste der Kinder aus, wie ihre Erwartungen?

Habt ihr euch diesbezüglich intellektuell und emotional ausgetauscht, zählt für größere Kinder nur noch eins: die amüsante Gestaltung des Zeitvertreibs zwischen Kopfhörerkauf und Ende des On-Board-Entertainment-Programms.

Kristy spielt zum Start üblicherweise den ersten Pass, indem sie wohl aus dem größten Überraschungsei der Welt, ihrer Handtasche, für jedes Kind zwei Tütchen hervorzaubert. In dem einen sind Gummibärchen, in dem anderen warten kleine Geschenke auf die Kinder, nichts Großes, zum Beispiel Aufkleber plus Heft, ein kleines Pixi-Buch oder für meine kleine Hanna ein Made-In-China-Plastik-Spiel-Set mit Töpfchen und Pfanne. Irgendeine Kleinigkeit halt. Damit haben wir die ersten 30 bis 60 Minuten des Flugs im Handumdrehen besetzt. Mit Nachlassen der Attraktivität greift nahtlos das im Vorfeld persönlich organisierte Individual-Unterhaltungsprogramm (IUP).

Kleiner Schlenker gefällig? Romy besitzt einen Trunki (www.trunki.com). Das ist kein alkoholabhängiger Kollege aus dem Kindergarten, sondern ein Plastikkoffer auf vier Rädern, zum Cruisen, ähnlich einem Bobbycar, oder zum Hinter-sich-her-Ziehen wie ein Bollerwagen. Das kleine Allroundtalent – in vielen aufregenden Farben und Designs erhältlich – macht sich auf Flughäfen sehr gut. Lange Fußwege wie beispielsweise von der Sicherheitskontrolle zum Gate können auf diese Weise spielerisch bewältigt werden. Wieso erzähle ich das alles? Im Wesentlichen ist und bleibt der Trunki natürlich ein Koffer und diesen will Romy vor Reiseantritt immer selbst mit ihrem ausgewählten Lieblingsspielzeug bestücken. Das ist schon einige Male ob diverser Fehlgriffe schwer in die Hose gegangen, und der vierrädrige Plastikkasten verstaubte unter dem Sitz des Vordermannes, aber es bleibt ein richtiger und wichtiger Akt der Selbstverantwortung, wie ich finde. Sie trägt ihr Scherflein zur eigenen Unterhaltung bei und wenn sie nur Quatsch einpackt, der sich binnen kürzester Zeit im Spiel abnutzt, lebt sie mit den Konsequenzen. Zeit muss dann eben anders totgeschlagen werden.

Hanna, erst mit zwei Jahren in das IUP eingestiegen (vorher haben wir ihr Spielzeug in unserem Handgepäck verstaut) und Besitzerin eines kleinen Rucksacks, unterstützen wir nach wie vor und aus berechtigtem Anlass beim Arrangieren des mobilen Spielzeugensembles. Würden wir auch bei ihr auf Eigenveranwortung im Projektmanagement abstellen und sie tatsächlich all die Steine, Scherben, leere Dosen und Tannenzapfen, die sie mit Vorliebe in ihren Rucksack packt, mitnehmen lassen, wäre unser Urlaub für uns wohl schon bei der Sicherheitskontrolle vorbei. »Olchi«-Alarm, abführen!

Erschlafft das IUP, zünden wir automatisch Stufe 3: gemeinsames Lesen. Bei dem Umfang der Bibliothek, die sich da im Jutebeutel befindet, machen wir damit zeitlich einen gewaltigen Sprung, bis die letzte Maßnahme greift – Stufe 4: Bewegtbild und/oder Hörbuch.

Die bereits erwähnten Tablet-PCs sind wirklich dankbare Helfer auf Langstreckenflügen oder Überlandautofahrten von tausend Stunden am Stück ohne Pinkelpause. Hier das eine oder andere Filmchen zu laden, das ist schlau. Dazu noch ein paar Apps für Spiel und Schlaubergertum, sozusagen die lieben, die pädagogisch wertvollen, und ein in sich rund um harmonischer Mensch trottet um die Welt. Einen **MP3-Player** mit den Lieblingshörbüchern haben wir ebenfalls immer griffbereit. Am Vorabend der Reise bespiele ich deshalb teilweise stundenlang die Geräte neu, digitalisiere zuvor noch CDs und kaufe von irgendwelchen Serien online neue Folgen.

Bekanntlich wird zwischen diesen vier Entertainment-Stufen ständig gegessen, müssen alle auf Toilette, hat wieder einer

Durst, und schließlich ist die Frau mit der Colaflaschenglas-dicken Brille hinter einem ja auch ein putziger Exot. Doch da heißt es schon wieder: »Anschnallen, Landeanflug!«

Und wer mal alleine mit den Kids reisen will …

Solltet ihr euch überlegt haben, getrennt zu verreisen, oder seid ihr ohnehin ausschließlich separat unterwegs, aus welchen Gründen auch immer, dann gebe ich euch einen rechtlichen Hinweis mit auf den Weg: Derjenige, der die Zwerge mitschleppt, tut gut daran, eine formlose Vollmacht bzw. Einverständniserklärung des Daheimgebliebenen in der Tasche zu haben. Natürlich nur, wenn dieser auch sorgeberechtigt ist. In einigen Ländern ist das tatsächlich Bedingung, in anderen interessiert sich der Grenzbeamte eher für deine Frisur als für dein Kind und dessen überbordende Dokumentenmappe.

Einen erhöhten Schwierigkeitsgrad erreicht das Einreiseprozedere, habt ihr zwei Süßen eure jeweiligen Nachnamen behalten, und ausgerechnet derjenige, der seinem Kind den Nachnamen verpasst hat, ist nicht mit von der Partie. Hier müsst ihr für euren Mut zur Individualität extra eine Vollmacht des sorgeberechtigten Namensspenders parat haben plus Heirats- und Geburtsurkunde.

Und wenn Oma, Opa, Tante oder Lieblingsonkel mit eurer Brut auf Angeltour, Packeis-Expedition oder Dschungeldurchquerung gehen möchten, dann stellt ihnen auch lieber eine Vollmacht aus. All der Papierkladderadatsch ist neben dem gültigen Reisepass bis zum 16. Lebensjahr notwendig. Und was soll denn überhaupt in so einer Vollmacht drin stehen? Das Auswärtige Amt der Bundesrepublik Deutschland rät, für eine Reisevollmacht die Personalien der Reisenden (also der von euch ernannten Sorgeberechtigten und die der Kinder) anzugeben, eure Personalien (auch in Form einer Kopie des Reisepasses) sowie eure Erreichbarkeit, die Reiseroute, den Zeitraum und eine notarielle Beglaubigung der Unterschrift. Ein Satz dazu, dass ihr mit der Reise einverstanden seid, macht das Gesamtwerk auch noch freudvoll für den Leser. Das Pamphlet zusätzlich in die Landessprache des Reiselandes übersetzt, und ihr erreicht auf der Eltern-reisen-mit-ihren-Kindern-aber-mal-so-richtig-professionell-Skala glatte 10 von 10 Punkten.

Wenn ihr Freunde habt, die das alleinige Sorgerecht für ihr Kind tragen und eine Reise um den Erdball starten möchten, dann könnt ihr beim nächsten Latte Macchiato statt eines Amarettokekses den Info-Snack reichen, sich eine Bescheinigung für das alleinige Sorgerecht ausstellen zu lassen. Die gibt es beim Jugendamt. Und im Gegensatz zum Latte ist die sogar umsonst.

Wer aber tausendprozentig sicher sein will, dass Ur-Oma mit dem Kind im Schlepptau problemlos am gewünschten Ort ankommt, dem sei hier zu guter Letzt angeraten, einmal kurz auf der Internetseite des Ziellandes nach entsprechenden Einreisebedingungen zu schauen oder einmal bei der Ländervertretung in Deutschland anzurufen und die jeweils notwendigen Voraussetzungen zu erfragen.

Unplugged-Zeitvertreib für die Reisebrut – Spielideen für unterwegs

Wie ein wandelnder Spielzeugladen setzen wir uns mit dem Tross in Bewegung und beobachten aus den Augenwinkeln, wie diese wissensdurstigen, ungeduldigen und blitzschnellen Geschöpfe hinter oder neben uns sadistisch rumfingern, fummeln, drücken, kratzen, pinseln, krickeln, draufschlagen oder auf irgendeine andere Art von Menschen liebevoll entwickelte Errungenschaften roh und gekonnt malträtieren. All die Massen an Büchern, Hörspielen, Kindermusik, Malstiften, Kartenspielen, Unterhaltungselektronik, Puppen, Stofftieren und Figuren, Babyknisterspielgedöns oder besagten Quatschzeitschriften sind uns unterwegs unverzichtbare, verlässliche Begleiter. Doch plötzlich ist das letzte Einhorn gemalt, hat die letzte »Hexe-Lilli«-CD bei Track 8 dauerhaft gehakt oder ist das neue Spielzeuggimmick vom Geschwisterkind zermalmt, zerbröselt oder aufgegessen worden … Es dauert nicht lange, und aus Murmeln wird Genörgel, aus Genörgel lautstarkes Quengeln. Man zeigt sich unzufrieden ob der Schere zwischen Reisedauer und Unterhaltungsfaktor. Die Qual für Eltern, das nur beiläufig angemerkt, liegt hierbei minder in der Wortwahl als mehr im näselnd krittelnden Vortrag in Verbindung mit unruhigem Dehnen und Gezappel, dazu leidendem, gar darbendem Gesichtsausdruck. Wahre Ausdruckskunst. Und Kunst erzeugt immer eine Reaktion. Zeit zu handeln, Unterhaltung unplugged ist gefragt!

Stellt euch vor, alles ist gelesen, gespielt und gegessen – was bleibt, ist ein Sitz- oder Stehplatz, vielleicht ein Brüderchen oder ein Schwesterchen, und die sich langsam, aber umso beängstigender manifestierende Befürchtung, dass die Reise noch bis in alle Ewigkeit dauert. Was würdet ihr tun?

Schwierig, keine Frage. Jetzt auf die Selbstständigkeit des winzigen Wesens abzustellen, ist so unrealistisch wie eine langjährige Haftstrafe ohne Tränentattoo und die Seife vom Kollegen aufheben müssen. Deswegen benötigt ihr Steine des Anstoßes, Impulse, kurz gesagt: Spielideen, aus denen ihr bitteschön das Beste rausholen könnt, was in ihnen steckt.

Ich erteile selbstredend keine Gewähr für die pädagogische Nachhaltigkeit, aber sie sind alle von uns auf Reisen getestet worden und haben uns gute Dienste erwiesen.

Jedes Kind hat seinen Favoriten. Hanna zum Beispiel liebt »Dinge-Bingo«, ein einfaches Spiel, das im Kern ausschließlich aus Gucken besteht. Romy indes bekommt gar nicht genug von »Ich sehe was, was du nicht siehst«. Diesen Klassiker wird sie dummerweise niemals leid, was bedeutet, dass sie das Spiel auch niemals selbst aktiv beenden würde. Sie spielt es zu jeder Zeit, unabhängig von Sichtverhältnissen. Das gestaltet es in schummrigen Flugzeugen nachts um drei Uhr oder früh morgens in abgedunkelten Transferbussen zum Flughafen immer etwas diffizil, Farben zu benennen. Aber, na klar, am Ende sind Farben ja nur Schall und Rauch – hier geht es um das Miteinander.

Oberstes Prinzip auf Reisen (ausgenommen Autofahrten)

Da ihr auf Reisen wohl zur Genüge stumpf herumsitzen dürftet, vermeidet das Abhängen auf Sitzbänken an Bahnsteigen und in Abflughallen, stattdessen bewegt euch. An diesen vor Leben sprühenden, hektischen Verkehrsknotenpunkten gibt es bekanntlich sehr viel Spannendes zu sehen, zu hören, zu riechen. Und da jeder zusätzliche Gang den Kids die Gelegenheit gibt, sich auszutoben, und sich so auf der Reise selbst eher mal Erschöpfung breitmacht und somit Ruhe einkehrt, geht auf Beobachtungsstation: Flugzeuge oder Züge, Landen, Starten, Abfahrt, Ankunft etc. Was passiert, nachdem die Maschinen gelandet sind? Dürft ihr mal in einen neuen ICE-Waggon einsteigen oder einen Blick in die Lok werfen?

Ist alles gesehen, erzählt und nervt nur noch, könnt ihr euch an der Informationsstelle erkundigen, ob es eine Spielecke für Kinder gibt. Viele Flughäfen verfügen mittlerweile über spitzenmäßige Indoor-Spielplätze. Sollten alle Stricke reißen, stromern wir mit den Kindern durch Spielzeuggeschäfte, sofern vorhanden. Das funktioniert aber auch nur, weil sie verstanden haben, dass sie sich dort nicht immer irgendetwas aussuchen dürfen. Vielmehr ermuntern wir sie, Geschenkideen für ihren nächsten Geburtstag zu sammeln, selbst wenn der noch eine ganze Weile auf sich warten lässt.

»Stalking Heads« – die Alltagsdetektive

Es mag langweilig sein am Flughafen. Aber so geht es ja auch anderen Wartenden. Gemeinsam pickt ihr euch daher eine interessant aussehende Person aus der Touri-Masse heraus und verfolgt sie, wie echte Geheimdetektive. »Mann geht auf Toilette, anschließend kauft er sich ein Brötchen und setzt sich wieder zu seiner Frau.« – spannend!

Fragen wie »Welchen Belag hat er für sein Brötchen gewählt?« treiben das Spiel noch auf die Spitze, und schließlich kann es sogar fast zu Undercover-Direktkontakten mit der Zielperson kommen, schleicht sich einer an, um die Antwort endgültig herauszufinden.

Aber auch das klassische Spekulieren ist hier dankbar, wie zum Beispiel das Beruferaten: »Ich glaube, der Mann ist Rechtsmediziner. Er zerlegt sein Brötchen, als würde er eine Leiche sezieren …« Noch fantasieanregender ist der »fiktive Tagesablauf«: Was hat die ausgewählte Person heute wohl schon alles gemacht? »Er hat schlecht geschlafen, davon zeugen seine Pandabär-Augenringe. Und ich denke, er hat von der Autoreparatur geträumt. Ihm ist nämlich gestern Abend nach dem Vorabend-Check-in ein Reifen geplatzt …« Dieses Spiel lässt sich endlos spielen. Aber lasst euch nicht beim Stalken für Arme erwischen.

Cruising the Airport

Kofferwagen sind nicht nur hilfreiche Fortbewegungsmittel und Lastentaxis für das Gepäck, sie taugen ebenso als Speed-Schubkarre für Kinder. Dabei bietet das Gefährt sowohl mit als auch ohne Gepäck ideale Sitzgelegenheiten für die kleinen Gummimenschen. Entweder sie thronen oben auf den Koffern, oder sie quetschen sich abgepolstert durch eine mehrfach gefaltene Jacke in den kleinen Handgepäckkorb oben am Griff.

An einigen europäischen Flughäfen habe ich mit den Kindern auf diese Art und Weise schon diverse Strecken- und Rundenrekorde auf den Gängen aufgestellt. An anderen wurden wir sofort vom Sicherheitspersonal in unserer Euphorie gebremst! Stopp, Kinder raus da! Ich würde es immer drauf ankommen lassen, aber ihr müsst wirklich gut darauf achten, dass euch keine der Printen runterpurzelt.

Was bin ich?

Robert Lembkes Klassiker ist ein Stück Fernsehgeschichte mit Mehrwert. »Welches Schweinderl …« und so weiter. Jetzt ist es an der Zeit, diesem Werk zu huldigen, und es in der Kinderversion zu spielen. Euer Kind denkt sich eine Person, ein Tier oder irgendeinen Gegenstand aus, und die anderen müssen per Fragen erraten, wer oder was es ist. Der kleine Geheimniskrämer darf nur mit Ja oder Nein antworten. Erlaubt sind 20 Neins. Wenn ihr es dann nicht herausgefunden habt, hat euer Kind gewonnen und darf sich eine neue Figur ausdenken.

Ich sehe was, was du nicht siehst

Da ist er wieder, der alte Klassiker. Die Regeln sind geläufig? Noch mal zur Sicherheit: Man pickt sich einen Gegenstand im direkten Umfeld heraus und benennt nur die Farbe. Der andere muss erraten, um welches Teil es sich handelt.

207

Ich packe meinen Koffer

Wie »Ich sehe was, was du nicht siehst« erinnert auch dieses Spiel an unsere Kindheit. Reihum packt jeder etwas in den Koffer. Aber bevor er einen neuen Gegenstand hineinpackt, muss er erst mal aufzählen, was alles schon drin ist. Das ist bei vier Dingen einfach, wird aber von Mal zu Mal anstrengender. Schönes Merkspiel.

Falscher Märchenerzähler

Schneewittchen biss in einen vergifteten Apfel, Dornröschen stach sich an einer spitzen Spindel. Was aber, wenn es statt des Apfels eine Möhre und statt der Spindel die Berührung einer Windel gewesen wäre? Das wäre vor allem eines und zwar falsch. Finden die Kinder den von euch eingebauten Fehler in der Geschichte?

Kollektivdichtung

Gemeinsam mit eurem Kind oder euren Kindern erfindet ihr einen Helden, der genau nach ihrem Gusto ist: die karierte Schildkröte, die im Gegensatz zu ihren Kollegen rasend schnell auf Kufen gleiten kann, die Gas-Beton-Elfe mit dem Kastenkopf, die dank eines Zauberstrohhalms allem und jedem Energie einhaucht. Und Schokoladenquark. Oder der kleine Räuberjunge, der trotz moralisch bedenkenswerter Grundannahmen ein an sich feiner Kollege ist und eifrig spendet – nennen wir ihn den Robin Hood 4.0. Habt ihr euch auf eine Figur geeinigt, dann startet das Erzählabenteuer. Ihr legt vor, beispielsweise »Es war ein sonniger Augustmorgen, als der Oberlehnhart (so der Name des Räuberjungen) von dem Raben Ratzekarl aus seinem Schlaf gerissen wurde. Etwas Schreckliches war passiert …« Jetzt bitte die Kinder, jeder einen Satz. Und so schlängelt ihr euch von einer spannenden Wendung zur nächsten. Eher was für die Kreativen von morgen.

Psychopathenspiele

Ich habe dieses Spiel liebend gerne mit meinem Bruder gespielt. Heute bezahlt man auf Selbstfindungs-Workshops dafür einen Haufen Geld: sich angucken, den Blick halten und versuchen, nicht zu lachen. Wer zuerst grinst, hat verloren. Oder: einander in die Augen gucken, ohne zu blinzeln. Wer hält es länger aus? Gleiches Ziel: Der eine schneidet Fratzen, hampelt wild herum und zeigt Slapstick-Qualitäten, doch der andere darf nicht lachen. Oder: Alle gucken sich einen in der Runde 30 Sekunden lang an. Dann müssen sie die Augen schließen, während der Betrachtete eine kleine Sache an sich verändert, wie z. B. das Armband vom linken an das rechte Handgelenk legen, einen winzigen Punkt auf die Nase malen oder mit der Zunge leicht die Innenseite der linken Wange ausbeulen. Wer findet die Veränderung?

Hommage

So selbstverliebt muss man erst mal sein, aber ich habe festgestellt, dass die Geschichten mit den stärksten Reaktionen seitens der Kinder immer diejenigen waren, die von meiner Frau oder mir zu Kinderzeiten handelten. Oder Storys über den Onkel oder die Tante, als sie noch klein waren und ihnen ihre Skihose im Urlaub platzte, ohne dass sie es bemerkten. Drehen sich die Geschichten um eine Person, die die Kinder kennen und mögen, durften und dürfen wir auch heute nicht aufhören zu erzählen. Manchmal wird der Sachverhalt von uns inhaltlich ein wenig angereichert und moralisch Wertvolles hinzugedichtet. Auch eine erfundene Welt um das Haustier hat sich bewährt. Unser Hund Karlo, was der alles erlebt hat ... ihr ahnt es nicht!

Fang den Buchstaben

Alle Spieler sind aufgerufen, sämtliche 26 Buchstaben in der Reihenfolge des Alphabets anhand von Autokennzeichen, Schildern oder sonstigen Buchstabenanhäufungen auf LKW-Planen etc. zu finden. Derjenige, der zuerst alle abgehakt hat, hat gewonnen.

Gesichts- und Fingeryoga

Wer kann mit seiner Zunge die eigene Nasenspitze berühren? Wer kann traurig, lustig, verliebt, böse und geheimnisvoll gucken? Wer macht den lautesten Löwen (Yogaübung) – das Gesicht vorher mit geschlossenen Augen zusammenziehen, Mund spitzen, Augen zudrücken, Mund hochschieben und damit fast die Nase schließen, Gesicht richtig falten und dann mit einem Mal alles aufreißen und »uuuuuuaaahhhhhhh« brüllen. Tut gut!

Wer kann mit den Fingern schnipsen und wer feinmotorische Übungen absolvieren, wie Mittel- und Ringfinger jeweils zusammen legen, alle anderen abspreizen und danach an beiden Händen gleichzeitig Mittel- zum Zeigefinger und Ring- an kleinen Finger führen. Immer abwechselnd.

Dinge-Bingo

Ihr malt neun, zwölf oder sechzehn Felder auf ein Blatt Papier. Danach schreibt oder malt ihr in jedes Feld ein Ding, ein Tier oder eine Person, Regenwolke oder was ihr meint, das euch auf der weiteren Reise vielleicht begegnen wird. Bei einem Treffer dürft ihr das entsprechende Feld streichen. Wer als Erster alle Kästchen durchgestrichen hat, hat gewonnen.

Für mich ist alles ...

gelb, rot oder blau? Jedes Kind nennt seine Spielfarbe. Anschließend muss es insgesamt zehn unterschiedliche Dinge in dieser Farbe finden. Wer zuerst alle zehn parat hat, hat gewonnen.

Parents-To-Go-Puppenkiste

Wir haben eine Handpuppe namens Schnecki. Es handelt sich dabei, richtig, um eine Schnecke. Und sie hat uns schon oft geholfen. Wenn nämlich mal wieder ein Kind geweint hat und getröstet werden wollte oder alle von einer großen eintönigen Leere heimgesucht wurden. Plötzlich tauchte sie auf und erzählte lustige Geschichten oder kitzelte einfach den Bauch ihrer Zuhörer. Also, wie wäre es mit einem gekonnten Puppenspiel? Ihr Eltern für die Kinder oder alle gemeinsam, sodass auch die Kleinen eine Rolle spielen.

Wörter-Gehacktes

Es gibt viele Wörter, die zerlegt aus zwei Wörtern bestehen, wie zum Beispiel »Eisbahn«: Eis und Bahn. Oder »Eiskugel«. Oder »Sahneeis«. Spiel: Einer nennt ein Wort, zum Beispiel »Eis«, und alle anderen versuchen so viele Wortkombinationen mit dem Bestandteil »Eis« zu finden wie möglich: Eisberg, Eisbergsalat, Spaghettieis, Vanilleeis, Eishotel, Eispiste …

Variante: Aus der zweiten Silbe muss immer der nächste ein neues Wort kreieren, wie zum Beispiel: Ameisenhotel – Hotelgast – Gasthaus – Hausparty – Partyspiel – Spieluhr … Wem nichts mehr einfällt, der bekommt keinen Punkt, alle anderen bekommen einen.

Tiere raten

Version 1

Tierlaute und -verhalten nachahmen – wer errät zuerst, dass Papa einen Bison und Mama einen Schimpansen nachgemacht hat?

Version 2

Tier raten durch Beschreibungen wie »Ich suhle mich gerne im Schlamm und meine Nase sieht aus wie eine kleine Steckdose …«

Ja, nein und kein jein!

Einer stellt Ja- oder Nein-Fragen, die die anderen beantworten sollen, aber ohne Ja oder Nein zu sagen. Wem es dennoch rausrutscht, der ist raus!

Die sich einen Wolf zählen

Die Kinder legen für sich eine Farbe fest und zählen von nun an alle auf der Autobahn entgegenkommenden, überholten oder überholenden Autos in eben jener Couleur. Wer zuerst 30 Stück gesehen und gesammelt hat, hat gewonnen.

Stadt, Land, Fluss junior

Version 1

Ihr wählt ein Thema aus, wie zum Beispiel »Eissorten«, und dann versucht ihr, für alle möglichen Buchstaben eine Sorte zu finden. Für A Ananaseis, für B Bananeneis etc. Und so geht es immer weiter, bis ihr das gesamte Alphabet durchgepflügt habt. Danach folgt der nächste Oberbegriff, wie z. B. »Tiere«, »Lieblingsserie« oder »Essen«. Wenn euch allen bei dem einen oder anderen Buchstaben einfach nichts einfällt, einfach überspringen.

Version 2

Einer zählt leise das Alphabet auf, bis jemand Stopp schreit. Wenn also zum Beispiel bis zum Buchstaben E gezählt wurde, müssen jetzt alle Fragen mit Begriffen beantwortet werden, die mit E beginnen. »Wo machst du eigentlich Urlaub?« England. »Was wirst du als Erstes machen?« Eselreiten. Und so weiter. Die Fragen gehen reihum. Wem nichts einfällt, der muss zählen und dann werden Fragen mit einem anderen Buchstaben beantwortet.

Winkesammler

Die Kinder winken wahllos sämtlichen Auto- und LKW-Fahrern zu und zählen, wie viele zurückwinken. Derjenige, der die meisten Winker in 15, 30 oder mehr Minuten gesammelt hat, ist der Sympathieträger des Autos und hat gewonnen.

Und, habt ihr einmal alles durch? Prima! Ach, ihr seid immer noch nicht da? Okay, legt die CD wieder ein, holt die MP3-Player raus und wo ist das iPad, Schatz? Die Kleine will noch mal Mathe üben ...

Während der Reise

Gesundheit und Hygiene

Domingo trägt einen Shorty-Kittel. Wenn es so etwas in der Art für Ärzte überhaupt gibt. Aber ein Arztkittel? Nein. Das Teil sieht aus wie ein Baumwoll-Dinner-Jacket mit Collarkragen. Aber das ist ja jetzt auch egal. Wir sind im Hospital Alemán in Buenos Aires, in dem bis auf den Mann im Foyer bislang keiner Deutsch spricht. Immerhin. Wir deuten auf Romys tennisballgroße Mandeln und offensichtlich weiß er, wo wir hinmüssen – in die Ambulanz. Sehr schön. Dort warten wir. Vielleicht eine halbe Stunde. Dann erscheint der 17-jährige Praktikant. Denken wir. Aber ER ist der Arzt. Er stellt sich als Domingo vor, obwohl ich für einen kurzen Moment überlege, ob er vielleicht meint, wir sollten am Sonntag wiederkommen. Sollen wir aber nicht. Wir sollen ihm folgen. In einen Raum, der etwa so groß ist wie eine größere Umkleidekabine und nur einen langen Schreibtisch sowie zwei Stühle ohne möglichen Fußraum davor aufweist. Sonst nichts. Domingo lächelt freundlich, faselt etwas von »it's the first time for me« und zeigt auf eine Art gepolsterten Schreibtisch, weshalb Romy panikartig meine Hand ergreift und den Kopf schüttelt. Doch Domingo deutet ihr galant an, sich auf den Tisch zu legen. Sie zögert zwar, ahnt aber natürlich, ohne Mitarbeit wird das hier nichts. Warum auch immer sie liegen soll, er guckt ihr schließlich nur in ihren Hals. Allmählich wird mir die Bedeutung des »First Time«-Geständnisses klar. Der Typ ist vermutlich Putzkraft und freut sich diebisch darüber, heute mal argentinische Arztfummel tragen zu dürfen, der Filou. Aber nach kurzem Blick in den Hals der liegenden Romy bestätigt uns The-First-Time-Domingo unsere persönliche Diagnose: eitrige Mandelentzündung. In schlechtem Englisch überweist er uns ans hauseigene Labor für einen Streptokokken-Test. Sollte dieser positiv ausfallen, müsse er Romy etwas anderes verschreiben als bei einer normalen Mandelentzündung. Nun gut. Nach dem Test sollten wir ihn daher erneut beehren. Wir danken Domingo, irren zum Labor. Erst wird bezahlt, dann stochert eine völlig unsensible Krankenschwester brutal mit einem Wattestäbchen in den dicken roten Mandeln von Romy herum, bis diese vor Schmerzen weint. Während der einstündigen Wartezeit tröstet die familiäre Nachsorge mit Eis vom nächstbesten Kiosk. Dann geht es zurück zu Domingo, und wir sind wirklich gespannt. Seine fachmännische Diagnose: Der Test sei negativ! Doch er zweifle diesen arg an, weil die Tests ja bekanntlich alle nie so richtig exakt und verlässlich seien. Und so verschreibt er uns eiskalt das Antibiotikum gegen Streptokokken, das er uns auch gleich hätte mitgeben können. Perplex gucken wir uns an, zucken mit den Achseln und kaufen das besagte Mittel in der Apotheke gegenüber. So viel sei hier verraten: Am Ende hat das Mittel nie wirklich angeschlagen und die arme kleine Romy laborierte volle zehn Tage an der Mandelentzündung, aber ohne wirklich zu jammern. Das muss hier gesagt werden! Tapfer!

Begegnungen dieser sonderbaren Art sind glücklicherweise nicht die Regel, solche mit Ärzten dagegen schon. Für uns jedenfalls. Unsere Kinder neigen dazu, im Urlaub krank zu werden. Fast jedes Mal. Dabei spielt sich das Geschehen zumeist im Hals-Nasen-Ohren-Bereich ab. Mittelohrentzündungen haben »wir« gerne, auch Mandelentzündungen. Letztere begleitet von Fieber. Natürlich. Der dicke Hals hat uns schon auf La Palma zu einem deutschen Arzt oder in Rom zu einer weder des Deutschen noch des Englischen mächtigen Kinderärztin geführt. Dennoch: Wo wir auch waren, uns wurden immer die Sorgen genommen und die Kinder gut behandelt. Risiken gibt es immer und überall. Auch in Deutschland.

Ich möchte euch deshalb ermutigen, nicht allein aus Angst vor einer möglichen mangelnden medizinischen Versorgung im Reiseland eine Reise nicht anzutreten.

Dabei gehe ich davon aus, dass ihr ohnehin kein Land bereist, in dem katastrophale Zustände herrschen. Wir haben für uns festgestellt, dass auch in Sachen medizinische Versorgung auf Reisen dummerweise ein Schritt aus der Komfortzone nötig ist, nämlich weg vom üblichen reflexartigen Aufsuchen des persönlichen Kinderarztes, wenn sich das Kind vor Schmerzen krümmt, hin zum Improvisieren, um plötzlich vor Ort – der Sprache vielleicht nicht mächtig – schnell einen Arzt aus dem Hut zu zaubern. Unbequem, klar, aber es geht. Gut sogar. Andere Länder haben auch gute Kinderärzte! Die tatsächliche Wahrscheinlichkeit, dass euer Kind auf der Reise ohne ärztliche Versorgung ernsthaft schwer erkrankt, ist also gering. Und die gängigen Erkrankungen bekommt ihr überall in den Griff.

Dennoch ist es natürlich unerlässlich, sich über das Thema Gesundheit und Hygiene auf Reisen schon im Vorfeld Gedanken zu machen (siehe hierzu auch das Kapitel »Reiseapotheke & Co.« ab Seite 162).

Was die Babys betrifft

Wir wissen um den etwa einjährigen immunologischen Welpenschutz von Babys, die schon in der Schwangerschaft von Mama mit Antikörpern versorgt werden, die die eine oder andere Bazille mal locker schachmatt setzen können. Diese mütterlich fürsorglich installierte Firewall bröckelt jedoch dummerweise im Laufe der Zeit, weshalb die süßen Reisenden allmählich aus sich selbst heraus den Schutz aufbauen müssen. Gut ist es daher, keine Frage – und ich höre in meinem inneren Ohr förmlich die Hebammen jubeln –, das Baby zu stillen. Praktisch, weil das Essen immer mit an Bord ist, und gesund, weil in der Muttermilch kettenhundähnliche Proteine enthalten sind, die sich mit Vorliebe die antrabenden Bazillen vorknöpfen.

Das Sprühwurst-Menetekel

Es gibt nicht viele ernsthafte Bedrohungen auf Reisen, aber eine, die sich weniger als gefährlich denn als wahnsinnig lästig darstellt: die Durchfallerkrankung. Die Sprühwurst im Dauerloop.

Wird ein Kind trocken, muss man es am Tag regelmäßig daran erinnern, vielleicht doch mal auf die Toilette zu gehen. Ähnlich verfahren wir beim Trinken. Wenn die Derwische nicht hyperaktiv hin und her hüpfen, klettern und tanzen, kommen sie niemals von allein auf die Idee, etwas zu trinken. Es sei denn, es winken Kakao, süße Säfte oder Softdrinks. Pures Wasser wird in der Regel verschmäht und nur nach Aufforderung getrunken. Schwierig ist es daher, die Trinkfaulen im Rahmen einer Durchfallerkrankung im Ausland zum Nachtanken zu animieren.

Für uns ausgewachsene Kinder ist Durchfall kein Beinbruch und zumeist schnell in den Griff zu bekommen, aber Kleinkinder und Babys erleiden bei Diarrhö oft einen vehementen Flüssigkeitsverlust und laufen Gefahr auszutrocknen. Flüssiges muss also rein! Und davon viel, das empfehlen Ärzte. Am besten Elektrolyte, da der Salzverlust der Reisepatienten so hoch ist. Habt ihr keine abrufbar, dann rührt euch die Elektrolyte selbst an. Das geht laut Stiftung Warentest wie folgt beschrieben.

Elektrolyte to go

In einen halben Liter stilles Mineralwasser oder abgekochtes Leitungswasser einen Teelöffel Kochsalz und sieben bis acht Löffel Traubenzucker (ersatzweise Zucker) geben sowie einen halben Liter O-Saft draufschütten. Alles schön schütteln, umrühren – fertig! Anstelle von Orangensaft können auch Kräuter- oder Früchtetees oder andere Säfte verwendet werden.

Wollt ihr nur Wasser trinken, dann zwei Esslöffel Rohrzucker und einen Teelöffel Kochsalz in abgekochtem Wasser verrühren – und fertig ist eure eigene Elektrolytevariation.

Sollte indes alles nur halb so wild sein und das Rumoren und Brodeln keine weiteren Folgen haben – einige Tees sind immer gut, wie Kamille, Fenchel oder Pfefferminze.

Leidet euer Baby an Durchfall, dann versucht es, wenn möglich, mit Tee zu füttern. Und auch hier: Elektrolyte. Da Durchfall bei Babys wirklich schwerwiegend ist, lasst nicht zu viel Zeit vergehen, bevor ihr einen Arzt konsultiert. Hat das Kind also schon am frühen Morgen Durchfall, hockt bitte spätestens gegen Nachmittag beim Arzt.

Die Hygiene ist gerade in ärmeren Ländern, in tropischen Gebieten und überall dort, wo das Gebrauchswasser nur bedingt bis gar nicht geklärt ist, schwer bedenklich. Und auch wenn wir Länder über kulinarische Leckereien mitentdecken dürfen: Lasst in der »Zweifelzone« alles stehen, was nicht gekocht oder geschält wurde, und seht von potenziellen Durchfall- und sonstigen Erkrankungsfallen wie Eiscreme, Getränken mit Eiswürfeln, frisch geschnittenem Obst, köstlich wirkendem Salat, frischen Säften und allem, was auf euch irgendwie bedingt verzehrfähig wirkt, ab. In Südamerika haben wir das Wasser für Hannas Fläschchen immer abgekocht oder uns dieser Fünf-Liter-Stilles-Wasser-Kanister bedient. Sowieso haben wir Fläschchen, Sauger und Schnuller immer wieder zwischendurch abgekocht, die Fläschchen sogar täglich.

Auch das Zahnputzwasser sollte aus dem Kanister stammen oder abgekocht sein. Und: unbedingt Hände waschen! Und zwar Hände waschen wie ein Arzt. Erst Wasser über die Hände laufen lassen, dann mit Seife einreiben, vor allem zwischen den Fingern verteilen und alles gründlich wieder abwaschen. Dass die Wascharie vor jeder Mahlzeit zum Ritual wird, ist ja wohl selbstverständlich.

Nützlicher Hinweis zum Schluss: Wir haben es selbst schon oft erlebt, dass eines unserer Kinder vor Reiseantritt krank wurde. Nicht immer müssen Erkrankungen ein Hinderungsgrund sein, die dazu führen, dass die Expedition gestrichen wird. Aber wenn sich da noch einer vor Abfahrt einen hustet, dann scheut nicht den Arztbesuch. Gut für den kleinen Patienten, und auch ihr fühlt euch einfach sicherer.

Hat euer Kind ein chronisches Leiden, packt ihr vermutlich alle dafür notwendigen Mittelchen sowieso ein (*Siehe auch* Reiseapotheke, S. 162 ff.). Für einen möglicherweise eintretenden Notfall schreibt jedoch sicherheitshalber einmal sorgfältig auf, worauf man zu achten hat und welche Medikamente euer Nachwuchs regelmäßig einnimmt. Bestenfalls habt ihr den Wisch auch auf Englisch und/oder in der Sprache des Reiselandes dabei. Wir haben in Argentinien einen Schrieb in der Tasche mit uns geführt, der auf Spanisch alle wichtigen Daten und Fakten von uns allen zusammenfasste. Nicht jeder von uns verträgt nämlich alle möglichen Sorten Antibiotika etc. Für diese Daten gibt es im Übrigen auch eine prima App (siehe Seite 280).

Was tun bei einem Wespenstich?

Hausrezept nach Oma Busemann: Apfel- oder Zwiebelstücke auf die Stelle legen. Nach unserer Kinderärztin: entsprechende Salbe wie »Systral« drauf und kühlen.

Und wie können wir solche Vorkommnisse bitte beim nächsten Mal vereiteln? Wespen- und viele andere Stiche entspringen zumeist einer Laune der Natur. Nicht immer haben sie sich im Vorfeld angekündigt, indem sie minutenlang um einen herumsummen und ihre Stechbereitschaft signalisieren. Aber manchmal, wenn sie sehen, wie ungekonnt euer Kind am Eis lutscht und sich dabei komplett einsaut, dann können sie nicht anders, als mal kurz zu naschen … und schon gerät die Situation außer Kontrolle. Deshalb: Gerade in der Wespen- und Bienen-Hauptsaison wie ein lebender Putzlappen Spuren der »süßen« Naschereien umgehend wegwischen. Mund, Kinn, Hände, eben überall, wo es klebt. Lasst eure Kinder außerdem nicht direkt neben Mülleimern in Freibädern oder in Parks spielen. Dort tummelt sich auch viel Stechkram. Und zu guter Letzt: Barfuß im Park rumlaufen ist eine tolle Sache, nur nicht, wenn Hummeln, Wespen und Bienen gerade Hochkonjunktur beim Blumenhopping haben. Nehmt euch maximal 30 Sekunden Zeit, einmal kurz genauestens die Wiese zu scannen, bevor ihr sie großspurig zur sockenfreien Zone erklärt.

Was tun bei einem Zeckenbiss?

Romy hatte ihre erste Zecke am Bauchnabel. Fragt man sich doch, wieso sie so einen langen Marsch vom Fußknöchel angetreten ist, um sich da oben niederzulassen. Aber in den Kopf von Zecken kann man eben nicht reingucken. Wollen wir auch nicht. Viel lieber wollen wir ihr den Hals umdrehen. Kinder im Sommer im Garten oder beim Waldspaziergang wie Mumien zu bedecken, ist zwar eine schöne Idee, aber kaum realistisch. Deswegen kontrolliert also gerade in der Zeckensaison jeden Abend vorm Schlafengehen, am besten beim Waschen oder Abbrausen in der Badewanne, ob euer Kind diese kleinen dunklen, teilweise nicht mal stecknadelkopfgroßen Punkte aufweist. Entdeckt ihr einen – raus damit. Der hat Hausverbot. Nehmt dafür eine Zeckenzange oder Pinzette zu Hilfe. Die Pinzette ist meiner Erfahrung nach gerade bei ganz frisch festgebissenen Exemplaren geeigneter, weil sie die Zecke besser umfasst. Zecke also mit einem der beiden Werkzeuge packen und einfach gerade rausziehen. Das war's. Bleibt was haften, dürfte es sich dabei um den Kopf des Widerlings handeln. Diesen einfach wegschaben. Vielleicht hinterlässt die Entfernung eine leichte Hautirritation, weil Entzündung, aber diese löst sich in kürzester Zeit wieder auf und zurück bleibt die wohlbekannte reine, gesunde Kinderhaut. Sollte sich innerhalb von drei Wochen nach dem Biss nichts mehr tun, es keinerlei Beschwerden bei eurem Kind geben und auch kein roter Ring um den ehemaligen Zeckenbiss aufleuchten, ist alles gut. Wenn doch, lohnt sich ein Besuch bei Dr. Bob vom Dschungelcamp.

Die Basics: Liebe und Schlaf

Fummeln am Mittag, Knutschen am Abend

Ich sage es frei heraus: Ich kann keineswegs behaupten, dass unsere Argentinien-Auszeit ein feister und ausgiebiger Sextrip war. Ganz im Gegenteil. Selten hatten wir so wenig Sex wie dort. Vielmehr standen im Tagesgeschäft unsere Team- und Ackergaulqualitäten im Vordergrund. Täglich so viel Neues, so viel Aufregendes und unterdessen alles im Blick zu behalten und gleichzeitig vorauszuschauen – das war ein Stück Arbeit. Harte Arbeit, verbunden mit fast ausschließlich positivem Stress ob all der großartigen Erfahrungen, die wir machen durften.

Nein, ich denke, es gibt geeignetere Reiseformen für aufeinander klatschende Leiber als eine Reise, die Mann und Frau die Multifunktionalitäten eines Schweizer Taschenmessers abverlangen: Eltern, Security, Erzieher, Kindergartenbetreuer, Spielkamerad, Dosenöffner, Korkenzieher, Lupe und Zahnstocher. Alles dran, alles drin.

Dennoch, natürlich überkam uns die Lust, das Verlangen nacheinander. Also haben wir uns, vom Reisegott angeregt, abends nach »Geschäftsschluss« mal das Glas Rotwein gegönnt, argentinische Musik aufgelegt und versucht zu entspannen, nicht die Ohren zu spitzen, ob die Kinder wach werden könnten und den Augenblick genossen. Dann ein bisschen geknutscht und je nach Lust und Energie wurde daraus mehr oder es blieb dabei. Doch wir waren uns nah, wir rückten zusammen, wir fühlten uns als Paar und eben nicht nur als

Dauerdienstleister und »Team«. Zu viel Teamgefühl macht mir persönlich Angst. Nähe und Liebe gehen für mich viel weiter, und wenn ich an meine Frau denke, dann denke ich »weiter«.

Als Romy noch Einzelkind war, das täglich nach seinem Mittagsschlaf dürstete, zogen wir uns im Urlaub gerne mit ihr ins Hotelzimmer oder die Ferienwohnung zurück, ließen sie im Buggy auf dem Balkon im Schatten schlafen und widmeten uns beherzt unserer sexuellen Aktivität. Gerade im Mittagsschlaf-Zeitfenster lässt sich meiner Erfahrung nach hervorragend intensive Paarzeit, gemeinsames Kuscheln, Knutschen und mehr verleben. Wenn das Kind oder die Kinder hingegen keinen Mittagsschlaf mehr benötigen und ihr nicht für Oma und Opa ein Ticket gelöst habt oder den Campingplatzvermieter im FC-Barcelona-Trikot bitten möchtet, auf eure Kinder aufzupassen, schließt sich das »Fensterchen« leider auch wieder ganz schnell. Realistischer ist dann – was sonst – der Abend. Und ich finde, für den müsst ihr euch verabreden, aber nur um den Genuss und die Vorfreude zu steigern, nicht um unnötig Druck aufzubauen. Alles kann, nichts muss, ist doch klar. Nachdem wir schließlich aus Argentinien zurückgekehrt waren, zogen Kristy und ich bereits ein Wochenende später für zwei Übernachtungen ohne Kinder in ein Wellnesshotel. Der Nachholbedarf war groß. Seitdem pflegen wir es in regelmäßigen Abständen, uns als Paar mit derartigen Wochenenden selbst etwas Gutes zu tun.

Der Soundtrack zur Reise

Reisen bieten endlich wieder ordentlich Gelegenheit, längere Zeit am Stück Musik zu hören. Ob im Flugzeug, wenn denn irgendwann mal alle minderjährigen Mitreisenden selig eingeschlafen sind, gemeinsam im Auto, alleine über Kopfhörer auf dem Balkon der Ferienwohnung oder in gemütlich kuscheliger Atmosphäre bei prasselndem Regen im Zelt in Dänemark. Ich liebe es. Musik hören ist für mich essenziell. Ohne halte ich es nicht lange aus. Unter Umständen denkt und fühlt ihr ähnlich. Wenn ja, dann könnte euch folgende kleine Tracklist interessieren, vielleicht sogar gefallen. Viel wichtiger ist mir allerdings, dass ihr euch inspirieren lasst und euch für den Urlaub selbst die eine oder andere coole Wiedergabeliste zusammenstellt. Etwas für die Kinder genauso wie für euch. Eine Tracklist für eine Laufeinheit am Morgen, für das gemeinsame Aufräumen der Bude, das Familienessen und fürs Knutschen am Abend.

Hier einige meiner persönlichen musikalischen Favourites:

- Chromatics – Night Drive
- Fleet Foxes – Montezuma
- DJ Koze – Nices Wölkchen (frat. Apparat)
- Kavinsky – Nightcall
- Pet Shop Boys – Se a vida é
- Blood Orange – Time Will Tell

- Chambao – Al Aire
- Vampire Weekend – Step
- Kraak & Smaak – Good For The City
- Bye Bye Bicycle – Haby Bay
- Richter: Vivaldi – The Four Seasons – Summer 3
- The Cure – Close To Me
- Ólafur Arnalds – Þú ert jörðin

I Can't Get No Sleep

Leidtragende von Zeitumstellungen sind in erster Linie Babys, die sich zuvor noch glücklich schätzten, endlich einen funktionierenden Tag-Nacht-Rhythmus für sich entdeckt zu haben. Der wird durch einen Flug durch die Zeitzonen schwer attackiert, und je länger er dauert, gerne auch komplett über den Haufen geworfen. Lästige Konsequenz: Die kleine Schlafbrumme findet schlecht bis gar nicht den Weg ins Traumland. War sie dazu noch wie üblich auf Reisen dauerhaft Lärm, Licht und Hektik ausgesetzt, gesellen sich zur Schlaflosigkeit auch noch Nörgelei und Geschrei, die Eindrücke müssen ja verarbeitet werden. Verflixt!

Da wünschen wir uns doch am liebsten ein Reisebaby, das resistenter auf etwaige Schlafraum- und Zeitveränderungen reagiert. Gibt es! Keine Frage, die Schlafanlage bekommen die süßen Schlafmützen nämlich von ihren Eltern vererbt. Aber im Allgemeinen, das wissen wir, sind Babys in ihren ersten drei Lebensmonaten, in denen sie noch über gar keinen Takt verfügen, die genügsamsten Mitreisenden »ever«. Dummerweise sind sie aber in dem Alter nicht seriös reisefähig, es fehlt noch die gesundheitliche Robustheit. Aber das folgt.

Wie gehen wir nun also vor, wenn wir in Sydney gelandet und eh schon mit den Nerven runter sind? Die Uhr auf lokale Zeit stellen und sofort versuchen, sich der Zeit dort anzupassen. Das mag teilweise hart sein, aber unumgänglich. Als wir morgens in Argentinien landeten, fühlten wir uns alle wie durch den Fleischwolf gedreht. Unsere Parole lautete: So lange durchhalten wie möglich. Die Sonne schien. Wir bezogen unser Apartment, packten in Ruhe aus, schmierten uns mit Sonnencreme ein, zogen Sommerkleidung an und gingen zuallererst Kaffee und Saft trinken und süße Hörnchen essen. Alle müde, aber prompt glücklich. Danach flanierten wir durch einen Park, bestaunten die prachtvollen Pflanzen, die Vögel und die überall entlang stromernden Hundesitter, die teilweise zehn Hunde und mehr auf einmal an Leinen spazieren führen. Eine Runde auf den Spielplatz, schnell was eingekauft und schon am späten Nachmittag kochten wir Abendessen. Um 17.30 Uhr lag Hanna mit ihrem Gesicht im Teller. Einfach beim Essen eingeschlafen. Um 18 Uhr waren alle im Bett, ich folgte um 19 Uhr. Am darauffolgenden Tag hatten wir schon fast wieder einen festen Rhythmus.

Wenn die Kinder so richtig müde sind, dann lassen wir sie teilweise einen Powernap von 15 Minuten machen oder eine Stunde schlafen. Aber das kommt wirklich selten vor. Als sie noch Babys waren, haben wir nach einer stressigen Anreise schon zusätzliche Schlafrunden eingestreut, sie aber meistens rund um die Mittagsschlafenszeit eingebaut. Für uns beginnt das neue Timing in gewisser Weise immer schon über den Wolken. Schlafen die Kinder hier außerplanmäßig, achten wir darauf, dass sich die Gesamtwachzeit dann nicht zu arg nach hinten hinaus verlängert. Genauso andersherum. Bleiben die Kinder die ganze Zeit wach, dann versuchen wir, sie am Zielort etwas früher ins Bett zu stecken. Ein immer wieder gern gesehenes Bild bei uns: Hanna, die im Flugzeug stets zu neuen Aktivitätshöhen beflügelt wird, rockt zwei, vier oder zehn Stunden lang den Flug – und pünktlich bei der Landung schläft sie tief und fest! Aaaaaaahhh!!!

Ein erfolgreich erprobter Weg, um das Ausmaß von Schlafdesastern im Vorfeld zu bändigen, ist ein sukzessives Heranführen an die zu erwartende Zielzeit am Urlaubsort. Behutsam könnt ihr deshalb die Schlafenszeit je nach Reiseziel leicht nach hinten oder vorne touchieren.

Na, und gegessen und getrunken wird nach wie vor, wenn eure Kleinen Hunger haben. Verwehren solltet ihr ihnen jedenfalls niemals etwas. Aber dann, sobald ihr einen neuen Tag-Nacht-Takt austangiert, gezielt servieren und vorm Schlafen gerne ordentlich mampfen lassen. Die Kids schieben sonst nämlich vielleicht wegen der Zeitumstellung mitten in der Nacht einen Riesenkohldampf.

Am Zielort und beim Aufstellen des Rhythmus arbeitet ihr am besten mit den euren Kindern wohlbekannten, vertrauten Ritualen. Bei uns sieht das folgendermaßen aus: Wir essen zu Abend. Danach wird sich gewaschen und/oder die neue Windel gemacht, Schlafanzug oder -strampler an, Zähne putzen. Noch ein Buch mit der Großen und ein gemütliches Fläschchen mit dem Baby, danach erfolgt der fließende Übergang in den Sinkflug.

Konnten unsere Babys nicht schlafen, haben wir uns auf Reisen am Anfang immer mit dazu gelegt oder sie zu uns ins Bett geholt, obwohl sie vielleicht zu Hause schlaftechnisch schon viel weiter waren. Aber neue Umstände verlangen, dass sich erst mal wieder Vertrauen aufbaut, die Kinder sich gewöhnen können. Das funktioniert am besten bei Mama und Papa. Und mit dem eigenen Kuscheltier. Das muss mit, wie auch das Nachtlicht, schläft euer Kleines nur damit ein.

Für manche Babys kann Reisen einfach nur Stress bedeuten. Seid ihr stolze Eltern eines solchen, ganz sensiblen Exemplars, gönnt ihm und euch zwischendurch immer mal die Ruhe und Reizarmut einer intimen Situation im Hotelzimmer, in der Ferienwohnung oder im Zelt/Campingwagen, einfach nur one-on-one auf der Decke chillen und spielen.

Und bei all dem Eingewöhnen vor Ort wollen wir nicht vergessen: Wir müssen uns alle immer erst langsam an das Hotelbett oder die Pritsche in der Ferienwohnung herantasten. Groß wie klein. Als wir zum ersten Mal mit Romy und ihrem eigenen Reisebett in den Urlaub gefahren sind, haben wir sie deshalb vorher schon mal zwei, drei Nächte drin schlafen lassen, damit sie sich an die Koje gewöhnt.

Ist dem Kind nicht zu kalt?

Babys und Kleinkinder rasten am Strand vor Freude aus, denn das ist wie ein Urlaub in einem *Was-ist-Was*-Buch, Konzentration, Feinmotorik, Kreativität und selbst erfahrenes Physikwissen werden hier ganz beiläufig spielerisch trainiert. Paradiesische Weiterbildung also aus Elternsicht. Was in warmer Umgebung großartig funktioniert und der Entwicklung des Kindes erwiesenermaßen zuträglich ist, greift auch in kalter. Nur müsst ihr bei Eis und Schnee immer mit einem Auge den individuellen Gefrierpunkt des Lebewesens im Blick behalten. Selbst wenn sie richtig dick eingepackt sind, können nur wenige Wochen junge Frischlinge draußen in der Tat einfrieren – deswegen solltet ihr mit einem noch so zarten Neumenschen schon nach einer halben Stunde wieder reingehen. Aber ein bereits voll im Leben stehendes, herrlich eingemummeltes Baby oder Kleinkind braucht ihr erst zum Auftauen an den Kamin zu schieben, wenn es blaue Lippen und Hände bekommt.

Wie am Strand das Equipment und der Sonnenschutz zur Basisausrüstung gehören, so sind im Winterurlaub ein dicker Daunensack, eine warme Mütze, Fellschuhe, ein Schneeanzug, ein wärmendes Flauschhalstuch und Handschuhe absolute Pflichtutensilien. Dazu die Wind- und Wettersalbe im Gesicht, darunter den UV-Schutz und eine Sonnenbrille. Und dann heißt es Ski heil!

Nehmen wir jetzt
den Buggy mit oder nicht?

Es gibt nicht vieles, worüber Kristy und ich uns vor dem Urlaub streiten, aber bei einer Frage ist das todsicher vorprogrammiert: Nehmen wir den Buggy mit in den Urlaub oder nicht?

Kristy ist grundsätzlich dafür, ich bin grundsätzlich dagegen.

Sie:
- Wir müssen das Kind nicht schleppen und schaffen somit mehr von unserem Programm.
- Unser Kind ist darin sicher.
- Es kann darin Mittagsschlaf abhalten, während wir auch mal in Ruhe Kaffee trinken können.
- Die Karre ist praktisch für die Tasche (Essen und Trinken für Kinder), die möglichen Einkäufe, Jacken etc.
- Das Kind spielt mit dem Buggy, packt sein Kuscheltier hinein etc. und hat Spaß!

Ich:
- Neben Koffern und Taschen ist der Buggy nur noch ein weiteres lästiges Gepäckstück.
- Das Ding hat keinerlei Federung.
- Wir kommen damit nicht überallhin, und dann muss ich Kind und Buggy schleppen.
- Die Karre ist zu sperrig in öffentlichen Verkehrsmitteln, zum Beispiel einer überfüllten U-Bahn.

Es gibt hier kein Patentrezept, Freunde! Jedes Argument für und wider greift. Vielmehr liegt die Lösung für jedes Paar in der persönlichen Haltung zu Buggy/Kinderwagen und/oder Tragetuch und Kraxe. Das kann man zur Glaubensfrage stilisieren oder als eine Frage der Praktikabilität abhandeln. Wir neigen zu Letzterem und haben uns daher mit allen Fortbewegungsmitteln je nach Reiseziel auf die Piste gewagt.

Nachdem uns der freundliche Taxifahrer in Buenos Aires, der erste Mensch, der auf argentinischem Boden mit uns sprach, den heißen Tipp gab, in Argentinien unsere Kinder immer fest an der Hand zu halten, war der Buggy erst mal gestorben, während wir in Schottland so lange herumwanderten, dass es unvorstellbar gewesen wäre, Romy die ganze Zeit über zu schultern. So hielt sie ihre Siesta ab, während wir uns ein Kunstmuseum anschauten (ja, der Buggy durfte mit rein!).

Und dann gibt es da noch weitere Herausforderungen für die Fahrt mit Buggy: Straßen, die keine richtigen Bürgersteige haben. Oder Bürgersteige, die so schmal oder unbefahrbar sind, dass sie wiederum keine Bürgersteige mehr sind, von den unbefestigten Wegen ganz zu schweigen. Ich will mich hier gar nicht aufregen. Am Ende fahren wir ja auch in diese Länder, weil wir sie eben genau für dieses Unperfektsein lieben. Für diese Wege also – nennen wir sie die sympathischen Wege mit Charakter – ist das Tragetuch (kleines Baby) oder die Kraxe (größeres Baby und Kleinkind) eine Bombennummer. Ihr müsst die Tragehilfen auch nicht gleich kaufen, leiht sie euch lieber erst mal von Freunden und checkt, ob eure Süßen und ihr gut damit zurechtkommt.

»Den Delfin da, bidde, Papa, ja?«

Herzallerliebst, wie dieser Satz sich von Romys Lippen löste und sie mich mit großen Augen schief unter ihrem riesigen rosa Sonnenhut anblickte. Die Beine leicht ge-ixt, mit den Armen unsicher rudernd, formte sich der Mund zu der weltberühmten, allen Eltern wohlbekannten Bidde-Bidde-Schnute, die die Wörter vor Verlassen liebevoll karamellisiert, sodass sie wie säurehaltiger Schmierstoff wirken, der erst ein Loch in die unser zartes und verletzliches Gewissen umgebende Mauer ätzt, um es dann mit unermüdlicher Penetranz aufzuweichen. Kein Elternteil auf der Welt ist so konsequent wie Kinder, die sich nicht von ihrem Ziel abbringen lassen.

Es war unser Sommerurlaub im September 2012 auf Mallorca, er startete verpatzt. Hanna litt an einer Mittelohrentzündung, durfte nicht fliegen. Für die letzten fünf Tage kamen meine Frau und die Kleine dann aber schließlich doch noch angereist – und selbst für diese knappe Zeit hat es sich gelohnt. Die erste Woche verbrachten Romy und ich jedoch alleine in dem Familyhotel, waren selbst beide erkältet und litten zwischendurch mal an erhöhter Temperatur, aber wenn es draußen ähnlich heiß ist wie innen, dann gerät der im Winter für gewöhnlich eher dramatisch ausgelebte Infekt plötzlich fast in Vergessenheit. Am dritten Tag unserer Reise standen wir also nun vor einem dieser Läden, die alles anbieten: Zeitschriften, Sonnenmilch, Souvenirschrott, schlechte Kleidung und ein Arsenal an aufblasbaren Wassertierchen zum Draufsetzen, Dranhängen, Rumliegen, und das bei null Praktikabilität. Fasziniert war Romy schon die Tage zuvor vor den Schildkröten, Krokodilen und Delfinen stehen geblieben, jetzt war jedoch der Moment gekommen, einen dieser luftig-lustigen Wasserbegleiter mit zum Strand zu nehmen. Ich gab der süßen Aufforderung also schlussendlich nach und sah mich nur wenige Zeit später mit einer randvollen, tonnenschweren Strandtasche über der Schulter, einem Sonnenschirm in der Hand und einem XXL-Wal unter dem Arm durch die Fußgängerzone taumeln. Daneben das vor Freude jauchzende Kind, das sich in dem Glauben befand (und sich bis heute davon auch nicht abbringen lässt), sich einen Delfin ausgesucht zu haben. Der Rest ist schnell erzählt: Natürlich war und ist das Ding für Romy der Hit! Ich habe sie damit ständig durch das Mittelmeer geschoben, und war ich mal nicht in das Spiel eingebunden, hat sie mit dem Riesenteil gesprochen, es »gefüttert« und im Kinderbecken den Dicken markiert. Der Kauf hat sich merklich gelohnt, obwohl das Monster für einen Elternteil alleine doch ein bisschen viel sperrige Schlepperei bedeutet.

Ich habe mit dem Kauf auf Mallorca offensichtlich einen guten Fang erwischt, der TÜV Rheinland war im selben Jahr allerdings auch in Spanien einkaufen (sowie in Holland, Italien und Deutschland) und musste erschrocken registrieren, dass sich von 45 Spielzeugen, u. a. auch diese Art »Wassertierchen«, 28 als völliger Schrott herausstellten bzw. erhebliche Mängel aufwiesen. Es gibt eine EU-Spielzeugrichtlinie, diese Teile interessierten sich augenscheinlich nicht dafür. Bei den aufblasbaren Gummitierchen und -bällen gab es vor allem Probleme mit sogenannten Weichmachern. Dabei kann es sich um giftige und krebserregende Inhaltsstoffe handeln, mit denen niemand sein Kind in Berührung bringen möchte. Der TÜV rät daher, nichts zu kaufen, das unangenehm nach Chemie oder Teer riecht. Verlasst euch daher lieber auf euer Näschen, nicht auf den freundlichen Amateur hinter der Kasse.

Auch bei anderen klassischen Urlaubskäufen ist Obacht geboten. In den Tests lösten sich bei einigen Stofftieren die Augen oder sonstige Teilchen, und ein Großteil der am Strand gekauften Sonnenbrillen verzerrten oder verdunkelten die Sicht zu stark, was das Sehvermögen tatsächlich verschlechtert. Sonnenbrillen bitte immer nur beim Optiker kaufen! Minderware und billige Freizeitartikel findet ihr übrigens überall, sowohl in den Urlaubsregionen als auch bei uns im Land. Das Hauptproblem liegt in der Regel an der mangelnden Kontrolle der Waren. Und wir können ja nicht überall Günter Wallraff hinschicken.

Also egal, wo ihr euch aufhaltet, prüft das Spielzeug immer genauestens: Hat es scharfe Kanten oder lose Teile? Sind einzelne Kleinteile nur leicht angenäht oder einfach angeklebt? Dann am besten Finger weg. Und solltet ihr Interesse an einem Teil haben, das batteriebetrieben funktioniert, achtet drauf, dass das Batteriefach zuschraubbar ist.

Erinnerungen für alle

Euer Familien-Blog

Einzigartige Momente im Familienleben halten wir fest. Im Geist, ganz sicher aber als Datei auf dem Computer. Dort landet sie nämlich, nachdem wir den Augenblick mittels digitaler Spiegelreflexkamera, Smartphone oder HD-Video-Kamera eingefangen haben. Löblich, wird Romy später sicherlich einmal zu uns sagen, wenn sie die 500 Terrabyte-Platte mit der Aufschrift »Romy 0–6 Jahre/Mischmasch plus Einschulung« in der Hand hält. Das Leben unserer Kinder ist bis heute schon so einschüchternd detailliert auf Fotos festgehalten, dass meine Mutter sich schon gar nicht mehr traut, den Schuhkarton »Busi« vom Boden zu holen, um einen Einblick in meine Kindheit zu offenbaren.

Da sind wir anders und vor allem in Echtzeit unterwegs. Von Argentinien aus haben wir den Blog »Los Cuatro Alemanes« geführt, nur zugänglich für unsere Familie und unsere Freunde. So nahmen sie ein Stück weit an unserer Reise teil, wussten immer, wo wir waren, und ich konnte das Hochladen der Fotos nutzen, um eine Art Best of Argentinien zusammenzustellen. Denn wir kamen am Ende mit 6000 Bildern zurück nach Deutschland.

Man muss nicht ans Ende der Welt fliegen, um einen Blog zu führen. Startet ihr einen coolen Trip, habt ihr Spaß daran, Fotos zu knipsen und dazu vielleicht ein, zwei Zeilen zu schreiben, dann ist das doch eine herrliche Erinnerung für einen selbst und eine tolle Inspiration für Freunde. Mein Freund

Frank schreibt über all seine Ausflüge mit seiner Tochter Marie schöne kurze Texte und stellt dazu ein paar Fotos ins Netz. Das macht einfach richtig gute Laune, und teilweise kommen über die Kommentare weitere Ideen und Vorschläge für Ausflüge dazu.

Einen Blog einzurichten ist eine simple Sache. Einfach bei www.wordpress.com, www.blogger.com oder www.tumblr.com registrieren, und schon könnt ihr loslegen.

Fotobuchbastelei

Es ist mittlerweile eine liebgewonnene Jahresausklangstätigkeit von Kristy geworden, von November an stundenlang am Computer zu sitzen und all unsere Urlaubs- und Reisefotos sorgfältig digital zu beschriften, in Ordner auf externe Festplatten zu schieben und danach hingebungsvoll zu bearbeiten. Die einzelnen Top-Shots schaffen es in unser farbiges, gebundenes Jahresbuch, das gleich einer mehrseitigen Familienchronik das jeweilige Reisejahr in Fotos präsentiert. Seit 2007, mit der Geburt unserer ersten Tochter Romy, halten wir auf diese Weise unsere tollen Abenteuer in Deutschland und im Ausland fest und haben außerdem alljährlich ein sehr persönliches Weihnachtsgeschenk für unsere Eltern, die sich an Heiligabend die Finger nach dem neuesten Streich lecken! Die Fotobücher gibt es in unterschiedlichen Formaten, Seitenumfängen und Ausstattungen.

Meine Frau schwört auf www.myphotobook.de, weil sie die Qualität des echten Fotopapiers lobt und auch das Erstellungsprogramm als relativ einfach empfindet. Wie subjektiv

Bewertungen und Eindrücke jedoch sein können, zeigt das Testergebnis des Onlineportals www.chip.de. Dort landete myphotobook auf Platz 10. Die Testsieger (Stand 2013) hier:

Platz 1: www.onlinefotoservice.de

Platz 2: www.fujidirekt.de

Platz 3: www.albelli.de

Die Kurzauszeit

Und schon sind wir leichtfüßig bei der Königsdisziplin des Reisens mit Kind und Kegel angelangt: der Kurzauszeit.

Für viele ein illusorisches Unterfangen aus dem Bereich Fantasy, für mich die schönste und abenteuerreichste Variante, Urlaub mit meiner Familie zu verbringen und in fremde Kulturen einzutauchen.

Wieso sind wir 2012 ausgerechnet nach Argentinien gereist? Es hätte ja auch Australien oder Asien werden können? Das ist richtig, aber für Kristy und mich gab der Reiz, gemeinsam einen neuen, noch nicht von einem von uns beiden bereisten Kontinent zu erfahren, den Ausschlag. Wir waren gerade zum zweiten Mal Eltern geworden, ich hatte meine eigene Firma verlassen, um mich beruflich zu verändern und neu aufzustellen, und Kristy hatte ihre Animationsdesign-Freelancer-Karriere für die Kinder erst einmal unterbrochen. Es gab zu dieser Zeit nichts, was uns in Deutschland hielt, glücklicherweise auch noch nicht die Schulpflicht.

Ich überfiel Kristy mit dem Vorschlag, doch einfach mal für drei Monate nach Argentinien auszuwandern und eine ruhige Kugel zu schieben, weder geplant noch geschickt verpackt, sondern spontan aus dem Bauch heraus. Sie ist eine hanseatische Halb-Amerikanerin, und die Hamburgerin in ihr greift doch immer sehr gerne durch, wenn ihr etwas zu schwammig, zu fantastisch, zu unrealistisch erscheint. Erst ein wasserdichtes Argument lässt sie einem Projekt zustimmen. Und wenn sie zustimmt, dann steht sie wie ein zwölfter Mann dahinter. Da ist kein Platz mehr dazwischen.

Wir saßen also im Urlaub auf Teneriffa bei einem Glas Wein auf der Terrasse, die uns einen wunderschönen Blick auf den Pico del Teide schenkte. Sie nahm einen Schluck Rotwein, stellte das Glas bedeutsam zurück und sagte einfach nur grinsend: »Eine super Idee, lass uns das machen.«

Konnte das sein? Hatte sie ernsthaft gerade keine Gegenfrage gestellt? Nein, ganz im Gegenteil. Sie nahm, wahrlich entzückt von der Idee, den Ball auf und spann mit mir, bis die Lider schwer wurden, Ideen über Ort, Zeit, Sehenswürdigkeiten.

Ich hatte mit vielem gerechnet, aber nicht damit, dass viele Menschen in unserem Umfeld uns tatsächlich zu der Idee gratulierten. Vielleicht waren auch alle nur froh, dass wir das Land verließen? Natürlich gibt es da die besorgten eigenen Eltern, die einen noch mal an Verantwortung, gesundheitliche Risiken, Kriminalität und alles, was irgendwo zwischen *SUPERillu* und »auslandsjournal« stattfindet, erinnern. Aber wer uns kennt, der spart sich jegliche Energieverschwendung und verbleibt mit: »Ich würde mich über eine Postkarte freuen.« Kein Problem, kommt!

Die meisten Fragen an uns zielten tatsächlich darauf ab, ob es für die Kinder in irgendeiner Weise gefährlich werden könnte, und wovon wir denn leben wollten. Antwort 1: nein, ungefährlich. Nur Tetanus auffrischen.

Antwort 2: ein bisschen Sparbuch, ein bisschen arbeiten.

Das war's. Wir starteten die Vorbereitungen. Und wie als Zeichen unbändiger Aufbruchslust richtete sich Hanna schlagartig auf und begann zu gehen. Wackelig, aber für wenige Schritte an der Hand sollte es reichen.

Die 5 Stufen zur Kurzauszeit

Stufe 1 – Zielroute festlegen

Wenn ihr euch für eine Kurzauszeit entschieden habt, müsst ihr logischerweise zunächst klären, wohin es die Karawane ziehen soll. Wo wolltet ihr schon immer mal hin? Zum schiefen Turm von Pisa? Zum Taj Mahal? An die Great Ocean Road oder auf die Route 66? Zu den Wasserfällen von Iguazu oder zu den Niagarafällen?

Was steht an? Eine Weltreise oder lieber (diverse) Langzeitaufenthalte an den unterschiedlichsten Hotspots einer Stadt, eines Landes, gar eines Kontinents?

Was sollte im Mittelpunkt eurer Reise stehen? Der Kulturcheck oder das Erlernen der Sprache vor Ort, Sport oder Spirituelles, Spielplätze oder Tierparks? Oder einfach alles zusammen?

Habt ihr eure Top 3 erarbeitet, könnt ihr den Familienrat einberufen und abstimmen, welches Reiseziel es sein soll. Hurra, es geht nach …!!!

Das Ziel sollte allerdings nach Möglichkeit **konkret** sein. »Wir wollen in die USA« kann vieles heißen und bedient außerdem recht unterschiedliche Wetterbedingungen. Entweder ihr packt dann wie wir damals für Argentinien für alle

Wetterzonen etwas ein oder ihr konzentriert euch einfach auf einen Bundesstaat oder ihr legt eine (auch klimatisch) klare Route fest.

Lautet die Ansage aber einfach nur, »dorthin, wo es warm ist und sie Englisch/Spanisch/Chinesisch sprechen«, dann blickt einmal kurz auf den Globus und differenziert zwischen **Nord- und Südhalbkugel**. Nicht, dass ihr versehentlich den Sommer in Australien im deutschen Juli wähnt …

Stufe 2 – Zeitraum festlegen
Der nächste Schritt besteht im Festlegen eines geeigneten Reisezeitraums. Das hängt natürlich von hunderttausend unterschiedlichen Faktoren ab, wie: Wann und wie lange nehmt ihr Urlaub oder kündigt ihr für diese Reise euren Job? Wie lange reichen eure Finanzen? Wer kann den Wellensittich in Pflege nehmen und war nicht in einem halben Jahr Opas Achtzigster?

Nehmen wir mal an, all diese wichtigen und unwichtigen Fragen sind beantwortet, bleibt im Kern also lediglich der Punkt offen: Wann startet die Reise?

Für längere Reisen müsst ihr euer Kind aus der Schule nehmen, sollte es diese schon besuchen. Da hier der Direktor das Sagen hat, avisiert ruhig schon mal einen Termin. Beim Kindergarten solltet ihr gewissenhaft überdenken, ob es für die Dauer der Reise besser ist, den Platz zu behalten und die Betreuungskosten tapfer weiter zu tragen oder ob ihr bei einem längeren Auslandsaufenthalt den Platz lieber räumt und bei Rückkehr einen neuen sucht.

243

Ein bisschen Vorlauf für den Auszeitdeal müsst ihr auch euren Arbeitgebern und letztlich euch selbst schon zubilligen. Also hier ebenfalls nach Reiseterminierung relativ schnell Gespräche ansetzen.

ANMERKUNG: Auf Stufe 3 checkt ihr euer vorhandenes Budget, welches sich natürlich stark auf die Reisedauer auswirkt. So gesehen, hängen die Stufen 2 und 3 direkt miteinander zusammen und sollten stets gleichzeitig betrachtet werden.

Die liebe Schulpflicht

Ach ja, da war ja was: die Schul*pflicht!* Viel zu lange quälte sie uns mit penetrantem Elektrik-Quartzwecker-Alarm zur besten Schlafenszeit und hielt für unsere Tagesgestaltung auch noch die wunderbare Begegnung mit teils schonungslos therapiebedürftigen Pädagogen parat, die nach vergorenem Wurstbrot rochen und leider offenkundig auch nur beschränkt am Kelch einer begeisternden Unterrichtsdidaktik genippt hatten. Aber es war doch eine schöne Zeit …

Jetzt ist der blanke Horror zurückgekehrt. Niederträchtiger. Schonungsloser. Denn im Sattel auf dem Gaul durch den Schulparcours reiten nicht mehr wir selbst, sondern unser Bestes auf zwei Beinen. Die Folge: Wir stehen nicht nur einfach früh auf, sondern noch früher als früher. Weil wir ja den Schulpflichtigen erst einmal aus der Kiste rausargumentieren müssen, dann anziehen, Schulbrot schmieren, Frühstück kredenzen, uns selbst ankleiden … willkommen in der Mühle. Nun, die Schulpflicht könnte in der Tat bei der Planung und

Durchführung einer Langzeitreise eine kleine »Challenge« darstellen – mehr aber auch nicht, denn wir argumentieren instinktiv mit der Überzeugung, dass der Trip eine relevante, als historisch wertvoll einzuordnende Expedition für die gesamte Familie darstellt und somit ein edles Vorhaben ist. Ein Schmuckstück, sozusagen.

Zum besseren Verständnis: Alles, was die liebe Bildung und damit eben auch die Schule betrifft, ist in Deutschland Ländersache. Euer Begehr mag also von Bundesland zu Bundesland auf unterschiedlich offene Ohren stoßen, eines ist aber gleich: In ganz Deutschland herrscht ab dem Alter von sechs Jahren Schulpflicht.

Für Entschuldigungen vom Unterricht gibt es so etwas wie wichtige Gründe oder besondere Ausnahmen, wie zum Beispiel Umzüge, Arztbesuche, Todesfälle oder religiöse Feste etc. Sprachkurse oder Schüleraustausche sind ebenfalls unproblematisch. Keineswegs gütig und milde zeigen sich Schulgremien, geht es euch darum, euren Spross früher aus der Schule zu nehmen oder später wieder zur Schule zu schicken, weil ihr Flugkosten sparen wollt oder sonstige Urlaubsschnäppchen schießen könnt. Kommt nicht gut an. Kurz: Ihr könnt euch dumm und dusselig im Internet surfen und zig Menschen befragen – es gibt einfach keine allgemeingültige Regelung, die es euch erlaubt, euer Kind mal mir nichts dir nichts für einen arg ausgedehnten Zeitraum aus der Schule zu nehmen. Was also tun? Fragen! Ernsthaft euer Vorhaben vortragen und begründen, wieso ihr eine derartige Reise jetzt antreten möchtet. Zumindest theoretisch existieren jedenfalls diverse Möglichkeiten.

Der seidenweiche und schlaue Kommunikationsweg führt zunächst über den Klassenlehrer oder die Klassenlehrerin. Sie sind euer erster Ansprechpartner. Normalerweise braucht man bei ein bis zwei Fehltagen auch nur mit dem Lehrer zu sprechen bzw. muss dies schriftlich anfragen. Bei einer monatelangen Fehlphase führt der Weg jedoch nicht am Schuldirektor vorbei. Wobei sich ein Warmmassieren des Klassenlehrers bezüglich des visionären, unvergleichlichen Bildungstrips für das Kind durchaus empfiehlt. Da heißt es nämlich Fürsprecher en masse für sein Projekt zu gewinnen.

Von einem Lügenkonstrukt, weshalb ihr ins Ausland müsst, würde ich geflissentlich abraten. Möglicherweise lassen sich aber vorhandene Fakten zu einer Argumentationskette verbinden, die der Diskussion eine gewisse Würze verleihen, wie zum Beispiel: Mama ist ausgebrannt und Papa steht vor einem Jobwechsel – ein nicht unübliches Modell, wie ich finde. Es gibt auch Unternehmen, die Angestellten eine Urlaubssperre aufbrummen, die dummerweise in den Ferien liegt, oder es steht sowieso über kurz oder lang ein Wechsel ins Ausland an, wer weiß. Ihr könnt ja mal brainstormen, wie ihr der Notwendigkeit eurer Reise noch mehr Nachdruck verleihen könnt, sofern ihr das wollt oder als sinnvoll erachtet. Ich meine ja, es reicht völlig aus, auf ein »tolles, einmaliges Erlebnis«, »eine satte Bildungstour mit allem« und überhaupt eine für uns als Familie gerade ganz wichtige Reise abzustellen.

Bekommt ihr ein OK, besprecht ihr mit der Schule, wie der Unterrichtsausfall kompensiert wird. Die Fantasie erlaubt Ideen wie: Lehrer stellen für die Zeit ein Lernprogramm mit Materialien zusammen, sodass ihr selbst in der Hängematte und in Badehose lehren könnt, oder euer Kind setzt ein Jahr aus und wiederholt die Klasse oder es wird in einer Schule vor Ort unterrichtet. Es gibt sicherlich viele Möglichkeiten, die mit der Schulleitung geklärt werden können.

Stufe 3 – Reisebudget

Wie viel Geld steht für die Reise zur Verfügung? 1000, 5000 oder gar 20 000 Euro? Zu wenig Geld zur Verfügung zu haben ist kein Grund, eine Reise abzusagen. Ein bisschen Startkohle sollte jedoch vorhanden sein. Geht ja auch nicht anders, wenn ihr Mega-Langstreckenflüge über einen der Teiche bucht und in fremde Welten vorstoßen möchtet.

Überlegt euch anhand der Dauer des Aufenthalts, wie hoch euer Tagesbudget sein kann, oder reduziert im Zweifel die Zeit vor Ort. Bedenkt, dass die Lebenshaltungskosten je nach Land und Stadt variieren und recherchiert das unbedingt vorher. Am besten hier: www.expatistan.com/cost-of-living.

Solltet ihr irgendwo in Zeitschriften oder im Netz lesen oder von Freunden hören, in eurem geplanten Reiseland sei es ja supergünstig oder viel zu teuer, bleibt cool, clever und rational. In den meisten Ländern und Städten dieser Welt geht es sowohl teuer als auch billig zu. Außerdem bestehen mitunter erdrutschartige Preisgefälle zwischen einzelnen Landstrichen. Hier spielt natürlich der Zuspruch der Touristen für die Region eine Rolle, ebenso, ob im Reiseland selbst gerade Ferienzeit ist oder nicht.

Genauso wenig bringt es irgendetwas, sich in einen unrealistischen »Niedrigpreisland-Traum« zu lümmeln. Die aufgerufenen Preise, die möglichen anfallenden Kosten auf der einen Seite und eure Gesamtkohle sowie ein errechnetes Tagesbudget auf der anderen Seite: Das muss passen!

Mir ist dennoch wichtig, euch darin zu bestärken, dass ihr euch niemals von anderen verunsichern lasst, was euren Reisetraum als Familie anbetrifft. Es liegt in allererster Linie in eurem Ermessen und hängt von eurer Recherche ab, zu euren Bedingungen sagenhafte Tage im Paradies zu verbringen.

Wie viel Geld steht zur Verfügung?

In Südostasien – vor allem Thailand und Vietnam sind bei Familien äußerst beliebt – kommt ihr schon mit 50 Euro pro Tag richtig weit. Schlafen, essen und noch ein bisschen Taschengeld sind da mit drin. In New York oder Stockholm könnt ihr dafür gerade mal einen Kaffee trinken und den Kindern ein Eis kaufen, mehr aber auch nicht.

Aber hey, keine Sorge – wir checken jetzt mal gemeinsam, was ihr in Sachen Geld wirklich zur Verfügung habt.

Kleiner Finanzcheck

1. Habt ihr Geld in Aktienfonds, auf Sparbüchern oder in Omas Wollsocken unterm Kopfkissen gehortet? Wie wäre es jetzt mal mit einem kleinen Kassensturz, was habt ihr und was lässt sich davon für die Reise abzwacken?

---

2. Im zweiten Schritt listet sauber eure Einnahmen und Ausgaben im Monat auf. Was geht wofür flöten?

3. Danach spielt bitte »Kill-your-überflüssige-Geldfresser« und räumt mit den in Vergessenheit geratenen Daueraufträgen auf. Ratsam im Übrigen auch für diejenigen, die nicht an eine Reise denken.

Elterngeld

Hurra, eine tolle Geldquelle ist gefunden, sie sprudelt in den ersten 14 Lebensmonaten des Sprosses, und das bis zu 14 Monate lang – nämlich dann, wenn ein Elternteil volle zwölf Monate ausschöpft und sich der andere entschließt, noch mal zwei »Partnermonate« hinten dran zu hängen, um mit dem Neuling auf Tuchfühlung zu gehen.

Einzige Bedingung: Derjenige, der die Elternzeit wahrnimmt, darf nicht in Vollzeit berufstätig sein. Die Höhe des Elterngeldes richtet sich nach dem Einkommen, das der in Elternzeit befindliche Elternteil ein Jahr vor der Geburt des Kindes erzielt hat. Das macht 67 Prozent des Einkommens aus. Der Mindestsatz liegt bei 300, der Höchstsatz bei 1800 Euro.

Ist das ein schönes Zubrot oder nicht?

Wohnung untervermieten

Angenommen, ihr zieht für ein Jahr durch die Welt, macht es vermutlich Sinn, dann eure jetzige Behausung (nach Absprache mit eurem Vermieter) unterzuvermieten. Oder vielleicht gar gänzlich aufzugeben und nach Rückkehr eine neue Bude zu suchen. Hier müssten euch also keine Kosten entstehen, sondern ganz im Gegenteil, ihr könnt mit Einsparungen rechnen. Solltet ihr die Immobilie besitzen, noch besser. Durch eine mögliche Vermietung erhaltet ihr einen saftigen monatlichen Zuschuss. Auch Kurzzeitvermietungen lohnen sich. Es gibt diverse Agenturen, die euch auf der Suche nach einem Mieter unterstützen. Zum Beispiel:

www.city-wohnen.de

www.zeitwohnagentur.de

www.zwischenmiete.de

Auf der Reise Geld verdienen

Als wir für drei Monate nach Argentinien übersiedelten, habe ich in Buenos Aires anfangs noch zwei, drei Stunden am Vormittag gearbeitet – Konzepte schreiben für eine deutsche TV-Produktionsfirma. Der Job brachte uns für den ersten Monat noch mal gutes Geld, das uns teilweise auch noch im zweiten ein paar Events mitfinanzierte.

Zum Ende der Auszeit habe ich erneut in die Tasten gehauen, aber ganz entspannt und immer nur, wenn meine Mädels schliefen oder wirklich etwas ohne mich unternehmen wollten … ja, auch das gibt's. Hochgerechnet auf die gesamte Südamerikareise konnte ich mit meiner schmal dosierten Arbeit das Gros der Lebenshaltungskosten in Argentinien abdecken. Nur die zusätzlichen Reisen durchs Land schlugen darüberhinaus zu Buche sowie Extras wie mal Hotelübernachtung hier oder Friseur und Shopping da. Ist das nicht super?

Möglicherweise gibt es auch in euren Berufen die Chance, ein bisschen Geld in der Ferne dazuzuverdienen – Texte übersetzen, Konzepte schreiben, Design erstellen oder Inhalte zu diversen Themen liefern etc. Gerade bei so einem tollen Reiseprojekt ist ein Beruf, der von überall auf der Welt ausgeübt werden kann, natürlich ein großer Luxus. Geld lässt sich aber auch vor Ort verdienen, beispielsweise durch Angebote wie Essen und Übernachtung gegen Arbeit.

Informieren könnt ihr euch mal hier:
www.workaway.info
www.travelworks.de
www.helpX.net
Überall arbeiten mit Computer: www.freelancer.com

Versicherungen

Ins Geld gehen natürlich weiterhin Krankenversicherung, Autohaftpflicht- bzw. Kaskoversicherung und eben all die anderen Versicherungen, auf die man sich im Laufe der vergangenen Jahre eingelassen hat.

Seid ihr nur zwei Monate on tour, solltet ihr euer Gefährt lieber einem Freund zur Verfügung stellen oder jemanden bitten, die Karre zwischendurch zu bewegen, damit sie nach eurer Rückkehr nicht an plötzlichem Batterieversagen stirbt. Bei einem längeren Auslandsaufenthalt könntet ihr aber drüber nachdenken, vielleicht euer Auto zu verkaufen oder aber es abzumelden (Einsparung: Versicherung und Steuer) und einzulagern.

Auto einlagern

Euer bester Freund muss irgendwo im Trockenen untergestellt werden. Dafür gibt es sogenannte Garagen! Den Tank füllen, damit es zu keiner Korrosion kommt, die Batterie abklemmen, sonst ist sie nach sechs Monaten alle, und den Reifendruck um 0,5 bis 1 Bar erhöhen. Ein Ölwechsel vor der Einlagerung ist schlau, so kann sich kein Dreck vom alten Öl absetzen. Das Fenster einen winzigen Spalt öffnen und eine Baumwollplane drüber. Fertig. So hält es der Schlitten locker ein halbes Jahr aus, ohne euch zu vergessen.

Grob überschlagen – erste Kalkulation eurer Reisekosten:
Einmalanschaffung:
- Flüge (Hin und zurück plus mögliche Inlandsflüge, soweit schon geplant)
- Equipment (von Softshelljacke über Reiseführer bis Sprachen-App)
- Unterkunft (sofern ihr sie vorab bucht)
- Krankenversicherung plus Auslandskrankenversicherung (mehr dazu im Kasten »Versichert reisen« ab Seite 143)

Variable Anschaffungen:
- Flüge (falls es doch noch mal kurz woandershin gehen soll)
- Unterkunft (weil ihr auch »woanders« schlafen wollt)

- Verpflegung (pro Kopf)
- Mobilität (Verkehrsmittel)
- Kultur, Kinderspaß, Vergnügen (von Museum bis Karussellfahrt, Sprachkurs, Wellness)
- Puffer: Arzt, Medizin, Ersatzsachen, spontane Aktionen und Wünsche

Vor der Reise solltet ihr auf jeden Fall für euch einen Betrag errechnet haben, über den ihr pro Tag verfügen könnt. Und plant unbedingt einen Puffer für etwaige Notsituationen oder spontane Anschaffungen ein!

Das Gürtel-enger-schnall-Programm

Wer wirklich reisen will, der kann. Hier ein paar Anregungen für Einsparungsmöglichkeiten:

Ihr habt zwei Autos – reicht nicht vielleicht auch eins und einer fährt mit der Bahn, dem Fahrrad oder der Vespa? Wenn ihr wisst, wie viel Geld ihr noch sparen müsst, um zum Beispiel die Flüge finanzieren oder die Schiffstour über den Amazonas buchen zu können, dann reicht es ja, je nach bereits gespartem Startbetrag vielleicht schon aus, wenn ihr täglich 5 Euro spart! Möglicherweise geht auch mehr? Jeden Tag z. B. auf ein überteuertes belegtes Brötchen beim Bäcker verzichten, auf den Coffee-To-Go oder auf das Bierchen zu viel.

Statt Kino mit Popcorn und Babysitter könnt ihr doch öf-

---

ter mal online einen Film ausleihen! Und ständig mit den Kollegen Mittagessen gehen muss auch nicht sein, oder? Auf den Punkt: Weniger Konsum insgesamt. Was nicht sein muss, lasst sein!

Handyverträge lassen sich immer günstiger gestalten – Zeit für einen Anruf im Callcenter eures Anbieters! Oder wechselt zu Prepaid und verändert euer Telefongebaren. Mehr Festnetz!

Gibt es Mitgliedschaften, feste Kurse oder Abonnements, die euch nur noch ausgedruckt auf euren Kontoauszügen begegnen? Weg damit!

Ihr geht sooo gerne abends mal essen und engagiert einen Babysitter – summa summarum unter 100 Euro geht der Abend nicht über die Bühne? Lässt sich im Sinne einer tollen Reise vielleicht ab und zu auf das Ausgehen verzichten und stattdessen ein »verrückter« Abend zu Hause umsetzen? Ein romantisches Essen mal mit noch nie zuvor gekosteten, exotischen Speisen zu zweit daheim? Oder mit Freunden? Ihr müsst ja nicht gleich sozial verwaisen ...

Überfluss loswerden, yes! In vielen Ecken lungern noch so viele ungenutzte Teile, stapeln sich Bücher, CDs oder aus der Mode gekommener Technikkram und natürlich Klamotten. Weg damit! Der nächste Flohmarkt kommt bestimmt. Oder Ebay grüßt. Werft vor der Reise Ballast ab und kassiert dafür Reisebudget!

Das waren nur ein paar Ideen. Sicherlich fällt euch selbst noch genügend ein, wie zum Beispiel jeden Monat 50 Euro vom Gehalt direkt in die Urlaubsschatulle abzuzwacken. Für mich ist das eine Frage des Willens! Also, wer wirklich seinen Hintern woandershin bewegen möchte und erkennt, dass dies ein gangbarer Weg sein kann, der zieht das jetzt durch! Ich kann euch dazu nur motivieren!

Über die Einhaltung eurer Kosten auf der Reise unter Berücksichtigung der angepeilten Tagespauschale führt bitte auf der Reise genauestens Buch bzw. nutzt dafür eine sagenhafte App, die ich euch im Anhang »Die 20 Must-Have-Apps für den Urlaub« (ab Seite 271) vorstelle!

Wie lässt sich für euch vor Ort gut haushalten?

Hostels stellen in der Regel die günstigste Möglichkeit zu nächtigen dar. Ich rate euch, schon von daheim aus zu recherchieren und abzuklopfen, ob diese auch Familien die Möglichkeit bieten zu entspannen, und ob ihr ein entsprechendes Zimmer vielleicht sogar mit eigenem Bad bekommen könnt. Die Recherchemühe hat sich für uns in Argentinien bezahlt gemacht. Wir sind immer auf gute, saubere und geräumige Zimmer gestoßen.

Touris abzocken ist ein international gern gepflegtes Ritual. Macht euch im Vorfeld der Reise mit den beliebtesten Disziplinen eures Reiseziels vertraut – Infomaterial ist ausführlich in Reiseführern und im Internet vorhanden –, und habt Mut, nicht nachzugeben, will man euch übers Ohr hauen. Wo gefeilscht wird, müsst ihr parieren, Wucherpreise radikal ablehnen und aufdringliche »Gratis«-Angebote entschieden ablehnen. Da ist viel Trial & Error im Spiel, Bauchgefühl, je nach Situation unterschiedlich. Wenn ihr nicht ständig essen geht, sondern, wo möglich, selbst kocht, und das vornehmlich mit regionalen Produkten statt importierten, spart ihr sehr viel Geld. Außerdem behaltet immer eure Tagespauschale im Auge, die ihr auch mal wie beim Weight Watchers-Punktesystem sportlicher nehmen könnt. Zum Beispiel: Heute das Abendessen im Restaurant, dafür essen wir die nächsten zwei Tage wieder zu Hause. Bewusst mit der Haushaltskasse umgehen, das ist entscheidend.

Ob ihr in der Hauptsaison oder in der Nebensaison in euer Traumland reist, auch davon ist der Preis abhängig. Prüft doch einfach mal aus Jux und Dollerei, wie die Übergangsjahreszeiten dort ausfallen oder wie viel Regen wirklich in der Regenzeit fällt. Ich kenne mittlerweile viele Eltern, die sich bewusst gegen die überteuerte Hauptsaison entscheiden und lieber mal ein paar unbequeme Tage in Kauf nehmen, weniger zahlen und sich positiv vom Wetter überraschen lassen.

Liegt zwischen A und B eine große Distanz, lässt sich am allerbesten mit dem Flugzeug reisen. Das ist teuer. Wie machen es denn die Einwohner? Mit dem Bus? Mit dem Zug? Auf einem Esel? Warum nicht ihr auch? Ich möchte nur die Option erwähnen. Vielleicht probiert ihr es aus und stellt dann fest, dass es nicht funktioniert. Oder das Gegenteil ist der Fall. Alle sind entspannt, die Mitreisenden unterhalten die Kinder, und die Zeit vergeht im Nu. Wer weiß.

Stufe 4 – Präludium zu Reiseplanung: Der Gang zum Chef

Unter dem Präludium versteht man in der Musik das instrumentale Vorspiel als Hinführung zum eigentlichen Werk. Übertragen in unsere Themenwelt bedeutet dies: Wir haben die Einflugschneise zum Ziel »Auszeit« erreicht. Jawohl! Jetzt gilt es noch einen großen Brocken aus dem Weg zu räumen, bevor wir fest buchen: das Gespräch mit dem Chef.

Bevor ihr dort ins Büro schneit und den Backpacker 4.0 mimt, der die Schnauze voll hat und jetzt trotz Rückenproblemen, Cellulitis, Hüftring und Opa-Haarausfall zum Surfergirl/-boy mutieren will, lasst uns kurz unter vier Augen reden.

Um euch euren Traum von einem Langzeit-Auslandsaufenthalt mit Wein, Weib/Kerl und Babygesang zu erfüllen, muss es nicht gleich in der Kündigung der geliebten (sollte das denn der Fall sein) Arbeitsstelle gipfeln.

Nehmen wir gemeinsam Witterung auf und blicken auf das seit Jahren überall aufploppende, spätestens seit der Burn-Out-Welle alle Talkshows stürmende Sabbatical. Was kann es, was soll es und wo kommt das überhaupt her? Fangen wir ganz vorne an: Aus der Tora, dem ersten Teil der Tanach, der hebräischen Bibel. Darin ist das Sabbatjahr ein göttliches Gebot, demzufolge Moses von Gott auf dem Berg Sinai angehalten wird, jetzt mal salopp gesagt, den Kindern Israels doch bitte auszurichten, dass sie zwischen den Jahren des Säens und Erntens für ein Jahr ein Päuschen einlegen sollten. Sozusagen Dauersiesta zu Ehren des Meisters da oben.

Das Sabbatical in der heutigen Form haben wir wie das iPhone und die XXL-Burger den Amerikanern zu verdanken. Es wurde ursprünglich von Wissenschaftlern eingefordert, um in Ruhe für einen längeren Zeitraum zu forschen.

Generell dauert das Sabbatical zwischen drei und zwölf Monaten. Die genauen Bedingungen tüftelt ihr mit eurem Boss aus. Die drei häufigsten Sabbatical-Geschmacksrichtungen sind Erdbeer, Banane und Mandelnugat.

Erdbeer: Ihr verzichtet im Vorfeld der Reise auf einen Teil des Gehalts und bekommt es dann während des Sabbaticals anteilig ausbezahlt.

Banane: Als Sabbatical getarnt, könnt ihr die gefühlten 1000 Überstunden abbummeln – sie werden euch auf diese Weise also als Freizeit ausbezahlt.

Mandelnugat: Urlaub, unbezahlt. Ihr könnt gehen, gehört weiter zum Team, aber jetzt seid ihr eben mal kurz weg. Ohne Kohle, aber dafür nachher wieder im Boot.

> **Merksatz für Sabbaticalisten:** Das Gespräch mit dem leitenden Oberguru in eurer Firma sollte exakt so viel Vorlauf haben, wie eure angedachte Auszeit andauert.

Wenn ihr bei Kaffee mit Kondensmilch und einer edlen Keksmischung benommen ob der emotionalen Intensität der anstehenden sporadischen Trennung in geschlossenes Schweigen verfallt, hüstelt kurz und nutzt den Weckruf als letzten mutigen Vorstoß vor der Abreise, eure Schäfchen zumindest unter das Vordach zu stellen. Ihr habt nämlich keinen Kündigungsschutz während des Sabbaticals. Deshalb versucht, el Cheffe einen Anspruch auf euren alten Arbeitsplatz vertraglich aus den Rippen zu schnitzen und gestaltet die Rückkehr in eure angestammte Position so konkret wie es nur geht.

Mehr könnt ihr nicht machen. Das alles in Vertragsform gießen – fertig! Wer sich ein bisschen mit Arbeitsrecht auskennt, weiß, dass ein Unternehmen, das jemanden loswerden möchte, dies auch meistens schadlos für sich umsetzt, ob nun Sabbatical oder nicht Sabbatical. Aber das ist alles negativer Bullshit. Und wenn es doch passiert, findet ihr nach eurer Rückkehr auch woanders einen Job.

Es gibt übrigens kein Menschenrecht auf ein Sabbatical. Ihr müsst eurem Vorgesetzten dennoch weder als Lack-und-Leder-Sexsklave zur Verfügung stehen, noch ihn bestechen. Zeigt er sich gesprächsbereit, ist das schon mal ein prima Zeichen.

Ihr seid über den Arbeitgeber übrigens nur sozial- und krankenversichert, wenn ihr »Erdbeer« gewählt habt, sprich anteilig ein Gehalt bezieht, das über zwölf Monate, jedoch in den ausgehandelten, kleineren Tranchen verabreicht wird.

Mehr müsst ihr bezüglich eines Sabbaticals meiner Meinung nach nicht wissen. Vielleicht habt ihr auch vor zu kündigen, einfach so, ohne doppelten Boden und Auffangnetz. Okay, nur Mut! Unter Umständen passt eurem Arbeitgeber aber eine Kündigung sogar gut in seine Spalte »Personalkosten«, und das Modell eines Auflösungsvertrags mit einer zugesicherten Abfindung wird attraktiv – dann los und zugreifen. Beratet euch vorab mit einem fähigen Arbeitsrechtler, der euch ein paar Tipps zur sauberen Trennung verrät.

Wir haben jetzt die gängige Sabbatical-Schule durchlaufen und die knallharten Kündigungsknüppel geschwungen. Wie es neben Mann und Frau auch den Ladyboy gibt, gibt es im Ausstiegsverfahren aus beruflichen Gewohnheiten natürlich auch die individuelle Nischenlösung. Ich selbst habe in meiner Geschäftsführerzeit schon Mitarbeitern sozial äußerst verträgliche Gehälter ausgezahlt, obwohl sie sich um andere, vornehmliche private Dinge kümmerten und nichts für meinen Laden taten. Wieso? Weil auf menschlicher Ebene hier wunderbare »Typen« Auszeiten brauchten und die Firma in der Lage war, sie dabei zu unterstützen. Und natürlich habe ich am Ende auch ökonomisch wieder einen Nutzen, kehrt der tolle Typ körperlich und geistig wieder voll auf der Höhe zurück! Denke nur ich so? Nein! Was ich damit sagen will: Möglicherweise gibt es einen Ausstieg, den ihr euch im stillen Kämmerlein auf bestimmte Art ausmalt, der nach dem Gespräch mit eurem Boss aber ganz anders aussehen kann.

Stufe 5 – Der Reise-Schnellcheck

Wir sind so weit! Das Badewasser ist eingelassen. Was haben wir bis hierhin geschafft? Jede Menge!

Ihr wisst, wo ihr hinreisen werdet – ZIEL

Ihr wisst, wie lange ihr auf Abenteuertour geht – ZEIT

Ihr wisst, wie viel Geld ihr habt, wie ihr mehr reinholt und wie hoch euer Budget ist – GELD

Ihr wisst, dass ihr sicher an eure alte Arbeitsstelle zurückkehren werdet oder danach offen seid für neue Wege – ZUKUNFT

Toll. Hände reiben! Und jetzt kreieren wir unser Reisemenü.

Dafür blättert gerne noch einmal zurück zum ersten Kapitel, »Reisen mit Kind und Kegel – Warum? Wohin? Wie?« (ab Seite 13), bevor ihr wieder hierher zurückkehrt, denn natürlich ist so eine besondere Reise doch noch mal eine andere Betrachtung wert. Das fängt schon beim Reisestyle an.

Reisestyle

Bevor wir aber loslegen, lasst uns mal kurz nach nebenan gehen und etwas unter vier bis sechs Augen besprechen. Sitzt ihr? Seid ihr alleine? Tür zu, bitte!

Nicht wundern, dass ich flüstere, aber an dieser Stelle heißt es jetzt: Hosen runter und Hand aufs Herz. Wir müssen nämlich euren Reisestyle klären, der in euren Schädeln schon die ganze Zeit einsam und elegant seine Trolleyrunden zieht. Von der Art und Weise eures Reisens ist natürlich die gesamte Planung abhängig. Ich schlage vor, ich definiere mal zwei grundsätzlich verschiedene Varianten, damit wir uns eine Lösung dazwischen erarbeiten können. Einverstanden? Einverstanden!

Style »Backpacker«

Wollt ihr eurer süßen kleinen Familie mit eurer Auszeit den nach Freiheit und Sonnenmilch riechenden und nach Sand im Wurstbrötchen schmeckenden Backpacker-Stempel aufdrücken, mit Vollbart, stinkenden Nylonhemden und unvollständigem Zeltset (»Ich glaub, da fehlt'n Hering.«) – dann nix wie Rucksack auf den Rücken und los. Am Morgen macht ihr euch auf in Richtung Wasserstelle, dann lasst ihr euch stressfrei durch die Stadt/Steppe/Stauden/Staus treiben und abends überraschen, wo ihr strandet? Zu Fuß, per Bus, Zug oder mit dem Auto? Das klingt nach Abenteuer. Nach Rüdiger Nehberg. Eigentlich nach allem, nur nicht nach Ruhe und Entspannung. Zumindest für mich.

Style »Einmal um die Welt«

»Baby, mach dir bitte nie mehr Sorgen um Geld ...« – fantastisches Lied von Cro und lebensbejahende Devise des Backpacker-Antipoden, der das Motto »Einmal um die Welt« verfolgt.

Ihr gedenkt, eure großen und kleinen edlen Häupter nach dem kulinarisch aufregenden, ansonsten sehr relaxten Businessclass-Flug per Limo-Service direkt in schicken Boutique-Hotels (übrigens mit Zugang nur für Club-Mitglieder) unterzubringen und neben all den bunten, exotischen Eindrücken von der Dachterrasse, die mit beheiztem Kinderbecken, Wasserrutsche und -trampolin aufwartet, geführte Shoppingtouren von It-Girls und -Boys als kulturelle Highlights zu buchen. Das abendliche Sterne-Dinner nach dem Einkaufsstress, der zugleich auch das Eintauchen in die Kultur vor Ort darstellt, dürfen die Sprösslinge mit einheimischen, vorher von eurem persönlichen Sicherheitsdienst überprüften Nannys unter freiem Himmel einnehmen, während ihr euren ersten Frühling dank diversen plastisch-chirurgischen Unterstützungsleistungen, blauen Pillen oder *Shades Of Grey*-Leserunden im XXL-Superior-Bett verlängert? Das klingt nach edler Auszeit, ganzheitlicher Entspannung und wenig Kontakt zu den Kindern. Hmmh!

Nehmen wir doch einfach das Beste aus beiden Styles und kreieren daraus die *Parents-To-Go*-Auszeit, die einfach alle Eltern einmal gemacht haben sollten. Und die Idealfassung einer Kurzauszeit bedient die gesamte Klaviatur des Reisens: Fliegen, Bahn- oder Busfahrt sowie Strecken per Auto oder pedes. Mal atmen wir internationale Blähungen im Acht-Mann-Übernachtungslager eines Hostels, mal nächtigen wir im feudalen Kolonialstil-Bed&Breakfast und erfreuen uns zuvor eines opulenten Mahls, und dann könnten es ja auch noch die Zugstrecke mit Übernachtung, der Trip mit dem Wohnmobil oder die drei Nächte im Zelt am Wegesrand sein. Nur so lassen sich wirklich unterschiedliche Eindrücke und Perspektiven sammeln, ist die Aussicht auf eine Vielzahl an bunten Kontakten am größten und wird die Art und Weise der Reise null redundant und stereotyp. Aus Entertainment-Sicht das rundeste Paket!

Plant vielleicht schon bei der Buchung Abschnitte und Phasen mit ein, die ihr ganz bewusst unbesetzt lasst, und guckt einfach mal, was kommt. Ein bisschen Mut zur Lücke hat noch nie geschadet, und vieles ergibt sich tatsächlich vor Ort.

Konkrete To-dos vor Antritt der Kurzauszeit

Ist die Langzeitreise so weit geplant und in weiten Teilen gebucht, müssen wir die konkreten Vorbereitungen in der Heimat geduldig vorantreiben.

Das Gros der To-dos sowie exemplarische Packlisten, die auch für die Kurzauszeit gelten, findet ihr im Kapitel »Hurra! Reisevorbereitungen« (ab Seite 147).

Es sind jedoch für die Kurzauszeit einige zusätzliche Erledigungen notwendig, um die wir uns jetzt kümmern müssen.

Die Entscheidung darüber, was mit euren **E-Mails** passieren soll, während ihr auf Reisen seid, lässt sich, je nach Wunsch, unterschiedlich gestalten. Wollt ihr ganz der digitalen Krake entfliehen oder im Gegenteil so wirken, als wärt ihr nach wie vor aktiv am Start? Alles denkbar. Als ich seinerzeit in Buenos Aires weilte, saß ich als notorischer Frühaufsteher teilweise schon um 6 Uhr morgens am Laptop. Dann ist es in Deutschland 10 Uhr. So war ich zur besten Aktionszeit frisch am Rechner und konnte beruflich mitspielen. Vier Wochen lang habe ich das aufrechterhalten, obwohl ich nur sporadisch arbeitete. Anschließend richtete ich einen Abwesenheitsassistenten für meine beruflich genutzte E-Mail-Adresse ein, die freundlich an meinen Kollegen verwies. Meine automatische Antwort für die private E-Mail-Adresse indes kündigte mein eher sporadisches Lesen der Mails an. Kurz: Niemand blieb im Unklaren! Hier müsst ihr für euch klären, welche Intensität der Mail-Kommunikation euch am liebsten ist.

Selbst wenn ihr zu den Menschen gehört, die sich nicht gerne im Vorfeld festlegen: Für die ersten Nächte am (ersten) Zielort ist eine nette, wohlige **Unterkunft** wichtig für den Einstieg. Nach der Reise seid ihr erschöpft, jeder sehnt sich nach einer Dusche und einer Mütze voll Schlaf. Jetzt noch durch den Ort tigern, um ein Zimmer mit Bett, Strom und fließend Wasser zu suchen, das knickt ihr besser.

Ich weiß nicht, wie ihr Bankgeschäfte erledigt, aber aus Indonesien oder Nicaragua einen Überweisungsträger an eure Volks-und-Raiffeisenbankfiliale Mainz-Mombach zu schicken, ist zwar lässig, aber doch mit einem Fragezeichen hinter dem pünktlichen Eingang versehen. Und Telefonbanking ist zwar menschlich erfrischend und »phishing«-frei, dürfte aber ein Sümmchen kosten. Bleibt noch das gute, alte **Online-Banking.** Konntet ihr euch bis zum heutigen Tag erfolgreich um diese revolutionäre Innovation drücken, möchte ich euch jetzt dazu ermuntern, bei eurer Bank einen Antrag auf Überweisung per Mausklick zu stellen. Dadurch könnt ihr von jedem Rechner auf dieser Welt auf euer Konto zugreifen. Genial!

All eure **Dokumente** wie Kreditkarten, Ausweise, Visa, Reiseinfos und Buchungsbestätigungen, also alles, was für die Reise in irgendeiner Weise in Dokumentenform von Belang ist, scannt bitte ein und schickt es an euch selbst per Mail. Arbeitet ihr mit der »Cloud«, lassen sich die PDFs auch ganz einfach in der Dropbox oder bei Google Drive parken. Beide Online-Speicher sind bis zu einem gewissen Umfang kostenlos. Kopiert außerdem alle Dokumente und hinterlegt ein, zwei Bündel mit Kopien bei Freunden oder Familienangehörigen.

Ein **Nachsendeantrag** an die Adresse eines Freundes, der Schwiegereltern oder einer anderen Vertrauensperson muss vor Abreise von euch eingerichtet werden, sonst quillt die Post irgendwann aus dem Kasten. Durch diesen Anblick könnten außerdem Menschen, die Böses umtreibt, angelockt werden. Das wollen wir doch nicht. Vielleicht kann auch einfach der Nachbar die Post einsacken oder euch informieren, wenn ein dringend erwartetes Schreiben eingegangen ist. Oder ihr organisiert jemanden, der euch einmal die Woche einen kurzen Überblick über die aktuelle Post gibt.

Schön ist es, könnt ihr auch verbal mit Einheimischen an eurem Zielort in Kontakt treten. Beherrscht ihr bereits die **Sprache** oder sprecht ihr kein Wort davon? Liegt die Wahrheit dazwischen? Vorschlag: Ladet euch auf jeden Fall eine Deutsch-Sprache/Sprache-Deutsch-App runter. Langenscheidt oder Pons sind da verlässliche Begleiter. Für Sprachlernversessene empfiehlt sich www.duolingo.com, dort könnt ihr kostenlos Sprachen erlernen – genial und super einfach, wie ich finde. Und per www.ankisrs.net könnt ihr euch rauf und runter Vokabeln abfragen.

Für die Reise von besonderem Ausmaß benötigt ihr auch eine Packliste von besonderem Ausmaß, genauer gesagt: Ihr braucht zwei. Eine für die Kleinen und eine für die Großen.

Reist ihr ständig von einem Ort zum nächsten, dann verzichtet auf zu viele Klamotten, wascht lieber öfter und nehmt passende Kleidungsstücke für alle erdenklichen Wetterlagen mit.

Ihr könnt und wollt auf einer langen, langen Reise bestimmt keine Tonnen an Gepäck mit euch herumschleppen, weil ihr wisst, dass ihr diejenigen sein werdet, die schließlich Koffer, Rucksack, Kind, Brötchen, Getränke und Kuscheltier jonglieren müssen. Also: Gewichtsreduktion. Unser Gepäck für Südamerika:

- eine 155 Liter fassende Reisetasche »North Face – Basecamp XXL« in quietschorange mit Schulterträgern
- ein Rollkoffer
- eine Umhängetasche (ich)
- eine Umhängetasche (Kristy)
- ein Trunki (Romy)
- ein Buggy

Das war's. Fürwahr keine »Minimal-Backpacker«-Ausrüstung, aber sie war in dieser Zusammenstellung gut in Autos zu verstauen, und ich war im Ernstfall in der Lage, tatsächlich alles alleine zu tragen. Den Koffer konnte ich schieben, den nie ganz gefüllten Taschenkoloss hievte ich mir auf den Rücken und die Umhängetasche legte ich quer rüber. Mit der freien Hand ergriff ich die Kordel des Trunki, um Romy an Flughäfen über die Distanzen zu ziehen, wenn es mal wieder zur Totalbewegungsstarre kam. Den Buggy schob Kristy mit ihrer eigenen Umhängetasche an der Seite.

Kurz vor der Abreise wechselt zwischen drei- bis fünfhundert Euro in die **Landeswährung** oder in US-Dollar um, euer Startgeld. Damit seid ihr in den ersten Tagen finanziell autark und könnt vor Ort ohne Druck nach einer Bank oder einer Wechselstube mit einem annehmbaren Kurs Ausschau halten. Informiert euch über Falschgeldgepflogenheiten in eurem Zielland und wie man am sichersten vor Ort zahlen sollte. In Argentinien wurde uns in Wechselstuben zweimal Falschgeld untergejubelt, in New York wurden wir Opfer von Kreditkartenbetrügern.

Teilt eurem Ansprechpartner bei eurer Hausbank unbedingt mit, dass ihr für längere Zeit ins Ausland verschwindet!

Auch wichtig: **iPad laden!** Vor unserem Megatrip bin ich zu meinem Freund Matias ins Büro gedüst und habe mir von ihm mehr als 10 GB Kinderserien und -filme auf die Festplatte gezogen, die ich dann kurz vor Abreise mit meinem iPad synchronisierte. Dazu habe ich noch diverse Hörspiel-CDs eindigitalisiert, gute Musik für Eltern und Kinder rübergeschoben sowie ein paar Filme für uns Erwachsene. So wurde der Tablet-PC für uns alle ein Gerät mit Mehrwert. Schließlich waren wir selbst im tiefsten Patagonien immer in der Lage, auf unser Konto zuzugreifen, über Youtube eine Folge »Yakari« abzufeuern oder mal schnell eine E-Mail zu beantworten.

Ebenso gilt: **iPod laden!** Den iPod für Kegel und Kind bitte vollpacken und aufladen mit Hörbüchern, Lieblingsmusik, tollen Podcasts. Ein randvoller iPod für alle, die ihren Rechner nicht mitnehmen wollen, ist wie eine Trockenpflaumenkur bei Verstopfung: eine gute Sache. Und wenn es auch nur mal darum geht, für einen Moment abzutauchen, sich von den anderen Mitreisenden intellektuell fortzuschleichen, um musikalisch begleitet den eigenen Gedanken nachzuhängen. Gerade bei einer langen Zeit im Familienkonglomerat sind die persönlichen Auszeiten wichtig.

Nicht zu vergessen: Kurz vor Abflug sprecht folgenden Text auf eure Mailboxen:

»Hallo, ich weile gerade (beruflich) im Ausland.« Oder:

»Hallo, ich bin derzeit unter dieser Nummer nur sporadisch zu erreichen. Bitte sprechen Sie mir keine Nachricht auf die Mailbox, sondern schicken Sie mir einfach eine E-Mail an X@Y.de/com.« Aus der bereits erwähnten Abwesenheitsnotiz sollte dann hervorgehen, dass die Beantwortung der Mail ein paar Tage in Anspruch nehmen kann. Wir wollen ja schließlich nicht in Hektik verfallen.

Zu guter Letzt: Der *Parents-To-Go*-Mentalcoach für die Ultrareise

Manchmal überkommt es uns sogar im Urlaub: Die Kinder nörgeln trotz eitel Sonnenschein, der eintönige Tagesablauf macht sich zärtlich in Form allgemeiner Ermüdungserscheinungen bemerkbar und irgendwie nervt schon die bloße Anwesenheit des eigenen Partners. Warum wollen ausgerechnet immer alle was von mir, und kann man denn hier nicht ein einziges Mal seine Ruhe haben?

Die Kurzauszeit ist nichts für Weicheier. Mit diesem Schritt mutet ihr euch sehr viel zu. Dass das absolut lohnenswert ist, das sollte dieses Buch deutlich gemacht haben, aber mental die Kraft zu haben, so eine Reise dann auch durchzuziehen, das ist kein Leichtes und verdient großen Respekt.

Um zu gewährleisten, dass ihr als Familie ein gutes Team bildet, möchte ich euch im Folgenden noch ein paar Tipps ans Herz legen:

Ihr plant eine Kurzauszeit oder Weltreise? Euer Baby interessiert das herzlich wenig. Aber euren achtjährigen Sohn oder die zwölfjährige Tochter durchaus. Ob auch sie von der Idee begeistert sind, das besprecht ihr besser im Vorfeld mit ihnen, weiht sie so früh wie möglich in eure Pläne ein und klärt eure Erwartungen. Haben eure Kinder möglicherweise ein Problem mit dem Gedanken an eine solche Reise? Wo liegen ihre Befürchtungen? Und wie kann diesen begegnet werden?

Startet ihr auf diese kommunikative Art ins Projekt, setzt ihr damit schon mal ein richtiges Signal für den späteren Umgang miteinander. Die Qualität kann da, wie eingangs erwähnt, durchaus mal etwas ermatten, gerade auch wegen seiner doch ungewöhnlichen Intensität. Folgt jeder im normalen Alltag einem anderen Rhythmus, bestehend aus Schule, Kindergarten oder Beruf, gucken sich plötzlich drei oder vier große Augenpaare verdutzt an: »Und was machen wir jetzt?«

Jeder muss mal aus dem Gefühl, dauerhaft verfügbar zu sein, entlassen werden. Kristy und ich haben uns diese Zeiten regelmäßig eingeräumt. Und genau das war der Schlüssel zu einer insgesamt zwar anstrengenden, aber größtenteils harmonischen Reise.

Anhang

Die 20 Must-Have-Apps für den Urlaub

Ohne Smartphone zu reisen kann natürlich geil sein, ist aber mit Kindern nicht unbedingt ratsam. Denn die Minicomputer sind ja nicht nur dankbare Unterhaltungselektronik für lange Wegstrecken und entsprechende Wartezeiten, sondern in vielerlei Hinsicht wirklich nützlich und sinnvoll. Ich habe euch mal die 20 Apps zusammengestellt, die auch ich für Urlaubszwecke auf meinem Smartphone mit mir herumtrage und ständig aktualisiere. Entsprechende Updates neuer kleiner Programme findest du zukünftig auf www.parentstogo.de.

Good to know: Smartphone im Ausland

Wir erinnern uns: Telefonieren im Ausland ist teuer. Vor allem saugen diverse Apps gerne heimlich, völlig frei von jeglichem Mitteilungsbedürfnis, Daten aus dem Internet. Daher: mobile Daten ausschalten. Vorher Karten und Offline-Wörterbücher downloaden, dann könnt ihr diese auch ohne Internet nutzen. E-Mails abrufen und Internetsurferei am besten per WLAN etwa im Hotel. Ist auch das Datenroaming ausgeschaltet, lässt sich das GPS trotzdem nutzen. Und jetzt kostet es auch nichts.

1.

Wer nicht unbedingt gewöhnliche Urlaubsaufenthalte plant, dem sei wärmstens die **App des Auswärtigen Amtes** empfohlen. **Sicher reisen** bietet aktuelle Reisewarnungen, klärt über notwendige Impfungen auf oder weiß Rat, habt ihr einen Notfall im Reiseland. Ist ein Must-Have, keine Frage.

2.

Die **Google-Maps-App** liefert sehr exakt und mit Liebe fürs Detail im entlegensten Winkel der Welt eine perfekte Route, ob per Auto oder zu Fuß. Die iOs-Version 3.0 arbeitet – Stand August 2014 – mit einem Offline-Modus, der dem Nutzer das Aufrufen und Speichern ausgewählter Kartenabschnitte erlaubt. Wendet man diese Möglichkeit nicht an, kann der Dienst bei normaler Nutzung im Ausland recht teuer werden. Getreu dem Motto: Das nächste WLAN kommt bestimmt. Aber, keine Frage, Google Maps muss installiert sein.

3.

Oma passt (nicht) auf den Hund auf, der Firmenpartner verzockt sich bei halbseidenen Immobiliengeschäften und ihr liegt eng umschlungen in der Hängematte auf den Coconut-Islands und beobachtet eure Tochter, wie sie ganz verträumt mit einer Riesenmuschel den Sand zu einem Haufen zusammenschaufelt und dabei leise »Sunshine Reggae« summt. Solche Insel-Momente können nur mit einem kalten Gedanken kollidieren: Wie sieht's eigentlich zu Hause aus? Wer jetzt nicht arm werden will, der telefoniert über das Internet. **Skype** hat sich per App auch auf die Smartphones dieser Welt geschlichen. Und so ist die Schalte zum Partner und zur Oma zwar lästig, aber zumindest kostenlos. Absolut notwendig!

4.

Expeditionen mit Kindern respektive Baby verlangen von den liebenden Erziehungsberechtigten eine gewissenhafte Vorbereitungsphase mit klarem Geist, fürsorglicher Weitsicht und einer berechtigten Sorge, Schreckensszenarien zu erleben, wenngleich die Schwere des Unglücks einer schlecht sitzenden, randvoll gefüllten Windel hier in unserer Fantasie schon ausreicht. Am Ende diverser urlaubsvorbereitender Brainstormings am Esstisch entstehen euphorisch und mehrfach auf Vollständigkeit geprüfte Listen, wichtige »To-dos«, Einkäufe etc. Vier Augen sehen mehr als zwei, sechs mehr als vier, aber nichts argumentiert kraft seiner Existenz stärker als eine kühle, ausführliche »Hab-ich-alles-eingepackt-kann-ich-abhaken«-Kontroll-App wie **Pack The Bag** von Andreas Krawczyk. Der Packassistent fragt nach Reisedatum und Gepäckkategorie wie »Geschäftsreise«, »Wandern«, »Segeln« oder »vor der Abreise«. Danach spuckt die App eine passende, meines Erachtens wirklich komplette Liste aus, die der Nutzer entsprechend seiner Bedürfnisse ausfüllt bzw. anpasst. Anschließend könnt ihr packen und abhaken. Klappt hervorragend und nein, es ist nicht komplizierter als eine handschriftliche To-do-Liste – es ist einfacher! Probiert es mal aus.

Am besten fand ich übrigens die Kategorie »vor der Abreise«, die an »Gültigkeit der Ausweise«, »Elektrische Geräte aus?« und »WLAN abschalten« erinnert. Die App ist in der nicht werbefreien Version kostenlos. Alternativ: **TripList** – Die Packlisten-App.

5.

Gibt es einen informellen Finanzminister in eurem Haushalt? Bei uns hat dieses Amt seit Jahr und Tag meine Frau inne, die sich von der Schatzkistenverwaltung auch unterwegs nicht loslösen kann. Auf ihrem iPhone prangt die App **Trail Wallet,** der kleine Finanzbegleiter, der euch aufzeigt, wie viel Geld ihr für welches Ressort (Essen, Unterhaltung, Unterbringung etc.) aufbringt, um nicht das Wort »verschwendet« zu bemühen. Mit festgelegtem Tagesbudget lassen sich die Ausgaben sowie der aktuelle Finanzstatus sehr aufgeräumt überblicken. Kostenlos. Idealer Hosentaschenbuchhalter für unterwegs. Christian und Kristy gefällt das!

6.

»Wetter ist Bombe, oder?« »Ja, total.« Verlangen Gespräche dieser Couleur einen etwas substanzielleren Charakter, lässt sich entweder am Thema schrauben oder aber an einer Erweiterung des inhaltlichen Gehalts. Man könnte gar Mehrwert sagen. Ersetzen wir »Bombe« also durch »Sonnig, 21 Grad, Wind aus NO 11 km/h, Niederschlag: 0 Prozent«. Diese Infos – gerne auch stündlich vorausschauend – spuckt euch die App **The Weather Channel** aus. Das spart euch den Frosch im Glas, den Sonnenbrand hinter den Ohren und die nasse Hose nach der Tempelruinenbesichtigung. Geht nicht ohne.

7.

In Argentinien war es die Tripadvisor-Plattform, die uns vor einer Bazillen-Insekten-Getier-Nacht à la »Dschungelcamp« bewahrte. Denn inoffizielle Bilder der Hotelzimmer und übelste Bewertungen ehemaliger Gäste deuteten auf fürchterliche Zustände in dem Laden hin. Und so stornierte ich die Buchung und wählte ein anderes Hotel. Um sich ein Bild von dem zu machen, was vor Ort in Sachen Schlafen, Essen, Trinken, Sehenswürdigkeiten und sonst alles so geht, ist die **Tripadvisor-App** mit rund 45 Millionen Bewertungen wahrlich ein informatives Kerlchen, das so allerhand Wissenswertes aus dem Ärmel schüttelt und einem die Tagesgestaltung am Urlaubsort erleichtern kann. Für den Offline-Modus bietet übrigens Tripadvisor mit der **Tripadvisor City Guides-App** downloadbare Reiseführer an. Top! Mit WLAN runterladen und rein ins Abenteuer. Ohne die beiden Apps geht's nicht ins Ausland. Alternativ zu den City Guides gibt es die kostenlose App **Tripwolf.** Dieser lassen sich dann unterschiedliche gewünschte Städteguides plus Kartenmaterial für ein paar Euro hinzufügen. Ebenfalls sehr tauglich: **Yopegu.** Spaziergänge durch Städte, teils gratis, teils kostenpflichtig. Klasse: gibt auch Touren in Gebärdensprache.

8.

Wer viel reist, der weiß, irgendwie kommt man trotz Sprachbarriere an sein kaltes Bier, ein köstliches Mahl und ins warme Bett. Wer jedoch neben den üblichen Begrüßungsfloskeln, »Wie geht es dir?«, »Bitte« und »Danke« sowie dem sinngemäßen »Leg dich gehackt« auch mal nach Windeln, Schnuller oder Spielplatz fragen möchte, dem sei an dieser Stelle eine sehr treue, kostenlose **Übersetzungs-App** empfohlen: **dict. cc** heißt sie und lässt einen auf Wunsch das Wörterbuch runterladen, um nicht im Online-Modus nach Übersetzungen suchen zu müssen.

9.

Keine Ahnung, wie der Dollar, das Pfund oder der Yen stehen? Sofern diese Infos für euch an der Wechselbude gerade wichtig sind, zückt euer Smartphone und aktiviert die App **XE Currency.** Hier wird konstant der aktuelle Wechselkurs angezeigt. Für alle Finanzabteilungen im Familienverband so essenziell wie die Tinte auf dem Füller.

10.

Was passiert im direkten Umfeld? Bei **wikitude** wird euch bei aktiver Kamera im Display per Grafik angezeigt, was wo ist bzw. welches Restaurant oder Denkmal, etc. sich dort befindet. Per Berührung auf den Grafik-Pin, der euch verrät, wie weit z. B. das Museum entfernt ist, bekommt ihr sodann übersichtlich alle Infos zu der Sehenswürdigkeit angezeigt. Unheimlich und spannend zugleich, diese »augmented reality«-Technik (laut Wikipedia »die computergestützte Erweiterung der Realitätswahrnehmung«). Ich sehe bei diesen Apps meistens leider vor lauter Bäumen den Wald nicht mehr, deshalb schaue ich immer nur einmal und zücke das Handy dann vielleicht noch mal, wenn ich an meinem Zielort angelangt bin.

11.

Wo befindet sich die nächste Wickelkommode oder das nächste WC? Von jetzt an muss Papa nicht mehr hinter der Bushaltestelle und Mama nicht mehr im Rhododendron in der öffentlichen Parkanlage ihre kleine Notdurft verrichten. Mit dem **WC Finder** seid ihr für Entledigungen jeglicher Art gut gerüstet. Auch international. Damit rühmt sich auch die App **Sit Or Squat.** So wichtig wie die Rolle Klopapier auf der Hutablage im Rückfenster.

12.

Mal schnell im Ausland was runterladen oder die E-Mails checken, ohne dabei horrende Kosten zu generieren, das geht nach wie vor noch am allergünstigsten, habt ihr Zugriff auf einen vorhandenen WLAN-Hotspot.

Mit dem **Wifi Finder** werden euch die nächstbesten Hotspots in der Nähe angezeigt. Angeklickt erhaltet ihr Auskunft über den Anbieter. Sinnvolle Spürnase.

13.

Neben der Hosentaschenpizza (»Carazza« – gibt es die eigentlich noch?) und dem Hosentaschenfinanzminister habe ich für euch jetzt den Hosentaschenübersetzer. **World Lens** heißt diese besondere App, die Wörter, Sätze, sogar Schilder lesen und übersetzen kann. Wie das funktioniert? Die Kamera einfach auf den besagten Satz oder das Schild richten, und zack übersetzt die App den Text. Babyeierleicht. Da die App keine Internetverbindung benötigt, werden auch hier mal wieder keine Roaminggebühren fällig, allerdings: Wer kein Englisch beherrscht, ist gekniffen. Denn hier werden diverse Sprachen übersetzt, unter anderem auch Deutsch, aber alles ins Englische oder eben vom Englischen ins Spanische etc.

14.

Günstige Flüge suchen, finden und buchen. Und wo sitze ich in der Maschine eigentlich am besten? All das findest du bei **Seat Guru**, dem keineswegs ausgeleierten Klassiker der Flugfreunde. Labt euch an den Bestuhlungsplänen der Airlines und checkt von nun an immer online mit einem Wissensvorsprung ein.

15.

Die Erlebnisse im Urlaub oder während der Kurzauszeit mit Familie sind überwältigend und sicherlich etwas ganz Besonderes. Infolgedessen bin ich abends oft noch lange dagesessen und habe die wichtigsten Erfahrungen, Eindrücke und Erkenntnisse runtergeschrieben, um sie zu archivieren. Die habe ich selbstverständlich auch unterwegs mal ins Notizbuch gekritzelt oder ins Handy getippt und mich dabei mit **Evernote** sehr wohl gefühlt. Diese App dient dazu, Notizen zu schreiben, zu organisieren, freizugeben und aufzubewahren. Auf sämtlichen Geräten installiert, synchronisiert sie alles. Damit lässt sich praktisch planen und selbst ein Notizeintrag mit Bildern und Soundclips versehen und schließlich anschaulich Freunden präsentieren. Ohne diese App geht bei mir nicht viel.

16.

Es gibt nicht viele Feinde auf Reisen, aber ein nicht ganz unbescholtener Bösewicht am Ende des Horizonts ist die liebe runde Sonne. Sonnenschutz für die ganze Familie gehört zur obersten Vormittagspflicht nach dem Frühstück und vor dem Schritt vor die Tür. Es mag kein rechtsbindender Verlass auf die Aussagen der App **Sun Timer** existieren, aber zumindest versucht diese App, die eigene Verweildauer in der Sonne ohne drohenden Sonnenbrand zu ermitteln. Ohne und mit Sonnencreme. Ausgewählt werden können Hauttyp, Lichtschutzfaktor und die Sonnenstärke – am Ende spuckt der Automat die Dauer des ungefährlichen Sonnenbads aus. Bei Android heißt das Schätzchen **Sonnenschutz Countdown** und ist wie die iOS-Version sicherlich auch dort mit leichter Vorsicht zu genießen. Dennoch kann man sich grob daran orientieren. Wir tun es, bewegen uns aber auch nie ohne Sonnenschutz vor die Tür.

17.

Wir bleiben beim Erhalt unserer Gesundheit und werden reisemedizinisch fit mit der App **Fit For Travel.** Hier gebt ihr euer Reiseziel ein und erfahrt alles über die empfohlenen Impfungen, aktuelle Erkrankungen und Gesundheitsrisiken in der Region. Die App erinnert euch an Impftermine und hilft bei der Ärztesuche. Adressen von Botschaften und Klimatabellen sowie weitere Gesundheitstipps plus alles Wichtige für die Reiseapotheke gibt's auch.

18.

Wir gehen nicht davon aus, aber sollte auf Reisen die gesundheitliche Alarmstufe eintreten, könnt ihr mit der App **In Case Of Emergency** sämtliche Daten und Informationen hinterlegen, die bei einem Notfall relevant sind. Der eine hat Zucker, der andere ist ein Bluter oder eure Tochter hat eine Nussallergie. Dazu lassen sich Blutgruppen, wichtige Rufnummern etc. speichern. Ich denke, so eine Sorte App sollte zum Standardrepertoire gehören. Daumen hoch.

19.

Es ist Abend, ihr liegt eingekuschelt im Zelt und über euch der Sternenhimmel Australiens, der so endlos wirkt wie er endlos ist. Sternschnuppen fliegen, Milchstraßen verschmelzen zu unförmigen Leuchtklumpen und auf einmal tönt eine helle Stimme aus der Zeltecke: »Papa, was ist das da für ein Stern?« Jetzt kannst du dir irgendwas ausdenken – oder aber du zückst dein Handy und startest **Sky Map** (kostenlos für iOS und Android) und glänzt mit Ranga-Yogeshwar-meets-Harald-Lesch-Wissen und spuckst große Töne. Tu es. Empfehlenswert. Auch für Momente der Langeweile.

20.

Wir haben so gut wie alles an Bord, aber eine App solltet ihr noch euer Eigen nennen, und zwar, sobald Fragen aufkommen wie: Wie geht es weiter auf der Reise? Noch mal kurz in den Süden des Landes fliegen, um die alten Tempel zu besichtigen? Wo pennen wir eigentlich morgen? Wie kommen wir an ein Mietauto? Hier kann man sich jetzt streiten, ob es die **booking.com-App** oder die **Kayak-App** ist oder, oder. Mit einer dieser Apps solltet ihr aber auf jeden Fall ausgestattet sein. Oder mit einer Wissens-APP, um die bohrenden Fragen der Kinder zu parieren. Da lernt man auch selbst eine Menge.

LESEN bitte!

Friedrich, Geraldine (Hrsg.): *Reisen mit Kindern. Von Bauernhof bis Bali,* Dryas Verlag.
Eltern und Väter beschreiben hier insgesamt 22 unterschiedliche Reiseformen und -ziele. Dazu gibt's praktische Tipps. Macht einfach Lust auf Reisen mit Kindern!

Malchow, Julia: *Mut für zwei. Mit der Transsibirischen Eisenbahn in unsere neue Welt,* Malik.
Julia Malchow reist alleine mit Baby nach Peking – eine Reise, die zugleich Selbstfindung ist und mit allgemeinen Familienklischees aufräumt.

Praschel, Heike: *Weltenbummler. Eine Familie bereist dreißig Monate die Welt,* Malik.
Mit einem roten Mercedeslaster in Richtung Mongolei gestartet und dann doch einmal um die Welt gefahren – ein Versehen? Mit Kindern im Alter von eins, drei und 16 plus Hund brachen Heike und Tom Praschel auf in das größte Abenteuer ihres Lebens.

Saade, Susanne und Alexander: *Weltreise mit Kindern. Logbuch eines Sabbatjahres,* traveldiary.
Ungeschminkter Einblick in das Familienleben auf einer Weltreise mit Kindergartenkind und Zweitklässler.

Schmeling, Inka: *Abenteuer Elternzeit. Ein Ratgeber über das Reisen mit Baby und Kleinkind,* Beltz.
In der Elternzeit reisen Inka Schmeling und ihr Mann die alte Seidenstraße entlang – mit Baby. Ein unterhaltsamer Reisebericht und gleichermaßen informativer Ratgeber. Ein Muss für reisende Eltern.

Register